계속 가 보겠습니다

계속 가보겠습니다
내부 고발 검사, 10년의 기록과 다짐

초판 1쇄   2022년 7월 22일
초판 14쇄   2025년 1월 13일

지은이 임은정
펴낸이 김현종
출판본부장 배소라 **책임편집** 황정원 **디자인** 이혜진
마케팅 안형태 김예리 **경영지원** 신혜선 문상철 신잉걸

펴낸곳 (주)메디치미디어
출판등록 2008년 8월 20일 제300-2008-76호
주소 서울특별시 중구 중림로7길 4
전화 02-735-3308 **팩스** 02-735-3309
이메일 medici@medicimedia.co.kr **홈페이지** medicimedia.co.kr
페이스북 medicimedia **인스타그램** medicimedia

© 임은정, 2022

ISBN 979-11-5706-264-5 (03300)

내부 고발 검사, 10년의 기록과 다짐

계속 가보겠습니다

임은정 지음

메디치

나의 사랑

나의 님이여

일어나 함께 갑시다

아가 2:10

임은정 검사 활동 일지

	근무지	주요 사건	기타
1998년	사법시험 40회 합격		
2001년	사법연수원 30기 수료		
2001년~2003년	인천지방검찰청		
2003년~2005년	대구지방검찰청 경주지청		
2005년~2007년	부산지방검찰청		
2007년~2009년	광주지방검찰청		검찰총장상 (공판 업무 유공)
2007년 상반기		도가니 사건 (광주인화학교 사건) 공판검사	
2009년~2012년	법무부 법무심의관실		
2011년 9월		영화 〈도가니〉 개봉, 도가니 일기 공개	
2012년~2013년	서울중앙지방검찰청		
2012년 상반기		타진요 사건 재판 담당	
2012년 9월 6일		민청학련 사건 박형규 목사 재심 무죄 구형	
2012년 12월 28일		윤길중 재심 무죄 구형	
2013년 2월		법무부 검사징계위원회 정직 4개월 중징계 의결	
2013년~2015년	창원지방검찰청		
2015년~2017년	의정부지방검찰청		
2016년 1월		검사 적격 심층 심사 통과	
2017년~2018년	서울북부지방검찰청		이문옥 밝은사회상 수상
2017년 10월 31일		징계 취소소송 대법원 최종 승소	
2018년 1월		서지현 검사 미투	
2018년 2월		임은정 검사 위드유, 1차 인사 거래 제안	
2018년~2019년	청주지방검찰청 충주지청		
2018년 5월		2015년 남부지검 성폭력 은폐 사건 고발	
2019년 1월		《경향신문》 정동칼럼 기고 (~2020년 9월)	
2019년 4월		국가배상 소송 제기	
2019년 5월		2016년 부산지검 고소장 위조 등 사건 은폐 고발	

	근무지	주요 사건	기타
2019년~2020년	울산지방검찰청 중요경제범죄조사단		송건호언론상, 투명사회상, 2019고대민주동우상 수상
2019년 9월		2차 인사 거래 제안	
2020년~2021년	대검찰청 감찰정책연구관 (서울중앙지검 검사 겸임)		
2020년 9월		검찰의 모해위증 교사 의혹 사건 담당	
2021년~2022년	법무부 감찰담당관		
2021년 8월		《조선일보》, TV조선 손해배상 청구 소송	
2022년~현재	대구지방검찰청 중요경제범죄조사단		NCCK 인권상 특별상, 올해의 호루라기 특별상 수상
2023년 3월		검사 적격 심층 심사 통과	

광주 인화원 아동 성폭력 사건

학교장을 비롯한 교직원들이 5년에 걸쳐 7세부터 22세까지의 남녀 장애 학생들을 상대로 세탁기 린치 등 끔찍한 아동 학대, 성폭행 등의 범죄를 저질렀다.

2005년 6월 광주여성장애인성폭력상담소에서 피해 상담을 하며 비로소 외부에 알려졌고, '인화학교 성폭력대책위'의 오랜 투쟁과 각계각층의 관심으로 가해자들에 대한 처벌이 일부 이루어졌다. 광주지법에서 2008년 1월 학교장 등에 대해 실형을 선고했으나 광주고법에서 학교장 등의 항소를 받아들여 집행유예를 선고하여 결국 석방되었다.

2009년 6월 공지영 작가의 소설《도가니》가 발간되고, 2011년 9월 영화〈도가니〉가 개봉된 이후 광주지방경찰청에서 재수사에 착수했다. 결국 학교 설립자의 차남으로 행정실장이었던 김 모는 강간치상으로 징역 8년을 선고받는 등 추가 처벌이 이루어졌고 인화원과 인화학교는 2011년 11월 폐쇄되었다.

인화원 출신 청각장애인들의 자립을 위한 협동조합이 발족하여 인화원 출신 청각장애인들을 고용한 '카페 홀더' 광주도시철도공사점, 광산구청점을 운영하는 등 인화원 출신 장애인들에 대한 지역사회의 관심과 지지는 계속되고 있다.

타진요 악성 댓글 사건

2007년 신정아의 예일 대학교 학력 위조 사건이 터진 후 연예인이나 유명 인사의 학력 위조 의혹이 여기저기서 불거졌다. 스탠퍼드 대학교 석사 출신으로 주목받은 힙합 그룹 에픽하이의 타블로에게 불똥이 튀어 학력 진위에 의문을 제기하는 목소리가 커지기 시작했다.

이들은 경찰의 발표조차 믿지 않고 끊임없이 의혹을 제기하며 타블로에 대한 마녀사냥에 나섰다. 급기야 인터넷 카페 '타블로에게 진실을 요구합니다', '상식이 진리인 세상' 등 인터넷 카페가 개설되어 세를 형성하기에 이르렀다.

견디다 못한 타블로는 이들을 형사 고발했고, 서울중앙지법이 2012년 7월 주동자 3명에 대해 징역 10월을 선고하는 등 유죄판결을 하자 타블로에 대한 허위 학력 의혹은 사라졌다.

윤길중 과거사 재심 사건

통일사회당 당무위원장인 윤길중은, 통일사회당 간부들과 함께 1961년 시위 현장 등지에서 장면 정부가 추진하던 반공임시특별법, 데모규제법 제정을 반대하고 외세 배격, 자주 통일을 주장하는 등 정당 활동을 했다.

1961년 5·16 쿠데타 직후 만들어진 혁명재판소는 윤길중 등 정치인들이 반국가단체 활동을 찬양, 고무, 동조했다고 보아 1962년 4월 윤길중에게 징역 15년을 선고했고, 윤길중은 7년간 복역했다.

윤길중의 공범으로 함께 처벌받았던 구익균 등이 2011년 6월 재심 무죄 판결을 받았고 대법원의 검찰 상고기각으로 2012년 2월 무죄 확정된 상태에서, 윤길중의 재심 재판이 뒤늦게 열렸다. 2012년 12월 28일 임은정 검사는 무죄 구형을 했고, 서울중앙지법은 당일 무죄를 선고했으며, 검찰의 항소 포기로 무죄 확정되었다.

박형규 목사 대통령긴급조치위반 등 과거사 재심 사건

박정희 정부는 1972년 10월 유신을 단행하여 헌법 개정을 통해 대통령에게 권력을 집중시키고, 통일주체국민회의의 간접선거를 통해 대통령을 선출하는 등 영구 집권을 시도하며 독재를 노골화했다.

재야인사인 박형규 목사는 4대 대통령을 역임한 윤보선과 시국에 관한 의견을 나누고, 유신헌법 반대 투쟁을 주도한 전국민주청년학생총연맹(민청학련) 관계자들을 만나 격려하며 자금을 지원했다. 이에 박정희 정부는 민청학련 등 비판 세력에 대한 탄압을 더욱 강화했고, 박형규 목사 역시 1974년 군법회의에서 대통령긴급조치위반, 내란 선동 혐의로 징역 15년을 선고받았다.

헌법재판소와 대법원은 대통령긴급조치가 위헌으로 무효라고 판단했고, 박형규 목사의 공범으로 중형을 선고받았던 민청학련 관련자들 상당수에 대한 무죄판결을 확정했다. 이후 박형규 목사에 대한 재심 재판이 뒤늦게 열렸다. 2012년 9월 6일 임은정 검사는 검찰의 과오를 반성하는 논고를 하며 무죄 구형을 했고, 서울중앙지법은 당일 무죄판결을 선고했으며, 검찰의 항소 포기로 무죄 확정되었다.

서울시 공무원 간첩 조작 사건

탈북 화교인 유우성은 2011년 서울특별시 공무원으로 임용되었는데, 국가정보원과 서울중앙지검은 탈북자 정보를 누출한 간첩 혐의로 유우성을 수사한 후 2013년 1월 기소했다. 서울중앙지법은 2013년 8월 "오빠가 간첩"이라는 유우성의 동생 유가려의 진술을 국정원의 회유·압박에 의한 거짓 진술로 보아 국가보안법위반 혐의에 대해 무죄를 선고했다.

이에 국가정보원은 항소심에서 유죄 판결을 받아내기 위해 유우성의 중국 화룡시 공안국 명의의 출입경 기록, 사실확인서 등을 위조했고, 검찰은 이를 항소심 재판에서 증거로 제출했는데, 재판 과정에서 위조 사실이 발각되었다. 유우성의 국가보안법위반 혐의는 최종 무죄 확정됐고, 증거 서류를 위조한 국정원 직원 등은 유죄판결을 받았으며, 위조 서류를 증거로 제출한 이시원, 이문성 검사는 2014년 8월 정직 1월의 징계를 받았다. 이시원은 2022년 5월 공직기강비서관으로 임용되었다.

안태근 전 검찰국장의 서지현 검사 성추행 사건

2010년 10월 서울성모병원 상가에서 안태근 당시 법무부 정책기획단장이 여러 검사가 지켜보는 가운데 서지현 검사를 추행했다. 2010년 12월 법무부 감찰담당관실은 안태근 정책기획단장의 성 비위에 대한 진상 조사에 착수하고, 법무심의관실에 근무 중이던 임은정 검사에게 피해자를 알아봐 달라고 부탁했다.

임은정 검사는 서울북부지검에 근무 중이던 서지현 검사에게 연락하여 피해 사실을 확인했다. 서지현 검사가 주저하는 사이 서울북부지검장 이창세는 검찰국장 최교일에게 이를 보고했다. 최교일 국장은 임은정 검사를 불러 "피해자가 가만히 있는데 왜 들쑤시냐?"고 질책했고, 감찰담당관실은 안태근에 대한 진상 조사를 중단했다. 안태근은 2013년 검사장으로 승진했고 2015년 검찰국장으로 영전하여 서지현 검사의 인사에 관여했다.

서지현 검사가 2018년 1월 이프로스를 통해 미투를 한 후 '검찰 성추행 사건의 진상 규명과 피해 회복을 위한 진상 조사단'이 발족했다. 서지현 검사에 대한 보복 인사 관련 직권남용 혐의로 안태근을 수사하여 기소했다.

서울중앙지법은 2019년 1월 안태근에 대하여 징역 2년 실형을 선고했고, 항소심 재판부는 같은 해 7월 안태근의 항소를 기각했다. 그러나 2020년 1월 대법원은 안태근의 상고를 받아들여 무죄 취지로 파기환송했고, 결국 안태근에 대하여 무죄 확정되었다.

한명숙 모해위증 교사 의혹 사건

이명박 정부 시절, 서울중앙지검 특수2부는 2009년 12월 '대한통운 사장에게서 5만 달러 뇌물을 받은 혐의'로 한명숙 전 국무총리를 기소했다.

대한통운 사장의 법정 증언이 오락가락하여 무죄 선고가 확실시되는 상황에서, 서울중앙지검 특수1부(김기동 부장검사, 임관혁, 이정호, 신응석, 양석조, 엄희준 검사)는 2010년 4월 '한신건영 회장 한만호에게서 정치자금 9억 원을 받은 혐의'로 한명숙에 대한 수사에 착수했다. 한명숙이 서울시장 후보로 출마했다가 낙선한 후인 2010년 7월 서울중앙지검 특수1부는 한명숙을 정치자금법위반으로 기소했는데, 한만호가 2010년 12월 법정에서 종전 검찰 진술을 뒤집고 '사실은 돈을 주지 않았다'고 증언하자, 특수1부(이동열 부장검사, 임관혁, 주영환, 신응석, 송경호, 양석조, 엄희준 검사)는 증언 당일 신속하게 한만호에 대한 수사를 착수하여 2011년 7월 위증으로 기소했다.

한명숙은 ①대한통운 사장에게서 5만 달러 뇌물을 받은 혐의에 대해 2010년 4월 1심 무죄판결을 받았고, 2013년 3월 대법원의 검찰 상고기각으로 무죄 확정되었다. ②한만호에게서 정치자금 9억 원을 받은 혐의에 대하여는 2011년 10월 1심 무죄판결을 받았으나, 2013년 9월 2심에서 징역 2년이 선고됐고, 2015년 8월 대법원의 상고기각으로 징역 2년이 확정되었다. 한편 한만호 역시 2016년 12월 위증으로 징역 2년이 선고됐고, 2017년 5월 상고기각으로 징역 2년이 확정되었다.

그런데 한명숙의 정치자금법위반 사건에서 검찰 측 증인 예정자였던 재소자 한○○, 검찰 측 증인이었던 재소자 최○○이 서울중앙지검 특수1부 검사와 수사관 등이 재소자들을 불러 회유, 압박하여 증언을 조작했다는 취지의 민원을 2020년 제기했다.

함께 꾸는 꿈의 힘을 믿습니다

자식들을 위해 모든 것을 아낌없이 내어준 부모님의 희생과 헌신을 잘 알기에, 차마 기대를 저버릴 수 없어 부모님이 저에게 바라시는 꿈을 저도 꾸었습니다. 마침 부모님과 함께 꾼 꿈이 제 적성에 맞아 후회 없이 21년째 검사로 재직하고 있습니다. 사춘기 때 외모와 가난에 대한 열등감으로 좌충우돌 방황하기도 했지만, 대개 부모님과 선생님께 칭찬받는 모범생이었습니다. 사법시험도 그리 늦지 않게 합격하여 20대에 '영감님' 소리를 들으며 사회생활을 시작했습니다.

2001년 첫 임지에서부터 낯설고 기괴한 현실을 참 많이도 보고 듣고 겪었습니다. 추근거리는 검사장을 퇴치할 방법을 고민하는 동기 검사에게 "달리 해결해 줄 선배가 없으니 직접 싫다고 말하라"고 충고했습니다. 그러면서 정작 저는 술자리를 주재한 부장검사가 스폰서 지갑에서 꺼낸 돈을 검사들에게 나눠주었을 때, 초임이라고 몽블랑 볼펜까지 덤으로 주는 걸 싫은 내색 못 하고 받았지요. 제가 배운 이론과 현실이 너무 달라 어지러웠습니다. 아무 일 없다는 듯 평온한 간부들과 선배들을 곁눈질로 살피며 '아무 일 아닌가 보다' 하고 생각을 정리하려고 노력했습니다.

초임 검사 시절, 인사에 일희일비하는 간부들이 초라해 보여 '나는 저렇게 살지 않겠다'고 다짐했습니다만, 일 못한다는 말을 듣지 않기 위해 실적 경쟁에서 밀리지 않으려고 열심히 했습니다. 말솜씨도 있는 편이라 간부들에 대한 용비어천가 경쟁에서도 밀리지 않았습니다. 덕분에 비교적 좋은 평가를 받아, 2009년에는 검사들이 선망하는 법무부로 발령이 났습니다.

내부 고발자로 팍팍하게 살게 되면서, '내 인생의 전환점이 어디였을까'를 더러 생각하곤 했습니다. 과거사 재심 사건 무죄 구형 강행으로 소위 '잘 나가는 검사'에서 문제 검사로 급전직하急轉直下한 2012년을 전환점으로 볼 수도 있겠지만, 사실 무죄 구형을 해야 해서 무죄를 구형한 것에 불과하니 전환점이라고 보기 어렵지요. 실질적인 전환점은 2009년이 아닐까 싶습니다. 만약 그때 법무부에 가지 않았다면, 저는 여전히 정신을 못 차리고 개인적 일탈을 저지르는 검사들이 왜 이렇게 많냐고 투덜거리며, 주어진 일만 묵묵히 하고 있을 것 같으니까요. 영화 〈매트릭스〉(1999)에서 네오(키아누 리브스)가 빨간 약을 먹고 현실을 깨달은 것처럼, 그때 비로소 애써 외면해 온 이론과 현실의 괴리를 인정하고 현실을 마주했습니다.

저도 그랬지만, 성적 우수자인 모범생은 채점자 의중을 파악하고 정답을 찾는 훈련이 잘 된 사람입니다. 학교에서는 선생님이 채점자이고, 직장에서는 상관이 채점자지요. 학창 시절 좋은 성적을 받아 좋은 학교로 진학하기 위해 기울인 노력은, 검사 임관 이후에는 상관이 흡족해할 실적과 그 결과인 좋은 자리를 향한 노력으로 바뀝니다. 더군다나 검사들의 실적은 사법 정의 실현과 인권 보장으로 평가되고 포장되니, 명분과 사명감 고취에 더할 나위 없이 좋습니다. '인사는 능력과 실적, 조직 내 신망에 따라 이루어진다'는 자평 속에서 검사들의 달리기 경쟁은 가속도가 붙습니다.

실체적 진실이자 사법 정의인 정답과 채점자가 정답으로 처리하는 답이 달라 선택의 갈림길에 설 때, 비로소 진짜 검사인지 여부가 판가름 납니다. 직업적 양심에 따라 정답을 고르는 검사도 있을 테고, 오답인 줄 알면서도 채점자 의도를 간파하여 오답을 고르는 사람도 있겠지요. 경우에 따라 극심한 인지 부조화에 시달리며 오답이 실체적 진실이자 사법 정의라고 우기며 오답을 고르는 자도 없지 않을 겁니다. 어떤 답을 고를 것인가? 작정하고 정답을 오답 처리하는 채점자에게 이의를 제기할 것인가? 우리는 숱한 갈림길에서 늘 주저하고 흔들립니다.

이 책은 제 투쟁(?)에 대한 결과 보고가 아니라 '중간보고'입니다. 지난 10년이 저에게도, 지켜보는 이들에게도 짧은 세월이 아니기에, 한번은 정리해야겠다고 궁리한 지 오래입니다. 결과를 보고할 날이 언젠가 오겠지만, 저와 이 책을 읽는 모든 분에게 '일취월장은 못 해도 그날까지 한결같겠노라'는 다짐을 담고, 흐뭇한 결과를 담은 결과 보고서를 빠른 시일 내에 썼으면 좋겠다는 소망도 꾹꾹 눌러 담습니다. 내부 고발자로서 지난 10년간의 주저함과 흔들림, 선택과 결단을 돌이켜 보니, 아쉬운 순간들에 대한 후회와 반성이 쌓여 산이 되고, 벅찬 순간들에 대한 보람과 감사가 넘쳐 바다가 됩니다. 후회와 반성을 나침반으로 삼고, 보람과 감사를 동력으로 삼아 새로이 출발선에 선 듯 더욱 씩씩하게 가겠습니다.

그리고 독자 여러분에게 부족한 제 생각을 나누며 함께 해 달라고 간곡히 부탁드립니다. 가야 할 길이니 혼자서라도 가겠지만, 함께 간다면 세상이 좀 더 빨리 바뀔 테니까요. 저보다 검사 경력이 월등히 긴 전·현직 검사들이 많기도 하고, '검찰을 샅샅이 안다고 말할 주제도 못 되면서 검찰을 폄훼하여 검찰에 대한 신뢰를 저해하는 글을 쓴다'고 비판할 분도 많을 겁니다. 각오하고 있습니다.

하지만 21년 경력이 짧다고 하기 어렵고, 웬만한 검사들보다 롤러코스터를 탄 듯 부침을 거듭했습니다. 오르막길과 내리막길에서, 바닥에서 검찰의 이런저런 민낯을 생생하게 보았노라고 자평합니다. 잘못을 고백하는 게 부끄러운 것이 아니라, 잘못을 고치지 않는 것을 부끄러워해야겠지요. 제가 보고 겪은 검찰을, 그 과정에서의 좌충우돌을 진솔하게 고백하며, 좀 더 많은 사람과 머리를 맞대고 지혜를 모아 함께 검찰을 바로 세우기를 소망합니다.

2022년 7월
대구에서

차례

1부

난중일기

(亂中日記)

1부에서는 그간 검찰 내부망인 이프로스(e-PROS)* 검사게
시판에 썼던 글 일부를 모았습니다. 2005년 1월부터 2022년
4월까지 93회에 걸쳐 썼는데, 꾸준히 글을 올리기로 작심한
2012년 4월부터 봉화를 올리듯 계속 글을 띄웠지요. 같은 꿈을
꾸는 사람들을 불러 모으고, 동료들에게 검찰의 오늘과 내일에
대한 고민을 일으켜 함께 바꾸기를 소망했습니다.

검사게시판이 활성화되면 검찰 조직 문화가 바뀌지 않을까.
검사게시판 활성화 정도는 내가 어찌해 볼 수 있지 않을까. 극
히 낙관적인 전망을 품고 검사게시판을 휘젓기 시작한 것인데,
유무형의 탄압과 거친 비난이 강도를 더해가자 위축되어 점점
더 얼어붙었습니다. 악명 높던 '타진요'(타블로에게 진실을 요구
합니다) 인터넷 카페처럼 검사게시판이 일방적인 분위기가 돼

---

* 대검찰청 공지 사항 등을 게시하거나, 검찰 구성원이 자신의 생각을 자유롭게 올려 동료
와 의견 교류를 하는 검찰 자체 인트라망 명칭이다.

버려 반작용이 더 크다는 생각에 전장戰場을 바꾼 지 한참이네요. 이제는 동료들에게 공지할 사항이 있을 때만 더러 들르는 곳이지만, 제 오랜 고민과 부딪침, 생각의 변화와 성장, 좌절과 보람 등이 알알이 박힌 곳입니다. 더러 예전 제 글과 동료들의 댓글을 찾아 읽으며, 생각을 정리하고 각오를 다지곤 합니다.

'일취월장은 못 해도 한결같을 자신은 있노라'고 자부하긴 하는데, 생각이 성글고 방식이 서툴렀던 예전 글들을 다시 꺼내 읽어보니 민망합니다. 그럼에도 성장 앨범처럼 지금의 제 생각이 만들어지고 다듬어지는 과정의 흔적이고, 제 눈에 비친 검찰과 검사들의 기록 영상이며, 시민이 알아야 할 검찰 속 사정입니다. 부끄러움을 무릅쓰고 몇 개를 골라 소개해 드립니다. 글을 쓰게 된 상황과 그로 인해 겪은 일 등도 당시 작성한 일기나 비망록 등을 뒤지고 기억을 떠올려 최대한 생생하게 담으려고 노력했습니다.

환자가 제대로 치료받으려면 의사에게 자신의 상태를 사실대로 말해야 합니다. 검찰 내부를 향한 사람들의 시선을 가리던 암막 커튼을 걷어내고 치부가 드러나야 무엇이 문제인지를 정확히 판단할 수 있고, 진단이 정확해야 처방전도 효과가 있겠지요. 검찰을 속속들이 다 안다고 감히 말할 수 없겠지만, 검찰에서 나름 인정받던 검사가 흔들리고 방황하다 결국 내부 고발자로 거듭나 차이고 밟히며 겪은 검찰과 검사들의 모습을 여기에 담습니다.

광주 인화원 도가니

어제저녁, 청각장애인 학교인 광주 인화원에서 일어난 아동 성
폭력 사건을 다룬 영화 〈도가니〉를 보고, 그때 기억이 떠올라
밤잠을 설쳤습니다. 부은 얼굴로 출근했더니 광주지검 해명 자
료가 게시되어 있네요. 2007년 상반기 광주지검 공판부*에서
그 사건을 담당하며, 제가 피해자들을 증인신문하고 현장 검증
을 했었지요. 그걸 아는 친구들이 "로펌 제의를 받았는데 왜 아
직 검찰에 있느냐?"고 농을 하길래, "2007년 하반기 공판검사
가 그런 제안을 받았는지 모르겠지만 나는 아니다"라고 손사
래를 쳤습니다.

피해자들로서는 도저히 납득할 수 없는 재판 결과에 경찰,
검찰, 변호사, 법원이 유착했다고 오해하는 건 당연하다 싶습
니다. 오해로 인한 비난에 속상하지만, 이 영화가 우리 사회의

---

* 　형사부 등 수사 부서에서 기소한 이후 형사재판에 관여하여 법정에 들어가 증인, 피고인
신문을 하고 구형을 하는 등 공소 유지를 전담하는 검찰청 부서.

어두운 자화상을 반성하는 기폭제가 되어 또 다른 도가니를 막을 수 있다면 감수해야겠지요.

피해자들을 증인신문하고, 영화 원작 소설인 《도가니》를 읽으며 느꼈던 소감을 싸이월드에 일기로 그때그때 적어 놓았습니다. 이 일기를 광주 인화원 성폭력 사건을 담당했던 공판검사의 해명 자료로 대신합니다.

2007년 3월 12일

오늘 내가 특히 예민해하는 성폭력 사건 재판이 있었다. 6시간에 걸친 증인신문, 이례적으로 법정은 고요하다. 법정을 가득 채운 농아자들은 수화로 이 세상을 향해 소리 없이 울부짖는다.

그 분노에, 그 절망에 터럭 하나하나가 올올이 곤두선 느낌. 어렸을 적부터 지속되어온 짓밟힘에 익숙해져 버린 아이들도 있고, 끓어오르는 분노에 치를 떠는 아이들도 있고.

눈물을 말리며 그 손짓을, 그 몸짓을, 그 아우성을 본다. 변호사들이 증인들을 거짓말쟁이로 몰아붙이는데 내가 막을 수가 없다. 그들은 그들의 본분을 다하는 것일 텐데, 어찌 막을 수가 있을까. 피해자들 대신 세상을 향해 울부짖어 주는 것. 이들 대신 싸워주는 것. 그리하여 이들에게 이 세상은 살아볼 만한 곳이라는 희망을 주는 것. 변호사들이 피고인을 위해 당연히 해야 할 일을 하는 것처럼 나 역시 내가 해야 할 일을 당연히 해야겠지.

해야만 할 일이다.

2009년 9월 20일

《도가니》. 베스트셀러란 말을 익히 들었지만, 읽을 엄두가 나지 않았다. 내가 잘 아는 아이들의 이야기인 걸 알기에. 어제 친구들을 기다리며 영풍문고에 들렀다가 결국 구입하고, 빨려들 듯 읽어버렸다. 가명이라 해서 어찌 모를까. 아, 그 아이구나, 그 아이구나…… 신음하며 책장을 넘긴다.

객관성을 잃지 않으려면 한발 물러서서 사건을 바라보아야 하지만, 더러는 피해자에게 감정 이입이 돼버려 눈물을 말려야 할 때가 있다. 그 사건 역시 그러했고. 1심에서 실형이 선고되었지만, 2심에서 집행유예 선고로 피고인들이 풀려났다는 뉴스를 들었다. 2심에서 어떠한 양형 요소가 추가되었는지 알지 못하고, 현실적으로 성폭력에 관대한 선고 형량을 잘 아는 나로서는 분노하는 피해자들처럼 황당해하지 않지만, 치가 떨린다. 나 역시.

법정이 터져나갈 듯이 팽팽하게 부풀어 올랐던 그 열기가, 소리 없는 비명이 기억 저편을 박차고 나온다. 정신이 번쩍 든다. 내가 대신 싸워주어야 할 사회적 약자들의 절박한 아우성이 밀려든다. 그날 법정에서 피가 나도록 입술을 깨물고, 눈물을 말려가며 한 다짐을 다시 내 가슴에 새긴다. 정의를 바로잡는 것. 저들을 대신해서 세상에 소리쳐 주는 것. 난 대한민국 검사다.

2011년 9월 22일, 영화 〈도가니〉가 개봉했습니다. 제가 그 사건을 담당했던 걸 아는 친구들이 개봉 직후부터 같이 보자는 연락을 많이 했었지요. 며칠 미적거렸습니다. 저로서도 고통스럽고 마음의 빚이 큰 사건이라, 기억에서 꺼내고 싶지 않았으니까요. 결국 숙제하듯 보았습니다.

"탁탁탁, 탁탁탁." 한 아이가 수화로 '지금 내가 거짓말한다는 말이냐?'라며 부르르 떨던 모습이 다시 떠올라 그날처럼 숨이 턱 막혔습니다. 격렬하게 손날이 부딪치는 소리로 고요한 법정이 폭발할 듯 부풀어 올랐지요. 피고인을 위해 증인에게 따져 묻는 것은 변호사의 당연한 역할입니다. 그러나 기억을 떠올리는 것이 너무도 버거운 피해자로서는 거짓말쟁이로 몰리는 듯해 분통이 터지는 게 인지상정입니다. 그 분노를 곁에서 지켜보며 눈물이 쏟아지려는 걸 참느라 용을 썼습니다. 어른으로서, 검사로서 증인석에서 자신의 성폭력 피해를 증언해야 할 아이에게 너무 미안했으니까요.

검사가 핵심 증거인 CCTV 영상을 빼돌리는 영화의 클라이

맥스, 저는 법정 공판검사석에서 황급히 일어났습니다. 영화에 몰입하다가 어느새 기억 속으로 빨려 들어가 그 법정에 앉아 있었나 봅니다. "난 안 그랬어!"를 외치며 뒤늦게 정신을 차렸지요. 영화가 끝난 후 엘리베이터에서 관객들이 판사와 검사를 어찌나 욕하던지. 눈물 자국이 흥건한 채 저는 얼음이 되었고, 친구들은 제 눈치를 살피며 웃음을 억지로 참느라 표정이 구겨졌습니다.

다음 날 아침, 광주 인화원 성폭력 사건 재판 당시 제 직속 부장이었던 선배에게서 연락이 왔습니다. 마침 그 선배도 영화를 보았나 봅니다. "로펌 제안을 받았다는데, 왜 아직 검찰에 남아있느냐?"고 농담을 던지더군요. 저와 그 선배처럼 속상한 검사들이 많겠다 싶어, 동료들에게 해명하고 위로를 전하려고 부랴부랴 글을 올렸습니다.

몇 시간 지나지 않아 기자들의 전화가 쏟아졌습니다. 검사게시판 글을 어떻게 입수했는지 궁금해서 물어보았습니다. 서울중앙지검 차장검사가 기자들을 불러 제 글을 검찰 해명 자료로 뿌렸다고 했습니다. 법무부 대변인실은 도가니 기사 톤에 어울리는 프로필 사진을 보내달라고 독촉했습니다. 공판검사로 6개월간 피해자들을 비롯해 대책위원회 사람들을 몇 번 만난 게 다일 뿐이라, 느닷없는 환호와 격려에 민망했지요. 그렇게 도가니 검사가 되었고, 이 과분한 별칭은 이후 징계와 검사 적격 심사로 검사직에서 쫓겨날 뻔할 때마다 방탄복이 되어 저를 지켜주었습니다. 제대로 지켜주지 못한 아이들에게 제가 오히려 크게 빚을 졌습니다.

2011년 법무부 국정감사 때 이은재 한나라당 의원에게서 "정의로운 일을 했다"는 격려를 받았고, 민주당 의원들이 대검 국정감사장에서 부실 수사를 질타할 때 한상대 검찰총장은 제 이름을 방패로 삼았습니다. 그 후 검찰총장의 격려 말씀과 선물이 법무부 법무심의관실로 날아들었지요. 저를 한나라당 차기 국회의원감으로 생각하는 이들이 적지 않게 생겼습니다. 국회 법제사법위원회 위원이 되면 잘 부탁한다는 진심 섞인 농담도 더러 들었습니다. 법무부 검사는 업무상 국회에 갈 일이 많은데, 그 후 국회의원실 문턱이 낮아져 덕분에 일이 수월해졌습니다. 글 한 편 올린 덕을 톡톡히 보았습니다.

그런데 1년 뒤 검사게시판에 〈징계 청원〉을 올리자, '2012년 12월 28일 9시 53분경 마치 검찰이 부당한 구형을 하고 과거사에 대한 입장도 잘못되었다는 취지로 해석할 수 있는 〈징계 청원〉이라는 제목의 글을 예약 게시하여 11시경 검사게시판에 공개되고 외부로 전파되도록 했습니다. 이로써, 징계 혐의자는 검찰 조직 내부의 혼란을 초래하고 검찰에 대한 국민의 신뢰를 훼손하게 하는 등 검사로서의 체면이나 위신을 손상하는 행위를 했다'는 징계 의결서가 날아들었습니다.

검찰 수뇌부의 마음에 드는 글이면 고위 간부가 검사게시판 글을 홍보용으로 기자들에게 뿌리더니, 마음에 들지 않으면 제가 뿌린 것이 아닌데도 외부 전파 책임까지 저에게 물었습니다. 도가니 일기로 대검에서 날아든 검찰총장 격려 말씀과 에스프레소 커피잔 세트가 떠올라 씁쓸했지요. 그리고 문득, '도가니 검사'라 불릴 자격을 이제야 갖추게 되었다는 생각이 들었습니다.

2007년 외압이나 내압이 없었던 광주 인화원 성폭력 사건 재판에서 정의를 외치는 것은 수뇌부가 격려하고 장려하는 일이라 전혀 어렵지 않았습니다. 외압과 내압, 불이익에도 불구하고 정의를 외치는 것이 검사의 의무지요. '도가니 검사'라는 버거운 별명에 다소 걸맞은 검사가 이제 되었구나 싶어 고통스러운 와중에 뿌듯했습니다. 피해 아이들에게 진 마음의 빚을 조금 갚았습니다. 평생 갚아 나가겠습니다.

카산드라와 아틀라스

언제부턴가 신문을 도배하는 검찰 뉴스를 읽다 보면 그리스 신화의 카산드라를 떠올리게 됩니다. 예언의 신인 아폴론에게 예언 능력을 선물받았지만, 사랑을 거절하여 불신을 덤으로 받았지요. 아무리 진실을 예언해도 그 말을 아무도 믿지 않았던 가여운 카산드라가 우리인 듯싶어 마음이 아파옵니다.

휴일 없이 매일 출근하여 기록을 끌어안고 고민한 세월을 억울해하는 마음이 고개 들곤 합니다. 그러나 오해를 살만한 일들이 그간 적지 않았고, 얼굴을 차마 들지 못할 각종 부끄러운 일들이 실제로 일어났습니다. 우리가 그런 동료들의 위태로운 행동을 알면서 혹은 동료로서 알아야 함에도 알지 못하여 말리지 못했습니다. 우리가 누구를 탓할 수 있겠습니까. 모두가 씨줄과 날줄로 엮어 검사라는, 검찰이라는 조직을 이루는 이상 검사동일체의 원칙*이 어디 검찰 내적으로만 적용되겠습니까?

'내 탓이오. 내 탓이로소이다.' 그 말이 성당 벽을 넘는 것을 거의 보지 못한 현실에 혀를 차다가도, 우리의 모습은 어떤가 하는 생각에 멈칫합니다. 무릇 사람은 3가지 거울을 가지고 있어야 한다고 합니다. 동으로 거울을 삼아 옷매무새를 바로잡고, 역사를 거울로 삼아 흥망을 헤아리며, 사람을 거울로 삼아 득실을 살펴야 한다지요. 역사를 거울로 삼아 나아갈 바를 정하고 사람들의 충고를 들어 스스로를 고칠 지혜가 우리에게 있는지…… 안팎으로 높아지는 비난의 목소리에 스스로를 돌아보게 됩니다.

지난 4월 3일 자 《법률신문》에서 '초임 검사들의 평균 스트레스 지수가 치료가 필요할 정도로 높게 나왔다'는 기사를 접했습니다. 죄스러워 옆자리에 앉은 후배를 잠시 쳐다보지 못했지요. 선배라면 누군들 그러지 않겠습니까? 2001년 인천지검 초임 검사 시절, 이범관 검사장이 '형사부 검사들이 사건 처리를 제대로 하지 않아 불신이 싹텄다'는 한바탕 훈시를 하고, '모든 사건의 피해자들을 면담하라'고 지시했습니다. 회의 때 업무 과부하를 우려하는 검사들을 강하게 질책하여 누구도 감히 더 이상 토를 달지 못했지요. '오늘날의 불신에 책임이 있는

---

* 모든 검사가 검찰총장을 정점으로 피라미드형의 계층적 조직체를 형성하고, 하나의 유기적 통일체로서 활동하는 것을 말한다.

사람은 검사 경력이 일천한 우리가 아니라, 당신이 아니냐?'고 속으로 투덜거렸습니다. 그러나 이제 편하게 선배 탓만 할 수 없는 경력 검사의 책임감에 가슴이 답답해졌습니다.

중국 춘추시대 효자로 유명했던 증삼의 어머니가 '아들이 살인했다'는 말을 3번 연이어 듣자, 결국 그 말을 믿고 베를 짜다 말고 담을 넘어 도망쳤다는 증삼살인曾參殺人은 소문의 힘에 대한 유명한 고사입니다. '남이 나를 알아주지 아니하여도 성내지 아니하니 군자가 아닌가!' 논어의 한 구절을 떠올리며 버텨보려 하여도, 검사게시판에 쌓여가는 해명 자료와 언론에 넘쳐나는 검찰 뉴스를 읽다 보면, 우리가 딛고 서 있는 땅이 쩍쩍 갈라지는 소리가 환청처럼 들려옵니다.

바람에는 13등급이 있다고 합니다. 0인 고요에서부터 12인 싹쓸바람까지. 바람이 불지 않는 고요에서부터 바람은 비로소 시작됩니다. 참으로 서글프지만, 더 잃을 것이 없는 듯한 지금부터 다시 시작해야 합니다. 하늘을 짊어진 아틀라스처럼 우리 역시 막중한 책임과 의무를 짊어지고 있습니다. 그러기에 이만큼의 요구와 비난이 있는 것이겠지요. 지칠 때도 많지만 그 고단함 만큼의, 고단함 이상의 보람에 감사할 때 역시 적지 않습니다.

몹시 지칠 때면 저는 이프로스 채팅창 로그인 표시를 물끄러미 들여다보곤 합니다. 마치 혼자 세상을 짊어진 듯 버거워 휘청거리다가도 함께 세상을 떠받치고 있는 동료들을 보며 위로

받게 됩니다. 저마다의 몫만큼 세상을 짊어지고 있는 사람들. 이 세상엔 아름다운 사람들이 참 많다는 걸 깨닫습니다.

우리가 가야 할 길이 너무 멀어 막막한 듯하지만, 목숨 걸고 가보았으면 합니다. 힘겨울 때마다 함께 걸어가는 동료들을 둘러본다면, 조금은 기운 나지 않겠습니까?

경력이 일천한 제가 이런 글을 게시판에 올리려니 겸연쩍지만, 초임 검사님들에게 위로가 되었으면 하는 마음에 용기를 내어 봅니다.

뒷이야기

2005년 7월 대검 간부의 검사게시판 글에 댓글을 달았다가, 박정식* 부장에게 불려갔습니다. "이런 댓글을 쓰려면 차장에게 결재도 받고, 부 회의도 해야지, 왜 멋대로 쓰느냐?"고 질책하더군요. 한참 질책하다가 댓글을 삭제해 달라고 사정했습니다. 결국 삭제한 후 검사게시판에 아름다운 시를 소개하는 등 부담 없는 글을 몇 편 끄적인 것 외에는 글을 잘 쓰지 않았습니다. 부장이 뭐라고 한다고 삭제한 제가 창피했

---

* 박정식은 2023년 3월 2일 법무부 검사적격심사위원회 위원장으로 심층 적격 심사 대상자인 임은정 검사에 대한 적격 여부를 심사·의결했다. 회의 당시 부적격 의견이 위원 6인에 달하지 못해 의결정족수 부족으로 임 검사는 적격 심사를 결국 통과했다.

고, 못 견디고 삭제할 거면 아예 안 쓰는 게 마음 편하니까요.

그날 오전 8시를 좀 넘겨 댓글을 달았다가 9시에 불려가 꾸중을 듣고 삭제하겠다고 답한 후, 점심 식사를 위해 사무실을 나서기 직전 삭제했습니다. 부장과의 점심이었으니 더는 미룰 수 없었지요. 오전에는 "네 댓글, 시원하다"는 격려 채팅이, 오후엔 "네가 시원하게 댓글 썼다고 해서 보러 갔는데, 삭제했더라. 검사가 칼을 뽑았으면 무라도 잘라야지. 그게 뭐냐?"는 핀잔 채팅이 쏟아졌습니다. 댓글을 삭제할 예정이었기에 격려 채팅에 낯이 뜨거웠고, 핀잔 채팅에는 낯이 더욱 뜨거워져 하루 종일 일을 못 했습니다.

이런저런 일을 겪으며 고민이 계속 깊어졌고, 검찰을 바꾸기 위해 무언가를 해야겠다고 각오를 다졌지요. 어떻게 할 것인가. '외치는 자의 소리'가 되어 죽어있는 검사게시판을 되살려보기로 마음먹었습니다. 동료의 말문이 트이면 생각이 살아나고, 생각이 살아나면 행동이 따를 테니까요. 누가 뭐라고 해도 삭제하지 않고 바람이 일 때까지 계속 바람을 일으키기로 작심하고, 검사게시판에 올린 첫 글입니다. 첫걸음이다 보니 주저되고 겁이 나 두리뭉실 말을 돌리고, 따뜻하고 온정적으로 썼지요. 그래서 이때는 간부들에게 불려가지 않았습니다.

조금씩 수위를 높이고, 빈도도 늘려 최소 한 달에 한 편 정도 글을 올리려고 종종거렸습니다. 초기에는 동료들에게서 말을 너무 돌리는 게 아니냐는 핀잔, 좀 더 세게 쓰면 후배들이 들불처럼 일어날 것이라는 독려 등 많은 말을 들었습니다. 댓글 하나 못 써주면서 너무한 게 아니냐고 파르르했는데, 솔직히는 제 주저함을 들킨 듯해 많이 창피했지요. 그렇게 두려움을 밟고 창피함을 딛고 서니, 돌아보는 이들이 점차 늘었습니다. 검찰 안팎으로 귀 기울이는 사람들이 늘자, 간부들의 우려와 경계도 덩달아 커졌습니다.

고단한 순례자가 되어 검사장실, 차장실, 부장실을 불려 다니느라 숨이 찼습니다. 동료들과 자주 마찰을 일으켜 근무 분위기를 저해하거나, 소속 상관의 직무상 명령을 정당한 이유 없이 거부하면, 검사 블랙리스트에 올라 집중 관리 대상이 됩니다. 이중희 차장검사는 직무상 명령이라며 "검사게시판에 글을 쓰지 말라"고 했고, 조희진 검사장은 "조직의 분란을 일으킨다. 검사게시판에 자꾸 글을 쓴다면 징계하겠다. 어떡할 거냐?"고 경고하기도 했으니, 제가 검사 블랙리스트에 못 박히는 것은 필연입니다. 1년마다 명단이 갈리는 검사 블랙리스트에서, 저는 밤하늘에 고정된 북극성처럼 찬란하게 계속 빛났다고 하더군요.

이 글은 검사게시판에 올린 글 중에서 수위가 높지 않고 크게 주목받지도 않았지만, 미약하나마 첫걸음으로 제게는 의미가 큰 글이라 소개합니다.

지난 금요일 인기 연예인 타블로와 그 가족의 학력 위조 의혹 등을 제기한 '타진요'(타블로에게 진실을 요구합니다) 등 인터넷 카페 회원들의 악성 댓글 사건 재판이 열렸습니다. 검찰이 법정에 세운 피고인들은 9명에 불과하지만, 카페 회원 수만 명도 사실상 법정에 함께 선 사건입니다. 이제 저에게 숱한 회원들의 비난이 쏟아질 것으로 예상했지요. 오랜 법정 공방을 마무리 짓는 결심을 앞두고 공판카드*를 만지작거리며 몹시 피곤했습니다.

그리고 피해자들에게 죄스러운 마음에 어깨가 한층 무거웠습니다. 카페 타진요, 카페 '상진세'(상식이 진리인 세상), 그리고 타블로. 인터넷에서 관련 기사들을 읽으며 딴 세상 이야기인 듯 가볍게 생각하다가, 지난 2월 서울중앙지검 공판부에 배치

---

* 검찰청과 법원을 오가는 공판검사가 재판 대응을 위해 사건별로 만들어 가지고 다니는 서류철.

되어 막상 제 사건이 되고 보니, 왜 그러는지 이제는 알아야겠다 싶었지요. 타진요에 가입하여 게시글들을 대강 읽어보았습니다. 대부분 억지이긴 한데, 마음에 걸리는 글도 적지 않아 당황스러웠습니다.

수사기관에 대한 불신이 수사 결과에 대한 불신을 낳고, 수사 결과에 대한 불신이 결국 '피해자는 거대한 권력 집단과 연계되어 있다. 정권이 바뀌면 결국 진실이 드러날 것이다'로 귀결되었습니다. 수사기관 구성원으로서 마냥 황당해만 할 수 있겠습니까? 우리 역시도 타진요 등 많은 카페 회원의 잘못된 믿음에 불을 지른 가해자라는 걸, 뒤늦게 깨닫습니다. 타블로와 그 가족 등 피해자들에게 미안하여 어찌할 바를 모릅니다.

나름 풋풋했던 20대 시절, 사랑하는 사람이 자신을 사랑하냐고 저에게 물으면, 배시시 웃으며 읊어주려고 예반의 〈누군가에게 무엇이 되어〉 시 구절을 외웠습니다.

> 내게서 "사랑합니다"라는 말을
> 해달라고 하지 마십시오
> 당신이 내 눈 속에서
> 그 말을 보지 못한다면
> 혹은 내 손길에서 그 말을 느끼지 못한다면
> 당신은 내 입술에서 그 말을
> 듣게 될 리는 결코 없을 테니까요.*

아직 그런 상황을 겪지 못하고 이런 글에 인용하려니 허탈합니다만, 해명 보도자료들을 보면 저는 늘 이 시가 떠올랐습니다. 국민이 이구동성으로 '믿어달라고 하지 마십시오 / 당신이 내 눈 속에서 / 그 말을 보지 못한다면 / 혹은 내 손길에서 그 말을 느끼지 못한다면 / 당신은 내 입술에서 그 말을 / 듣게 될 리는 결코 없을 테니까요'라고 말하는 것 같아 마음이 어지러워집니다.

우리가 짊어진 과거의 업보가 아무리 무거워도 후배들에게 넘겨주어서는 안 되는, 지금 우리가 감내하고 해결해야 할 과제임을 압니다. 또한 우리가 처리하는 사건 하나하나가 당사자에겐 목숨이 걸린 사건이고, 그러한 사건들이 모여 우리나라의 역사가 됨을 압니다. 故 김준엽 전 고려대학교 총장님의 말씀대로 '현실에 살지 말고, 역사에 살자'고 다짐합니다.

모든 사람이 우리의 진심을 알아주지는 않겠지만, 우리의 진심이 결국 세상을 움직이지 않겠습니까? 그리 단단히 마음을 먹다가 저 역시도 언론에 비친 우리의 모습에 문득 불안해져 사족을 답니다.

우리 모두가 같은 마음이겠지요?

---

*   이정하 외 지음, 《당신이 그리운 건 내게서 조금 떨어져 있기 때문입니다》, 책만드는집, 2003, 93쪽.

1심 판결 선고 후 덧붙이는 글

2012년 7월 6일 판결 선고가 있었는데, 극렬하게 활동한 일부 피고인들에게 실형이 선고되었습니다. 피해자들에게 위로가 될지 자신이 없습니다만, 그 판결이 피해자들의 아픈 마음에 다소간 위로가 되고, 마음이 병든 가해자들에게 자신을 되돌아 볼 반성의 기회가 되었으면 좋겠습니다. 그리고 자신의 악성 댓글에 관대한, 적지 않은 네티즌들에게 성찰의 계기가 되기를 간절히 바랍니다. 명예훼손 사건 논고* 시 도움이 되실까 싶어 논고문을 소개하며, 스쳐 지나는 생각을 덧붙입니다.

고등학교 하굣길, 드라마 〈질투〉를 보기 위해 아버지의 자전 거 뒤에 올라타 집에 빨리 가자고 재촉한 기억이 아직도 생생 한 저로서는 故 최진실 씨를 잊을 수가 없습니다. 인기를 먹 고 사는 연예인이기에 그만큼의 오욕 역시도 감당해야 한다 고 버둥거리다, 결국 견디지 못하고 하늘나라로 떠난 故 최진 실 씨를 2008년 우리는 가슴에 묻었습니다. 그때 우리 사회를 덮었던 악성 댓글에 대한 반성의 물결도 어느새 잦아들었습 니다. 안타깝게도 적지 않은 연예인과 이름 모를 이웃들이 헛 소문과 손가락질에 죽음으로 내몰리는 모습을 숱하게 보고 있습니다.

---

* 형사재판에서 증거 조사와 피고인 신문이 끝난 결심結審 때, 검사가 사실과 법률 적용에 관한 의견과 구형(피고인에게 징역 00년을 선고해 달라)을 진술하는데, 이를 논고라 한다.

피고인들과 변호인들은 공공의 이익, 표현의 자유를 주장하고 있습니다만, 연쇄살인마 김길태나 유영철의 행복추구권을 위해 피해자들의 생명과 신체가 침해되어서는 안 되는 것처럼, 피고인들의 표현의 자유를 위해 피해자들의 명예 역시도 짓밟혀서는 안 됩니다.

피고인들은 거대한 권력과 영합한 공공의 적인 피해자들을 무찌르기 위해 성스러운 전쟁을 준비하듯 카페를 만들어 전사들을 모으고, 서로의 사기를 북돋우며, 소문을 확산시켰습니다만, 이 사건은 한 사람과 그 가족에 대한 거대 집단의 매도, 그 이상도 그 이하도 아닙니다.

피고인들에게서 우리 모두의 어두운 자화상을 봅니다. 저를 비롯한 우리가 과연 떳떳한가 돌아보게 됩니다. 하지만 용서는 피해자들의 몫이지 검사의 몫도, 재판장의 몫도 아니기에 본 검사는 피해자들과 우리 사회를 대신하여 피고인들에게 그 책임을 엄중히 묻습니다.

피고인들은 한 사람을, 한 가정을 사회적으로 매장하는 데 앞장섰습니다. 그러한 노력이 열매를 맺어 한 연예인이 따가운 의심의 눈초리를 견디지 못하여 칩거하며 고통받고 있고, 그 아버지는 화병으로 돌아가시기까지 했습니다.

또한 피고인들은 재판에 이르러서까지 반성하지 않고 있습니다. 수사기관에서 확보한 서류의 진위를 의심하며 재판부에서 스탠퍼드 대학교 등으로부터 관련 서류를 직접 받도

록 하는 등으로 재판을 지연시키고, 마치 이 재판의 피고인
들은 이 자리에 있는 피고인들이 아니라 피해자들인 것처럼
피해자들의 학력에 대한 지칠 줄 모르는 의문 제기로 피해자
들의 고통을 가중했고, 사법 비용을 낭비하게 했습니다.

피고인들의 범행 횟수와 내용, 댓글 등 피해를 확산시키는
데 기여한 정도, 반성 여부 및 반성 정도, 피해 결과 등을 모두
종합하여⋯⋯.

뒷이야기

대검은 1997년《논고문 작성 사례집》을 발간·
배포하며 '논고는 검사가 기소한 사건에 대하여 최종적으로 사
실적·법률적 평가를 내리고 법원을 설득하는 공판절차에서의
화룡점정畫龍點睛'이라며 논고의 중요성을 강조했습니다. 일선
검찰청에 '모든 사건에 대해 구체적으로 논고하라'는 지시를
수시로 하달하기도 했지요.

많은 분이 '검사는 공소장으로 말한다'고 합니다. 하지만 검
사의 법정 최종 의견 진술인 논고가 사건 당사자들과 우리 사
회에 어떤 의미인지를 깨달은 후 저는 '검사는 공소장과 논고
로 말한다'고 고쳐 생각했습니다. 그래서 상품 정가표처럼 혈
중알코올농도, 동종 전과 횟수에 따라 양형이 거의 정해진 음

주, 무면허 운전 사건조차 구체적으로 논고했습니다. 판사와 검사, 변호사에게야 양형 기준이 정해진 전형적인 사건이지만, 사건 당사자에게는 인생이 걸린, 그 가족에게는 생계가 걸린 중요한 사건이니까요.

검찰 불신이 개인에게 어떤 피해를 끼치고 사회적 비용을 증가시키는가에 대한 고민과 성찰을 촉구하기 위해, 이 글을 검사게시판에 올렸습니다. 그리고 판결 선고 후인 7월 7일 선고 결과를 소개하며 논고문을 덧붙였습니다.

이 글을 쓸 때까지만 해도 전혀 예상하지 못했는데, 결과적으로 두 달 뒤 과거사 반성 논고로 간부들에게 불려가 봉변을 당할 때 방어용으로 유용하게 활용했지요. 2012년 상반기에 저는 타진요 사건이나 조폭 양은이파 사건 등 실형을 이끌어 낸 중요 사건 논고문을 이프로스에 올렸고, 법무부와 대검에 선고 결과를 보고할 때도 첨부했습니다. 간부들은 칭찬과 격려만 했을 뿐, 논고문을 사전에 보고해 달라고 요구한 적이 단 한 번도 없었습니다. 재판 심리를 마무리 짓는 결심結審일, 검사는 자백 여부, 피해자와의 합의, 피해 회복 정도 등 당일 법정에서 확인한 정보까지 모두 종합하여 최종적인 의견을 밝혀야 합니다. 따라서 상급자들은 현실적으로 법정에서 이루어지는 논고에 일일이 관여할 수도 없습니다.

그런데 2012년 9월 박형규 목사의 대통령긴급조치위반 등 과거사 재심 사건에서 무죄 구형을 한 후 〈공판 소회〉를 검사게시판에 올리자, 김국일 공판부장은 문구를 고쳐달라고 요구하며 불안하다는 듯 물었습니다. "논고도 했나?" 답했습니다. "저 원래 논고하잖아요." 〈공판 소회〉에서 과거사 반성의 무시무시한 기운을 감지한 공판부장은 당황하며 "월권越權일세!"라고 외쳤습니다.

그 상급자는 2012년 12월 故 윤길중의 과거사 재심 사건에서 저를 직무 배제시켰는데, 법원은 제 징계 취소소송에서 그 직무 배제 지시가 월권임을 확인해 주었습니다.

오늘 오전 1974년 유신헌법 반대 투쟁을 주도한 전국민주청년
학생총연맹(민청학련) 배후로 몰려 징역 15년을 선고받고 옥고
獄苦를 치렀던 박형규 목사의 대통령긴급조치위반 등 과거사 재
심 사건 재판이 있었습니다. 당시 법의 이름으로 그분 가슴에
낙인했던 주홍글씨를 이제 다시 법의 이름으로 지우는 역사적
인 순간, 저에게 중요한 배역이 주어진 것에 흥분하여 며칠 동
안 많이 떨리고 설렜습니다. 무죄를 구형하고 법정을 나서며
그 시절 검사와 판사는 어떤 마음이었을까 생각해 보았습니다.
혹자는 지금의 잣대로 그 시절을 재단하는 것이 타당하냐고 반
론할 수 있겠지만, 역사로 정리된 사건에 대해 옳고 그름이 무
엇인지 평가하는 것은 후세의 몫이 아니겠습니까?

　나름 풋풋하던 초임 검사 때였을 겁니다. 저에게 조사받는
사람이 자꾸 아가씨라고 부르는 것이 불쾌하여 "아가씨라뇨!"
라고 짜증을 냈더니, "아! 그럼 아줌맙니까?"라고 반문해서 할

말을 잃었던 적이 있었습니다. 검사로 보이지 않아서 저를 검사라 부르지 않았던 당사자에게 짜증을 내버린, 오는 말이 험하니 가는 벌금이 무겁던 치기 어렸던 20대를 부끄럽게 돌아봅니다. 당사자에게 검사로 보여야 비로소 검사라 불리지 않겠습니까? 당사자를 탓했던 제 못난 모습이 떠올라 낯이 화끈거립니다.

저는 고전을 더러 읽다가 이름과 관련된 구절이 나오면 메모해 놓았다가 지칠 때마다 찾아 읽고 기운을 내곤 합니다.

《논어》옹야편, 공자께서 말씀하시기를 모난 잔에 모서리가 없으면 모난 잔이라 할 수 있겠는가! 모난 잔이라 할 수 있겠는가!

《도덕경》1장, 무명無名은 천지의 시작이고 유명有名은 만물의 어머니이다.

《금강경》10분, 세존께서 수보리에게 일렀다. "수보리야, 너는 어떻게 생각하느냐? 보살이 불국토를 장엄하다고 하겠느냐." 수보리가 말씀드리기를 "아닙니다. 세존이시여, 불국토가 장엄하다는 것은 곧 장엄해서가 아니라 그 이름이 장엄이기 때문입니다."

"수보리야, 비유컨대 만일 어떤 사람의 몸이 수미산만 하다면 네 생각에 어떠하냐? 그 몸이 크다고 하겠느냐?" 수보리가 말씀드리기를 "매우 큽니다. 세존이시여, 부처님께서 말씀하신 것은 몸이 아니며, 그 이름이 큰 몸일 뿐이기 때문입니다."

너무 지쳐 쉬고 싶을 때마다, 최선을 다했지만 당사자들에게 오해를 사 속이 상할 때마다 저는 '나는 대한민국 검사다!'라는 말을 곱씹으며 다시 털고 일어서곤 했습니다. 그리고 오늘 재판을 끝내고 서울중앙지검으로 돌아오며 다시 한번 벅찬 마음으로 다짐합니다.

저는 권력이 아니라 법을 수호하는 대한민국 검사입니다.

2012년 9월 13일,
검찰의 과거사 반성이 언론에 알려진 후 논고문을 추가하며
논고문을 이프로스 공판 실무 자료 사이트에 올려두었습니다만, 신문 기사를 본 몇몇 동료의 요청으로 게시글에 덧붙입니다. 박형규 목사의 대통령긴급조치위반 등 과거사 재심 사건을 담당하며 평소 하던 대로 한 것인데, 보잘것없는 제 논고문 일부가 판결문에 담겨 크게 보도되는 바람에 당황스러운 마음이 없지 않습니다. 업무에 참고하실 분이 혹여 계시면, 도움이 되길 바랍니다.

이 땅을 뜨겁게 사랑하여 권력의 채찍에 맞아가며 시대의 어둠을 헤치고 걸어간 사람들이 있었습니다. 몸을 불살라 그 칠

흑 같은 어둠을 밝히고 묵묵히 가시밭길을 걸어 새벽을 연 사람들이 있었습니다. 그분들의 숭고한 희생과 헌신으로 민주주의의 아침이 밝아, 그 시절 법의 이름으로 그분들의 가슴에 낙인했던 주홍글씨를 뒤늦게나마 다시 법의 이름으로 지울 수 있게 되었습니다. 그리하여 지금 우리는 모진 비바람 속에서 온몸으로 민주주의의 싹을 지켜낸 우리 시대의 거인에게서 그 어두웠던 시대의 상흔을 씻어내며 역사의 한 장을 함께 넘기고 있습니다.

피고인이 위반한 대통령긴급조치 제1호와 제4호는 헌법에 위반되어 무효인 법령이므로 무죄이고, 내란선동죄는 관련 사건들에서 이미 밝혀진 바와 같이 관련 증거를 믿기 어려울 뿐만 아니라 피고인이 정권교체를 넘어 국헌문란의 목적으로 한 폭동을 선동했다고 볼 수 없으므로 피고인에게 무죄를 선고해 주시기 바랍니다.

2012년 9월 3일, 수사 승계 검사*인 공안부 민기홍 검사의 반대에도 불구하고 무죄 구형 결재를 올렸는데, 뜻밖에도 결재를 쉽게 받아낸 후 새로운 고민을 시작했습니다. 박형규 목사에게는 물론 현대사와 검찰사에 중요한 사건입니다. 이를 알기에 검찰의 사과와 반성, 희생과 헌신에 대한 후세대의 감사와 존경을 논고문에 어떻게 담아낼지 심사숙고했습니다.

디데이는 9월 6일. 제가 담당하는 여타 사건들도 많았으니 박형규 목사 사건에만 매달릴 수는 없었습니다. 틈틈이 고민을 꺼냈다가 바로 접어야 했지요. 제가 그 무렵 읊조리던 안도현 시인의 시 〈사랑한다는 것〉에서 '새벽' 등 마음을 뭉클하게 한 단어들을 골라 이를 중심으로 박형규 목사의 삶을 응축하여 쓰기로 마음먹었습니다. 당일 아침 법정으로 가기 직전 초안을 급히 작성하고, 법정에서 단어 하나를 고쳐 바로 낭독했습니다.

* 전출, 퇴직 등 검사의 인사이동으로 수사검사가 해당 청에 근무하지 않을 경우, 그 검사를 대신하여 후임자로서 불기소 사건의 재기, 기소한 사건의 공판 관여 등 후속 사무를 처리하는 검사를 승계 검사라고 한다. 공안 사건의 경우, 규정상 수사검사가 법정에 직접 들어가 공소 유지를 해야 한다. 그런데 과거사 재심 사건은 판결문 이외에 기록이 거의 남아있지 않고 무죄 선고가 확실시되는 등 재판 진행이 극히 형식적이고 전형적으로 이루어짐을 감안하여, 실무상 해당 재판부를 담당하는 공판검사가 공안부 수사 승계 검사와 의견 조율을 한 후 공소 유지를 담당하고 있다.

많이 떨었습니다. 하나님이 박형규 목사에게 보내는 위로와 칭찬이라는 걸 논고문을 낭독하며 깨달았으니까요. 떠오른 말들을 받아쓴 것일 뿐, 사실은 제가 쓴 게 아닙니다. 제게 주어진 사명과 역할에 대한 벅찬 보람과 희열에 몸을 떨었지요. 무죄 선고 후 법정을 나서는 뒷모습을 향해 깊이 고개를 숙이며 읊조렸습니다. 어제 당신이 만들려 한 내일이 바로 오늘임을 믿습니다. 고맙습니다.

재판이 끝난 후 과거사 재심 사건 무죄 구형이 일상화될 수 있도록 동료들에게 널리 알리려고 〈공판 소회〉를 올렸다가 뒤늦게 소란이 일었습니다. 글 문맥이 좀 어색하고 흐름이 자연스럽지 못한 것은, 글을 삭제하거나 고쳐달라는 부장의 지시와 부탁을 매몰차게 뿌리치지 못한 탓입니다. 또한 수뇌부 몰래 과거사 반성을 결행한 터라 긴장한 속내를 행간에 숨기는 데 급급하여, 인용한 고전 문구들이 글에 제대로 섞여들지 못하고 둥둥 떠다니네요. 검사답지 못하면 검사가 아니라는 말을 여러 고전을 인용하여 돌려 말한 탓입니다. 고전을 인용하는 방식으로 칼날을 숨기고 덜 직설적으로 보이려고 종종 꾀를 피우곤 했습니다. 민망합니다만 이 또한 제 생존 방식이었습니다.

2012년 9월 6일 오후 부장의 요청대로 글을 1차로 고친 후 9월 13일 2차로 고치며 논고문을 추가했습니다. 무죄 구형은 서울중앙지검장까지 결재를 받았으니 트집 잡을 게 없지만, 과거사 반성은 경우가 다르니 소동이 크게 일었습니다. 대검 공안부에서 뒤집어졌다더군요. 마침 박근혜 새누리당 대선 후보의 '인혁당 2개의 판결' 발언과 검찰의 과거사 반성이 대비되면서, 판결문에 실린 제 논고문 일부가 언론 보도를 통해 외부까지 알려지게 되었습니다. 언론에서 검찰의 과거사 반성을 호평하던 그때, 저는 밤낮으로 불려 다녔지요.

후배들이 저처럼 마음고생하지 않도록 반드시 바로잡겠다고 이를 악물었습니다. 소위 공안통들 역시 저에게 이를 갈았다고 전해 들었습니다. 2012년 12월 故 윤길중의 과거사 재심 사건 격돌 전, 그렇게 전초전을 치르며 서로의 결심은 단단해지고 있었습니다.

'검사실과 법정에서 내가 다른 사람들의 눈에 어떻게 비칠까?' 다들 궁금한 적이 있을 겁니다. 다른 동료들이 그러하듯 저 역시도 감사 편지를 숱하게 받아보았고, 피고인의 구치소 접견부*를 확인하는 과정에서 '독한 X'이라고 욕한 흔적을 보기도 했습니다. 당사자가 아닌 제삼자의 눈에는 어떻게 비칠지 궁금하던 차, 방청객의 눈에 비친 제 모습을 들여다볼 귀한 기회를 가졌습니다.

타진요 카페 회원들은 타진요 재판 방청 후 소감문을 카페에 매번 올립니다. 어느 회원이 "무슨 검사가 저렇게 감성에 호소하냐?"고 욕하더군요. 욱하는 마음에 "전 원래 그런 스타일입니다. 스타일이야 제 맘이지 않을까요?"라고 댓글을 쓰려다가 꿀꺽 삼켰습니다. 제가 동료들보다 감성이 넘친다는 말을 더러

---

*   교도관이 재소자의 가족, 친구 등과의 접견 대화 취지를 기록한 서류.

든습니다. 과유불급이라는데 고쳐야 하는지 고민하기도 했지요. 하지만 제가 느끼고 깨달은 법의 정신은 36.5도의 체온이 담긴 인간에 대한 신뢰와 연민입니다. 공판검사에게는 피해자의 고통과 절망, 우리 사회의 분노와 자책, 피고인에 대한 연민과 충고 등을 모두를 대신하여 법정에서 말할 의무가 있지요. 판사, 피고인은 물론 방청하는 피해자와 그 가족들, 더러는 법정을 떠돌고 있을 가여운 영혼에게 설명한다는 마음가짐으로, 제 진심을 논고문에 담아내려고 노력하고 있습니다.

2007년 광주지검 근무 시절, 피를 토하는 심정으로 울면서 작성하고, 법정에서 눈물을 참느라 애를 먹었던 아동 상해치사 사건 논고문을 소개해 드립니다.

한 아이를 생각합니다. 아빠에게 맞지 않았으면 좋겠다는 소망만을 가진 채 세상을 향해 날갯짓 한 번 못 해보고, 엄마에게 외면당한 채 아빠라고 불렀던 자에게 얻어맞아 방에 갇혀 죽어간 한 아이를 생각합니다.

어린아이가 영문도 모른 채 아빠에게 구타를 당하며 얼마나 처절한 공포에 떨었을지, 장이 파열되어 죽어가면서, 체했을 거라며 등을 토닥이며 돌아서는 엄마의 뒷모습에 얼마나 절망했을지 우리는 헤아릴 수 없습니다. 햇살 한 조각 들지 않는 방에서, 누구도 귀 기울여주지 않는 세상을 향해 처절한 비명을 지르며 그렇게 아이는 죽어갔습니다.

또 다른 아이를 생각합니다. 아빠에게 맞아 신음하며 죽어 간 오빠 옆에서 발을 동동거리며 어찌할 바를 몰라 했을 한 여자아이를 생각합니다. 그 여자아이가 죽어가는 오빠를 지켜보며 얼마나 무서웠을지, 집에 돌아오지 않는 엄마를 얼마나 기다렸을지, 누구 하나 와주지 않는 세상이 얼마나 원망스러웠을지 우리는 헤아릴 수 없습니다. 여자아이에게 세상은 오빠의 시신처럼 가혹하리만큼 차가웠을 것입니다.

피고인들의 범행으로 6살 어린아이는 생명을 잃어버렸고, 4살 어린아이는 평생 지울 수 없는 가혹한 마음의 상처를 입었습니다. 피고인들에게 어떠한 처벌을 한다고 하더라도 하늘나라로 간 아이는 살아 돌아오지 않고, 살아남은 아이에게 악몽 같은 그 시간의 기억은 지워지지 않을 것입니다만, 뒤늦게라도 피고인들에게 그 행위에 상응하는 책임을 묻는 것이 우리의 맡은 바 소임이라 할 것입니다.

본 검사의 논고가, 재판장님의 판결이 피고인들에 대한 준엄한 질책이고, 쓸쓸히 하늘나라로 간 피해 어린이에게 바치는 제문이어야 한다고 생각합니다. 이에 본 검사는…….

징역 5년이 선고된 그 선고일에 다시 울컥하여 몸을 떨었습니다. 이 아이의 황망한 죽음의 대가가 겨우 징역 5년이구나 싶어 치를 떨다가, 재판부를 설득하는 데 실패한 못난 공판검사라고 자책하다가…… 마음은 지옥을 헤매었습니다. 그날의 통한과 자책을 잊어서는 안 될 것 같아 논고문을 아직 간직하고 있습니다.

광주지검 근무 이후 검사 생활을 몇 년 더 하다가 논고문을 다시 보니, 그간 제 논고에 피고인에 대한 연민이 너무 부족했던 게 아닌가 반성하게 됩니다. 하지만 앞으로도 강력 사건 피고인에 대한 연민을 논고에 담아낼 수 있을지 솔직히 자신 없네요. 여하튼 논고문에 피해자와 피고인에 대한 간절한 마음을 모두 담아내려고 노력하고 있습니다만, 늘 아쉽고 아쉽습니다.

공판검사의 권한 내에서 의무를 이행한다는 마음으로 작성한 박형규 목사의 대통령긴급조치위반 등 과거사 재심 사건 논고문에 세상이 들썩이는 걸 보니 당황스럽습니다. 제 논고가 너무 튀는 스타일인가? 고쳐야 하나? 다시 돌아보고 있습니다. 민망합니다만, 많은 동료와 생각을 나누었으면 좋겠다 싶어 예전 논고문까지 끄집어내어 선후배 앞에 늘어놓습니다.

뒷이야기

늘 해오던 논고였으나, 검찰을 대표하여 사과와 과거사 반성을 해버리는 바람에 한참 시달렸습니다. 특수통 모 고위 간부는 자신의 인생 역작이었던 사건 논고문이 떠오른다며 따로 연락하여 격려했고, 검찰의 과거사 반성에 감동하는 외부 호평도 많아 잠시 우쭐하기도 했습니다. 그러나 공안통의 분노가 해일이 되어 덮쳐오는 걸 보고 얼음이 되었지요. 공안통 간부들에게서 이미 격한 질책을 받았음을 전제로, 따뜻하게 위로하며 공안통의 입장을 자애롭게 설명하는 모 검사장의 훈시 말씀을 들으러 늦은 밤 술자리에까지 불려가는 등 밤낮으로 분주했습니다.

"그들은 빨갱이였네", "자네는 모든 검찰 선배를 권력의 주구로 몰았어!" 등 도저히 수긍하는 체 연기조차 할 수 없는, 과거사 반성을 칭찬하는 검찰 밖 사람들이 결코 들어서는 안 될 말들이 거침없이 쏟아지더군요. 견디다 못해 검사게시판에 글을 올렸습니다. '저는 원래부터 논고 열심히 했습니다. 논고의 의미와 중요성에 대한 제 생각은 이렇습니다. 제 생각이 틀렸나요?'

과거사 반성 논고로 인해 빨갱이 검사라며 제 사상을 의심하고, 세상 물정을 모른다고 걱정하고, 총선 출마 등 의도를 확신하는 뒷말들이 검찰 내외에 들끓었습니다. 하지만 대학과 사법연수원, 법무연수원에서 배운 대로 한 것이기에, 제 글에 대한 공개적인 반론은 전혀 없었습니다. 검사의 언행과 결정의 무게, 그 파급력을 안다면 생각 없이 위에서 시키는 대로 할 수 없지요. 책임은 위가 아니라 검사가 지는 거니까. 짊어진 하늘을 버거워했던 아틀라스처럼 모든 검사가 검사의 권한과 책임의 무게를 버거워했으면 좋겠습니다. 만약 모든 검사가 그 무게를 버거워하며 신중하게 권한을 행사하고 그 책임을 감당했다면, 검찰개혁을 요구하는 국민의 목소리가 이렇게 거세지 않았을 텐데…….

뜻밖의 위로

중고등학교 때 아버지의 배달 자전거로 등하교했습니다. 사춘기 시절 가난을 들키는 게 너무 창피하면서도, 지각을 피하려고 아침마다 자전거 뒤에 올라탔지요. 나날이 불어나는 딸과 책가방 무게로 언덕길에서 아버지가 숨차하는 소리를 바람결에 들으면서도, 아침 단잠이 아쉬워 늦잠을 자다 매번 신세를 지곤 했습니다. 사춘기 갈등이 최고조로 달아오르던 고등학교 2학년 무렵이었습니다. 아버지와 크게 다투고 며칠 말 한마디 섞지 않고 걸어서 등하교하던 어느 아침, 아버지가 뒤쫓아와 제 이름은 차마 부르지 못하고 언니 이름을 부르며 타라고 했을 때, 못 이기는 체 자전거 뒤에 올라탔습니다. 익숙한 아버지의 숨소리를 다시 바람결에 들으며 눈물이 왈칵 쏟아지더군요. 언제부터 시작했는지 모를 제 사춘기가 이제 끝났다는 걸 그때 깨달았습니다.

웬만한 영화나 드라마 못지않았던 한 달이었습니다. 정치 검찰의 오욕을 마무리 짓는 화룡점정이라는 탄식이 끊기기도 전에 연이어 터지는 더욱 놀라운 사건들로 정신이 없었습니다. 저조차 검사를 그만두고 싶다는 생각이 들었는데 후배들은 오죽하겠습니까? 아마도 모두가 그러하듯 저 역시 정신적 공황이나 우울증에서 허우적거리지 않았을까 싶네요.

지난 목요일 법원으로 전관하는 동료의 송별 회식이 있었습니다. 난파선에서 탈출하는 동료의 구사일생을 축하하는 복잡한 심경으로 저녁을 먹고 있었는데, 전화가 왔습니다. 전화를 건 사람은 제가 광주지검에서 상습절도로 기소하여 실형을 살다 나온 분으로, 교도소에서부터 지금까지 5년여간 편지와 전화로 소식을 종종 전해주고 있지요. 무슨 일인지 궁금하여 황급히 전화를 받아보니 "요즘 검찰이 욕을 많이 먹고 있는데 힘드시지요?"라고 말문을 여셨습니다.

가톨릭 신자인 그분이 신자들과 국내 성지순례를 다녀오셨는데, 나주 등지를 돌다가 쉬는 시간에 신자들이 삼삼오오 모여 검찰을 욕하는 것을 들었다고 하시더군요. 소감과 기도 제목을 나누는 시간에 저와의 인연을 이야기하며 "좋은 검사들이 얼마나 많은데, 나쁜 검사들 몇 때문에 검찰 전부를 싸잡아 욕하느냐. 고생하시는 검사님들과 그 가족들은 지금 어떤 심정이겠느냐. 검찰을 위해 같이 기도해 달라"고 부탁하셨고, 수녀님, 수사님, 신도 130여 명이 다 같이 검찰을 위해 기도했다며 뿌듯해했습니다. 제가 위로해 드릴 일만 있을 줄 알았던 분에게서 뜻밖의 위로를 받고 보니 눈물이 왈칵 쏟아졌습니다. 가슴을 내리누르던 묵직한 돌덩이가 그분의 따뜻한 위로에 녹아내리고 있는 걸 깨달았습니다.

저에겐 사춘기 못지않았던 질풍노도의 한 달이었습니다. 슬픔과 분노에 조절 장애가 생겨 침울함에 한없이 가라앉다가, 고슴도치가 가시를 곤두세우듯 모진 말을 주변에 쏟아내며 마음은 갈피를 잡지 못했습니다. 하지만 이제 우울증을 털어내고 마음을 다잡습니다.

2008년 봄 무렵 제 앞에서 고단한 인생을 한탄하며 이제 손을 씻겠다고 말씀하시던 그분의 회한과 간절함을 아직 기억합니다. 그분은 자신이 내민 손을 제가 뿌리치지 않은 것이 고마워, 일거리 없는 추운 겨울 굶주림과 사투를 벌이며 정직하게 하루하루를 견뎌내고 계시지요.

제가 이성을 잃은 한 달 동안 저를 통해 새 출발을 할 수 있었던 또 다른 '그분'이 저의 외면에 낙담했을지 모르겠다는 생각에 아차 싶습니다. 저에게 몹시도 따뜻했던 윤 모 선배 등에게 모진 말을 쏟아낸 것도 죄스러워 몸 둘 바를 모르겠습니다. 이미 쏟아낸 것이라 주워 담지는 못하지만, 상처받은 분들에게 깊이 사과드립니다.

비난의 목소리에 귀가 먹먹하고, 어디로 가야 할지 모를 막막함에 어찌할 바를 모를 시기입니다. 하지만 지금 저에게 주어진 사건 당사자에겐 제가 유일한 희망이고 의지처임을 알기에 의연하게 버텨보려 합니다.

　언젠가 이 어두움도 끝나지 않겠습니까?

뒷 이 야 기

　　　격동의 2012년. 서울고검 김광준 부장검사가 다단계 회사 관계자에게서 8억 원 이상의 뇌물을 받은 혐의로 구속되었고, 서울동부지검에서 실무 수습 중이던 초임 전재몽 검사가 검사실에서 피의자와 성관계를 했으며, 박동인 검사는 자신이 수사 중인 사건 피의자에게 매형을 변호사로 선임하도록 알선했다가 서울중앙지검 강력부 검사실이 압수수색되는 등 연이은 충격타에 검찰이 술렁였습니다. 18대 대선을 앞두고 여론이 급격히 악화되자, 대검은 여론을 진화할 대책 마련에 고심했습니다.

　2012년 11월 25일. 대검 과장급 이상 간부들이 토론회를 열어 침통한 얼굴로 '국민의 비판을 겸허하게 받아들이고, 국민을 위해 희생하는 자세로 개혁안을 마련하자' 등 위기 때마다 늘 하던 말들을 다시 주고받았습니다. 대검은 늦은 저녁 이프로스에 '평검사 회의를 비롯해 가능한 모든 방식으로 일선 검사들과 직원들의 생생한 의견을 제시받겠다'는 토론회 결과를 공지했습니다. 아울러 '검찰총장 거취 문제에 대해서는 대부분

부정적인 분위기였음'이라는 말도 공지했지요. 평검사 회의에서 검찰총장 거취 문제를 거론치 말라는 지시를 그렇게 녹여냈습니다. 대검 간부들은 한상대 검찰총장 지휘하에 자체적으로 검찰개혁을 추진하여 이 위기를 모면하자는 분위기였습니다.

그런데 한상대 검찰총장이 대검찰청 중앙수사부* 폐지 카드를 만지작거리고, 급기야 대검 감찰본부에 '서울고검 김광준 부장검사에게 부적절한 조언을 한 비위 혐의'로 최재경 중수부장을 감찰하라고 지시하자, 분위기가 급변했습니다. 검찰 하나회인 특수통들이 검란檢亂이라고 명명된 쿠데타를 일으켰습니다. 상명하복의 검찰에서 검찰 간부들이 검찰총장을 축출하기 위해 자신들에게도 치부인 검찰총장의 수사 압력 비사를 기자들에게 알리는 여론전도 불사했지요. 며칠 전까지 검찰총장 거취 문제를 거론치 말라던 대검 간부들은 안면몰수하고 검찰총장에게 쳐들어가 사퇴를 건의하는 진풍경이 서초동에서 펼쳐졌습니다. 대검 맞은편에 있는 서울중앙지검에 근무한 탓에 일련의 일들을 현장에서 지켜보았습니다. 혼란스럽고 부끄럽고 고통스러웠습니다.

저도 그랬지만 아마도 모든 검사가 집단 우울증에 빠졌을 겁니다. 힘겨워하던 후배가 긴한 부탁을 하더군요. 위로가 되는 글을 써달라고. 검사게시판에 쓴 글들로 여기저기 불려 다니는

---

* 대검에서 사회적 파급력이 큰 중대 사건을 직접 수사하기 위해 1973년 대검에 설치한 수사 부서로, 박근혜 정부 때인 2013년 4월 폐지되었다.

위태로운 처지라, 동료에게 위로가 되고 힐링이 되는 글들을 더러 섞곤 했습니다. 그래야 욕을 덜 먹으니까요. 생존을 위한 글을 쓸 차례라고 생각하고 있던 차라, 그 무렵 제가 받은 위로를 동료와 급히 나누었습니다.

제게 글을 부탁한 그 후배는 〈뜻밖의 위로〉에도 댓글을 달지 않더군요. 그 무렵 이프로스에 한 달 시한부 익명 게시판이 개설되었는데, 누군가 익명으로 저에게 총선 불출마 선언을 요구하는 등 저에 대한 색안경이 짙어진 때였습니다. 그래서 임은 정파로 찍힐까 무서워하는 후배의 처지를 이해했습니다. 저보고 '선배님이 조금 더 세게 쓰신다면, 후배들이 들불처럼 일어날 겁니다'라고 말한 다른 후배조차 댓글 하나 안 쓰고 있었으니까요. 들불만도 못한 후배가 얄미워 검사실에 들러, 댓글 안 써주냐고 짐짓 채근하기도 했습니다.

인생은 예측불허라더니 이 글을 쓴 지 한 달도 채 지나지 않아 과거사 재심 사건 무죄 구형 강행으로 앞서 언급한 김광준, 박동인, 전재몽과 함께 징계 회부되었습니다. 2013년 2월 5일 오후 법무부 검사징계위원회에 출석하여 법무부 복도에서 의견 진술 차례를 기다리고 있었지요. 검사로서 해야 할 일을 했을 뿐인데, 쟁쟁한(?) 검사들과 어깨를 나란히 하고 있는 현실이 혼란스럽고 고통스러웠습니다. 검사징계위원회 회의는 전재몽, 박동인, 임은정, 김광준 순으로 진행되었고, 2월 21일 관보에 나란히 실렸습니다. 관보에 실린 저와 제 징계 동기들의 징계 사유와 징계 수위는 다음과 같습니다.

법무부 공고 제2013-34호

검사징계법에 의거, 다음과 같이 공고합니다.

법무부 장관

1. 징계 대상자: 서울고등검찰청 검사 김광준

2. 처분 일자: 2013년 2월 15일

3. 징계 종류: 해임

4. 징계 사유: 2008년경부터 수회에 걸쳐 뇌물 등 명목으로

8억 8,400만 원 상당의 금품 수수 등

1. 징계 대상자: 광주지방검찰청 목포지청 검사 전재몽

2. 처분 일자: 2013년 2월 15일

3. 징계 종류: 해임

4. 징계 사유: 2012년 11월경 자신이 수사 중인 피의자와 수회

성관계를 하여 뇌물 수수 등

1. 징계 대상자: 서울중앙지방검찰청 검사 박동인

2. 처분 일자: 2013년 2월 15일

3. 징계 종류: 면직

4. 징계 사유: 2010년 9월경 자신이 수사 중인 사건의 피의자

에게 특정 변호사를 소개하여 선임하도록 알선 등

1. 징계 대상자: 서울중앙지방검찰청 검사 임은정

2. 처분 일자: 2013년 2월 15일

3. 징계 종류: 정직 4개월

4. 징계 사유: 2012년 12월 28일 다른 검사에게 재배당된 공판

사건에 무단으로 관여하여 지시 위반 등

징계 청원

지난 9월 박형규 목사의 대통령긴급조치위반 등 과거사 재심 사건에 대한 구형 변경 결재를 받기 전, 무죄 구형을 관철하지 못한다면 직을 걸겠다며 결기를 다졌습니다. 어느 동료가 "넌 너무 쉽게 직을 건다"고 타박하더군요. 하지만 직을 거는 게 쉬울 리 있겠습니까?

제 능력에 벅차지만 보람이 있어 중독되어 버린 일과 좋은 동료와 함께하는 익숙한 생활을 접고, 새로운 세계로 향하는 것은 설레기보다 두려운 일입니다. 하지만 소신을 지키지 못했다는 자책을 안고 살아가는 것은 더 두려운 일이기에 떨리는 마음으로 직을 다시 걸게 됩니다.

지난주 또 다른 재심 사건 무죄 구형을 위해 구형 변경 결재를 받으려다 상급자와 논쟁이 있었습니다. 공안부의 '법과 원칙에 따라 선고해 달라'는 의견이 타당하므로 그렇게 구형하라는 지시에 대해 검찰청법 제7조 제2항에 따른 이의 제기권을 행사하여 소란이 일었지요. 수사공소심의위원회가 개최될 뻔하다가 수사공소심의위원회 결론이 제 생각과 다를 경우 따를 수 없다는 강경한 입장을 견지했습니다. 그랬더니 결국 수사공소심의위원회를 열지 않고 검찰청법 제7조의2에 따른 직무 이전 지시가 떨어져 그 사건은 다른 검사에게 재배당되었습니다.

종전에 제가 검사게시판에 올린 〈논고문에 대한 생각〉에서 말씀드린 대로 검사는 법정에서 피해자의 고통과 절망, 우리 사회의 분노와 자책, 피고인에 대한 연민과 충고 등을 모두를 대신하여 법정에서 말할 의무가 있습니다. 재심 사건이어서 공소 취소를 할 수 없어 무죄가 선고되어야 할 사건이라면, 검사는 부끄러운 역사에 대한 반성과 사죄를, 한 시대를 치열하게 살아간 분의 고귀한 희생과 헌신에 대한 감사를 우리 사회를 대신하여 말할 의무가 있습니다.

공안부 주장처럼 '동일한 행위와 증거를 놓고 지금의 기준으로 과거 법원의 판단을 재단하는 것이 옳은지는 의견이 갈릴 수 있음'을 이유로 사실상 아무런 의견을 제시하지 않는 '법과 원칙에 따라 선고해 달라'고 하는 것이 과연 정당할까요? 의문을 계속 제기했지만 상급자를 설득하는 데 실패하고, 저는 해당 사건에서 배제되었습니다. 하지만 '법과 원칙에 따라 선고해 달라'는 소위 백지 구형이 피고인의 죄에 상응하는 구형을 해야 할, 공익의 대변자인 검사의 구형인지 아직도 납득할 수 없습니다.

해당 재심 사건의 무죄 구형은 재량권 행사가 아니라 의무라고 확신하기에, 저는 지금 무죄 구형을 위해 법정으로 갑니다. 절차 위반과 월권의 잘못을 통감하기에 어떠한 징계든 감수하겠습니다. 하지만 공범들에 대하여 이미 무죄가 확정되었고, 공안부 역시도 무죄 선고가 확실시된다고 예상하는 사안입니다. 제 소신이 근거 없는 고집이 아니라는 변명을 사족으로 덧붙입니다.

제가 중징계를 받아 검사의 직분을 내려놓게 되더라도, 이로써 과거사에 대한 검찰의 입장이 전향적으로 재검토되는 전기가 마련된다면, 하여 검찰이 재심 사건을 포함한 모든 사건에서 일관되게 죄에 상응하는 구형을 하게 된다면 검사로서 제가 할 도리를 다한 것이어서 여한이 없습니다.

뒷이야기

박형규 목사의 대통령긴급조치위반 등 과거사 재심 사건으로 공안부와 충돌한 후, 두 주먹 불끈 쥐고 '후배들이 나처럼 고생하지 않고 무죄 구형을 할 수 있게 하겠다'고 결심했습니다. 하지만 내심으로는 공안부와 충돌할 일이 더는 없기를 간절히 바랐습니다. 박형규 목사 사건 때는 어영부영 무죄 구형 결재가 났지만 이제는 공안부가 벼르고 있는 상황, 그런 행운이 더는 없을 거란 걸 알고 있었습니다. 2012년 10월 16일. 故 윤길중의 과거사 재심 사건에 대한 법원의 재심 개시 결정 통보를 받고 하늘을 원망했지요. 아, 왜 하필 또 접니까?

수사 승계 검사인 공안부 정원두 검사가 공판검사인 제 이름으로 즉시항고*해 달라며 의견서 파일을 내부망으로 보냈는데 바로 거절했습니다. 도산 안창호 선생의 비서실장을 역임하기도 했던 구익균 등 故 윤길중의 공범들이 재심 재판으로 무죄 확정된 지가 언제인데, 검찰이 기각될 걸 뻔히 알면서 즉시항고로 발목을 잡나 싶었습니다. 그래도 그때는 이금로 차장검사가 제가 강경하다는 보고를 받고, 즉시항고하지 말라고 공안부를 다독였다고 하더군요. 공안부가 물러서는 바람에 말의 포연(砲煙)이 자욱한 가운데 전쟁 발발은 지연되었습니다.

재심이 개시되었다고 해도 첫 재판 기일이 바로 잡히지는 않습니다. 짧게는 몇 달, 길게는 몇 년씩 걸리기도 하지요. 인사이동으로 제가 공판부를 나갈 때까지 재판 기일이 잡히지 않기를 소망했습니다. 재판 기일이 잡힌다면 무죄 구형 여부로 공안부와 다시 격돌할 수밖에 없고, 공안부나 저나 절대 물러서지 않을 테니, 단기필마인 저의 전사(戰死)는 필연입니다.

슬프게도 12월 18일 첫 재판 기일이 잡혔습니다. 12월 17일 오후 재심 사건 기록을 검토하고 공안부 정원두 검사와 무죄

---

* 재판 결정에 대하여 7일 안에 제기하는 불복 신청.

구형 변경 협의를 했는데, 예상대로 평행선을 달렸지요. "이건 법리상 무죄이니 무죄 구형을 해야겠다. 수사 승계 검사로서 백지 구형이 옳다고 생각한다면, 당신이 법정에 직접 가서 하라"고 단호하게 말했습니다. 그리고 18일 아침 "공안부 의견대로 구형하라"고 지시하는 김국일 공판부장에게 이의 제기권을 행사했습니다.

당황한 김국일 부장이 "이의 제기권은 수사검사에게 있는 것이지 공판검사에게 있는 건 아니다. 검찰은 판단 기관이 아니니, 법원 보고 판단하라고 해라"라고 우겨 언쟁하다가, 결론을 내지 못한 채 오전 재판을 위해 법원으로 달려갔습니다. 하루 종일 재판에 집중하지 못했지요. 골고다 언덕으로 향하는 외길을 앞에 두고 무섭지 않았다면 거짓말입니다.

재판을 끝내고 오후 느지막하게 사무실로 돌아와 이의 제기 서면을 작성하며 마음이 복잡했습니다. 18대 대통령 선거 전날이었는데, '박근혜 후보가 당선된다면 공안부가 더욱 강경해질 테니 십자가에 못 박힐 것이고, 문재인 후보가 당선된다면 공안부가 물러설 테니 무죄 구형 결재가 날 수도 있다'고 생각했으니까요. 박근혜 후보가 당선되었고, 저는 각오했던 대로 골고다로 향했습니다.

12월 21일 금요일. 공판부장은 저를 불러 제 입장을 마지막으로 확인한 후 공판부 이정렬 검사에게 대신 법정에 들어가 구형하라고 지시했습니다. 공안 재심 사건은 규정상 수사 승계 검사가 법정에 들어가 재판도 직접 담당해야 합니다. 그러나 공안부는 자신들이 결정하되 만만한 공판부를 앵무새로 내세우던 업무 관행을 고수했고, 강경한 공안부와 그에 못지않게 강경한 저 사이에 낀 공판부장은 앵무새 교체 결단을 내렸지요. 이정렬 검사는 '무죄 구형이 없던 것도 아닌데, 박근혜 후보 당선 이후 다시 백지 구형을 하면 욕먹지 않겠느냐? 수사공소심의위원회 회의라도 하는 모양새를 갖추었으면 좋겠다'고 건의했습니다. 저 역시도 검사를 앵무새 취급하는 것에 격분하여 항의했으나 달라지는 건 없었습니다.

일요일 주일 예배에서 사도신경을 암송하며 고민했습니다. '무죄를 무죄라고 하지 않는, 검사들을 앵무새 취급하는 검찰을 내버려 둔다면, 내가 예수를 십자가에 못 박은 본디오 빌라도Pontius Pilatus와 무엇이 다른가? 내가 이의 제기를 했으니 할 만큼 했노라고 손을 씻고 물러선다고 하여 책임을 피할 수 있나? 본디오 빌라도가 되어 검찰이 과거사 피해자들을 다시 십자가에 못 박는 걸 내버려 두느니, 내가 검사의 십자가를 감당하자'고 결심을 굳혔습니다.

다음 재판 기일인 12월 28일 금요일까지 남은 나흘, 조용히 제 장례 준비를 했습니다. 〈사직 인사〉를 썼다가 안에서 견디며 계속 부딪쳐 가기로 마음을 고쳐먹고, 사직 의사를 밝힌 뒷부분을 징계할 테면 징계하라는 〈징계 청원〉으로 바꾸었습니다. 공판부 업무 배제를 염두에 두고 항소이유서 등 제출 시한 마감이 급한 서류도 미리 작성했습니다. 12월 28일 오전 무죄 구형 후 우박은 일단 피해야 하니 법정에서 바로 퇴근하기로 하고, 오후 반가 결재도 미리 받아두었습니다.

대망의 12월 28일 금요일 9시 53분. 캐비닛을 잠그고 컴퓨터를 끄기 직전 〈징계 청원〉을 예약 게시했습니다. 무죄 구형 시각인 11시 정각 검사게시판에 게시되도록 예약을 걸었지요. 오전 재판을 위해 동료들과 함께 서울중앙지방법원으로 걸어가며 추워서 떠는 척, 아무렇지 않은 척하느라 용을 썼습니다. 법원으로 가는 길이 앞으로의 제 인생처럼 막막했습니다.

무죄 구형 후 도망친 그날 오후 친구와 영화 〈레 미제라블〉(2012)을 보다 생각지 못한 위로를 받았습니다. 당장은 죽겠지만 결국 검찰은 바뀔 거고, 내 의지가 그 시기를 앞당길 거라고 확신했지요. 견뎌보자고 마음을 추스르고 월요일에 출근하여 동료들의 목소리를 아프게 확인했습니다.

〈징계 청원〉에 달린 댓글 일부를 옮깁니다.

"이렇게 무리한 행동을 하는 이유를 납득할 수 없다. 임 검사에게 소신과 양심이 있다면, 공안부를 포함한 다른 검사들에게도 양심과 전문 지식과 나름의 지혜가 있다", "모 오디션 프로그램에서 한 심사위원이 강조한 대목이 생각난다. '슬픈 노래를 부를 때 가수가 먼저 울고 있으면 듣는 사람은 아무런 감동이 없다'라고. 법리상으로 뭐가 맞는지는 차치하고 이 글을 읽는 사람들에 대한 감성적인 측면에서 호소력조차 의문이다", "옳고 그름을 떠나서 내부 의견을 존중하는 것도 조직의 일원으로서의 도리가 아닐까 생각한다", "대한민국 검사의 권한은 강력하다. 통제받지 않는 검찰권은 흉기일 뿐이다. 무엇이 선배를 절벽에 서게 만들었나", "프랑스 형사소송법 제33조 검사는 지시받은 사항에 관하여 서면으로 의견 진술과 구형을 한다. 검사는 사법 정의를 위하여 필요하다고 판단하는 의견을 구두로 자유롭게 개진한다(법무부 발간 프랑스 형사소송법 29쪽). 각주에 '펜은 복종하지만 말은 자유다'라는 뜻으로 검사는 상사의 서면 지휘에 복종하여야 하나, 법정에서의 구두 논고는 자유롭게 할 수 있다는 프랑스의 확립된 전통을 규정한 것이라고 기술되어 있다. 참고하시라" 등.

아울러 애초에 제가 검사게시판에 올리려던 〈사직 인사〉는 다음과 같습니다.

(중략) 상급자를 설득하는 데 실패하고 저는 해당 사건에서 배제되었습니다.

제 소신이 이처럼 업무에서 배제될 정도로 옳지 못하다면, 이러한 제가 검사의 직분을 감당하는 것은 참으로 위험한 일입니다. 하여 제게 너무 과분한 검사라는 직분을 이제 내려놓습니다. 고단했지만, 고단함 이상의 보람에 행복한 12년이었습니다. 그간 저에게 많은 것을 가르쳐 주시고 부족한 저에게 마음을 열어준 소중한 가족분들에게 감사의 마음을 개별로 전하는 것이 도리겠지만, 마음의 준비 없이 급히 사직하게 되어 부득이 고마웠다는 말씀을 게시판으로 우선 전합니다.

제 능력 부족으로 상급자를 설득하는 데 실패했지만, 해당 재심 사건의 무죄 구형은 검찰의 마땅한 의무라고 확신하기에, 저는 지금 무죄 구형을 하기 위해 법정으로 갑니다. 절차 위반과 월권의 잘못을 통감하기에 사직서를 제출합니다만, 공범들에 대하여 이미 무죄가 확정되었고, 공안부 역시도 무죄 선고가 확실시된다고 예상하는 사안이어서 제 소신이 근거 없는 고집이 아니라는 변명을 사족으로 덧붙입니다.

저의 사직이 과거사에 대한 종래 입장의 전향적인 재검토를 이끌어 낼 수 있기를 간절히 바랍니다. 그동안 고마웠습니다. 사랑합니다.

징계 소감

얼마 전 후배에게 전화 한 통을 받았습니다. 물기가 번진 목소리가 흔들린 건 제 처지가 안타까워서였겠지요. 검사직을 그렇게 쉽게 던질 수 있냐고 야속해하며, 저를 타박하더군요. 후배의 마음이 고마우면서도 제 마음을 몰라주는 후배가 야속하여 한참 동안 말을 하지 못했습니다.

그간 제일 많이 들었던, 그리고 들을 때마다 마음이 가장 아팠던 말은 '무죄 구형이 직을 걸 만큼 그렇게 중요하냐?'는 질문입니다. 검사의 무게가 쉬이 던질 수 있을 만큼 가벼워서가 아니라, 구형이 그만큼 중요해서 부득이 직을 건 것입니다. 제가 직을 걸 만큼 중요하다고 생각하는 구형의 무게를 동료들은 너무 가볍게 보는 듯합니다. 안타까워하는 동료들의 마음을 헤아리면서도, 요 근래의 격랑에 많이 지친 제 가슴에 그 말들이 멍울이 됩니다.

한상대 검찰총장의 사퇴는 SK 회장 최태원 피고인에 대한 징역 4년 구형과 관련된 비사가 알려져 검찰 안팎의 기류가 급격히 변한 것에 기인하는 바가 큰 것으로 알고 있습니다. 제 사건 피고인 故 윤길중에 대한 구형의 가치가 피고인 최태원에 대한 구형의 가치와 다르겠습니까? 두 피고인들이 가진 권력과 금력의 무게가 다를지언정 인간의 존엄, 그 무게가 다르겠습니까?

검사의 구형 가치와 무게가 '더할 나위 없이' 중하기에 두 피고인들에 대한 구형의 가치가 같다고 말씀드립니다만, 만약 차등을 둘 수 있다면 저는 故 윤길중에 대한 구형을 더 중히 여기고 싶습니다. 징역 15년을 선고받고 억울하게 7년간 구금된 故 윤길중의 누명을 벗기는 일은 인권 옹호 기관으로서 우리 본연의 직무일 뿐만 아니라 우리의 잘못에 대해 속죄해야 할, 한 인간과 역사에 대한 최소한의 도리이기 때문입니다.

제가 임관한 이후 검사 선서가 제정된 것이라 검사 선서문을 낭독하고 임관하지는 않았지만, 모든 검사가 그러하듯 저 역시도 검사 선서문을 보면 뿌듯하고 흐뭇한 마음이라 지칠 때면 한번씩 찾아 읽곤 합니다. '정의와 인권을 바로 세우고, 오로지 진실만을 따라가는 공평한 검사, 처음부터 끝까지 혼신의 힘을 다해 국민을 섬기고 국가에 봉사하는, 나는 대한민국 검사다!'라는 자긍심은 지친 제 영혼을 깨우는 각성제이고, 저를 대한민국의 수호천사로 변신시키는 마법의 주문입니다. 정의와 인권을 바로 세우고, 대한민국의 법률을 수호하는 것이 우리의 직무이기에, 저는 미약한 힘이기는 하나 최선을 다해 직무를 감당하고자 노력했습니다.

검찰청법 제4조에 따른 객관 의무*와 형사소송법 제302조에 따른 의견 진술 의무는 법적 의무임에도 유독 과거사 재심 사건에서 관행상 예외가 허용됐습니다. 이러한 현실의 장벽 앞에 어찌할 바를 몰라 하며, 무엇이 옳은지, 어떻게 해야 하는지 고민에 고민을 거듭했었습니다. 작년 12월 17일 故 윤길중의 과거사 재심 사건에 대한 공안부와 구형 변경 협의를 시작한 그때부터, 조금 더 거슬러 올라간다면 작년 9월 박형규 목사의 대통령긴급조치위반 등 과거사 재심 사건에서부터겠지요. 동료가, 나아가 검찰이 직무를 유기하는 것을 지켜보는 것이 옳은가? 차라리 내가 부장의 지시를 위반하여 징계 위험을 감수하더라도, 검찰이 해야 할 바를 하는 것이 검찰을 위해 더 나은 것이 아닌가? 쉽게 결론이 나왔으면서도 한참 고민한 건 두려움과 이기심 때문이었습니다.

전국칠웅의 하나인 제나라 명재상 안영은 군주가 나라를 잘 이끌면 그 명을 따르고, 군주가 잘 이끌지 못하면 그 명을 따르지 아니하여 군주가 백성에게 허물을 저지르지 않도록 함으로써 명재상이 되었다고 합니다. 검사 선서문에 명시된 바와 같이 검사에게는 불의의 어둠을 걷어내는 용기가 있어야 합니다.

---

*   공익의 대표자로서 진실과 정의의 원칙에 따라 검찰권을 객관적으로 행사할 의무.

또한 후배이자 검찰 구성원으로서, 상사와 검찰을 섬길 도리 역시 지켜야 하기에 떨리는 마음으로 결단을 내렸습니다. 그러한 제 마음에 한 점 사심은 없습니다.

관행은 관행이기에 쉽게 바뀌리라고 기대하지는 않았습니다만, 다소간 기대하는 바가 어찌 없었겠습니까? 징계 조사 과정에서 제 징계 여부나 징계 수위를 정할 때 백지 구형과 직무이전 지시의 위법성이 혹시 논의되지 않을까, 기대하는 저에게 어느 동료가 '기대할 것을 기대하라'고 핀잔을 주기도 했지만, 일말의 희망을 버리지 못했습니다.

하지만 법무부에서 오히려 면직까지 검토하고 있으니 혼자 가지 말라고 귀띔해 주는 여러 동료의 조언에 당황했지요. 검사징계위원회 출석을 앞두고 특별대리인을 급히 선임하여 지난 2월 5일 검사징계위원회에 출석했습니다. 작년 2월 아쉬운 마음을 두고 떠나온 법무부 청사를 검사징계위원회 출석을 위해 다시 들어가려니 만감이 교차하더군요. 제가 이러한데 당시 저를 환송해 주었다가 징계위원회 위원장으로 제 징계를 논의할 권재진 법무부 장관 등은 오죽할까 헤아리며, 복잡한 심정으로 징계 혐의자 자리에 착석했습니다.

떨리는 마음이 없지 않지만 할 말은 하겠다는 각오로 공판부장의 직무 이전 지시를 따르지 않았다는 징계 사유에 대하여, '이의 제기권을 서면 행사했으나 그 답을 듣지도 못한 채 부장이 제 앞에서 다른 검사에게 대신 재판에 들어가 백지 구형을 하라고 지시했다. 이러한 지시는 이의 제기권을 형해화하는 것인데, 과연 적법하다고 볼 수 있는가? 검찰청법상 직무 이전 지시는 검찰총장, 검사장의 권한인데 부장이 행사할 수 있는가?'라고 따져 물었습니다. 그리고 제가 꼭 다투고 싶었던 백지 구형에 대하여 이는 검찰의 직무유기에 해당하므로 개선되어야 할 불법적인 관행이라고 문제 제기를 했습니다.

그날 저녁 뉴스 속보로 정직 4개월 결정 사실을 알고 허탈했지요. 그러나 2004년 1월 검찰청법 개정으로 이의 제기권을 도입하고도 법무부와 대검이 절차 규정을 일부러 만들지 않아 사문화되었는데, 뒤늦게나마 절차 규정이 만들어질 것으로 예상합니다. 많은 동료에게 백지 구형의 불법성에 대한 주의도 환기했으니, 제가 할 도리를 했노라고 위안 삼으려 합니다.

하지만 '마치 검찰이 부당한 구형을 하고 과거사에 대한 입장도 잘못되었다는 취지로 해석할 수 있는 〈징계 청원〉이라는 글을 게시하여 외부에 전파되도록 하여 검찰 조직 내부의 혼란을 초래하고, 검찰에 대한 국민의 신뢰를 훼손하게 하는 등 검사로서의 체면이나 위신을 손상하는 행위를 했'고 명시된 검사징계위원회 결정서를 들여다보며, 구형 변경 협의 당시 제가 느꼈던 그 현실의 장벽이 얼마나 철옹성인지를 다시 한번 처절하게 절감했습니다. 그럼에도 백지 구형은 결국 시정될 관행이라는 희망을 저는 절대 놓지 않습니다.

검사게시판에 게시한 글을 징계 사유로 한 것에 대하여,

故 윤길중이 1962년 혁명재판소에서 공소사실을 다투며 "(여론의 반대로 결국 법안 폐기된) 데모규제법, 반공임시특별법의 제정 반대 등을 했다고 해서, 그 사실 자체를 당시의 정세가 혼란 시기이며 제반 정세가 북괴의 간접침략에 이용당하기 쉬운 때였으므로 피고인이 북괴의 이익이 되는 사정을 알고 한 것이라고 단정한다면, 반공의 미명하에 건설적인 언론을 탄압하고 야당인을 위협하여 비판의 자유를 인정하지 않는 것으로 극히 위험하다"고 주장한 것에 빗대어 한 말씀 드립니다.

검사게시판의 글을 누군가가 외부에 전파할 가능성이 있다는 것만으로 검사게시판에 글을 게시하는 것을 징계하려 든다면, 검찰 구성원 간의 자유로운 토론을 막는 것입니다. 이는 검찰 내부의 건전한 소통을 저해하여 검찰의 발전을 막는 엄청난 비극을 초래할 수밖에 없습니다.

소공이 백성의 입을 막으려 드는 주나라 여왕^{厲王}에게 "백성의 입을 막는 것은 물을 막는 것보다 위험합니다. 물이 막혔다가 터지면 다치는 사람이 많은 것처럼, 백성들 또한 이와 같습니다"고 간언했으나 주나라 여왕이 이를 듣지 않았고, 결국 3년 만에 왕위에서 쫓겨났다는 《사기》 본기에 나오는 고사를 거울삼을 수 없을까요? 멀리 《사기》를 거울삼지 않더라도 가까이 작년 검란의 악몽이 생생하지 않습니까? 지금까지 저를 비롯한 많은 동료가 간부들에게서 비공식적으로 게시글이나 댓글을 삭제하라거나, 다소 비판적인 글에 대하여는 댓글을 쓰지 못하도록 종용받았습니다. 한 발 나아가 검찰 내부 관행을 비판하는 글을 검사게시판에 게시한 것을 정식으로 징계한 건 아마도 최초일 듯합니다.

옛글을 보니 충성스러운 신하와 현명한 신하의 차이는 신하의 마음가짐에 있는 것이 아니라 간언을 듣는 군주를 모시고 있는가에 달려있다고 합니다. 잘못된 것을 말하지 아니하여 윗사람이 잘못한다면 아랫사람의 잘못이지만, 잘못된 것을 말했음에도 윗사람이 잘못한다면 그것은 윗사람의 잘못이겠지요. 저는 앞으로도 제 도리를 다할 생각입니다.

거듭 말씀드립니다만 글 게시를 징계 사유로 삼는 것은 극히 위험합니다. 연못의 물을 말린 다음 물고기를 잡으면 결코 잡지 못하는 일이 없지만 이듬해에 다시는 물고기가 없을 것이고, 숲을 불태워 사냥하면 짐승을 못 잡는 일이 없지만 다음 해에는 짐승을 보지 못할 것이란 말이 있습니다.

제 징계 사유를 풍부하게 하는 것이 저를 중징계하는 것에 당장은 도움이 될지 모르겠지만, 이는 결국 검찰의 내부 소통을 막는 비극을 초래할 수밖에 없습니다. 검사징계위원회에서 제가 아니라 검찰을 위해 검사게시판 글 게시를 징계 사유로 삼는 것만은 결단코 안 된다고 간곡히 말씀드렸는데, 전혀 받아들여지지 아니하여 답답한 마음에 어찌할 바를 모르고 있습니다.

12년간 쉼 없이 달린 느낌입니다. 내일부터 4개월의 정직 기간을 귀한 재충전의 기회로 삼겠습니다. 잘 다녀오겠습니다. 안녕히 계십시오.

뒷이야기

무죄 구형 강행으로 징계 회부되면, 검찰 수뇌부에서 백지 구형의 적법성과 정당성을 검토할 것으로 기대했습니다. 징계 여부, 징계 수위를 정할 때 이 점을 검토하지 않을 도리가 없으니까요. 검토만 한다면 백지 구형의 문제점을 인정할 수밖에 없다고 자신했습니다.

판사가 법정에서 "법과 원칙에 따라 선고합니다"만 외치고 퇴정해 버리면, 그걸 선고라고 할 수 있을까요? 유죄인지, 무죄인지, 징역 몇 년인지 결론을 말해야 합니다. 마찬가지로 검사가 논고하며 "징역 몇 년을 선고해 주십시오"라고 하지 않고 "판사님이 알아서 판단해 주십시오"라고 하면 검사의 구형이라 할 수 있을까요?

검사는 모든 사건에서 죄에 상응하는 형을 구할 법적 의무가 있습니다. 검찰 입장에서 곤혹스러운 과거사 재심 사건이라고 하여 예외가 인정되는 것은 아닙니다. 재판 심리가 마무리된 결심結審 시의 검사에게는, 선고 시의 판사와 마찬가지로 법과 원칙에 따른 결단이 요구될 뿐 유무죄 중간 영역에서의 방황은 허용될 수 없습니다.

　제대로 검토만 한다면 백지 구형의 문제점을 인정할 수밖에 없고, 그것만 인정해 준다면 웬만한 중징계도 감수하려 했습니다. 조직 특성상 항명은 결코 용납하지 않으니 정직 이상의 중징계가 불가피함은 잘 알고 있었습니다. 무죄 구형 강행으로 제 영혼이 이미 재가 돼버린 상황이어서 싸울 기력도 남아있지 않았습니다.

　그런데 대검은 검사게시판 글 게시에 대하여도 징계를 청구하며 '마치 검찰이 부당한 구형을 하고 과거사에 대한 입장도 잘못되었다는 취지로 해석할 수 있는 〈징계 청원〉을 게시하여……'라고 징계 사실을 구성했습니다. 만약 제가 다투지 않는다면, 오히려 백지 구형 관행이 더 확고해질 위기였습니다. 기력이 없어도 싸우지 않을 도리가 없지요. 타다 남은 영혼을 긁어모았습니다.

　징계 조사를 받으며 공판부장이 무죄 구형 당일 검사게시판에 올렸던 〈징계 청원 관련 사실관계를 알려드립니다〉를 뒤늦게 열어보았습니다. '12월 21일, 임 검사, 부 수석, 기획검사 협의를 거쳐 공판검사를 기획검사인 이정렬 검사로 교체했고, 임 검사도 동의했다'고 해명했더군요. 기자들에게서 '재배당에 동의했다던데 왜 뒤통수를 쳤느냐?'는 질문을 받고 의아했었는데, 잘못된 정보의 출처를 그제야 알게 되었습니다. 그리고 생각보다 쉽게 이기겠다 싶어 안도했지요.

저는 애초 직무 이전권이 있는 서울중앙지검장의 지시나 동의하에 공판부장이 직무 이전 지시를 한 것으로 오해하고 있었는데, 공판부에서 '부내 합의에 따른 검사 교체'로 입장 발표를 해버렸으니 이제 뒤집을 수 없습니다. 만약 공판부장의 해명 글이 없었다면, 검찰은 징계 조사 과정에서 검사장의 구체적인 위임이나 동의가 있었던 것으로 사실관계를 정리해 버렸을 겁니다.

제가 검사 교체에 반발했다는 사실은 무죄 구형 당일 작성된 공판부의 보고서 초안에도 명시되어 있습니다. 검찰은 결국 '공판부장이 재심 사건을 같은 부 소속 이정렬 검사로 하여금 담당하도록 지시하여 징계 혐의자는 더 이상 관여할 수 없게 되었다'고 징계 사실을 구성해야 했습니다. 당연히 저는 '검찰청법상 직무 이전권은 서울중앙지검장에게 있는데, 최교일 검사장은 직무 이전을 지시하거나 공판부장에게 구체적으로 위임하지 않았다'고 반박하며, 검사장 지시가 없었다는 반증으로 해명 글을 활용했지요. 기자들의 전화를 받고 억울하고 분했었는데 전화위복이 되었습니다.

12월 31일 월요일. 출근하여 故 윤길중의 과거사 재심 사건 공판카드에 끼워진 보고서 초안을 확인하고 안도했었는데, 얼마 뒤 징계 피혐의자로 진술서를 작성하며 증빙 자료로 첨부하려고 찾았더니 그 초안이 사라졌습니다. 다른 보고서들은 그대로 남아있던데, 그것만 분실될 수 있는지 지금도 잘 이해되지 않습니다. 화재, 도난, 분실 등 만일의 경우를 대비하여 공판카드 전체를 일괄 사본하여 따로 숨겨두었기에 다행히 그 초안을 진술서에 증거로 첨부할 수 있었습니다.

검사징계위원회 간사인 권정훈 검찰과장이 저를 면직시켜 버리겠다고 했다는 풍문을 법무부 동료에게서 전해 들었습니다. 숨이 턱 막혔지요. 부랴부랴 한인섭 교수 등 특별대리인을 급히 선임하고, 2013년 2월 5일 법무부 검사징계위원회에 출석하여 징계 사실을 다투었습니다. 징계를 청구한 대검의 의견인 정직 3개월과 법무부 내부 의견인 면직 사이에서 절충안으로 정직 4개월이 징계로 의결되었다고 하더군요. 법무부가 박근혜 당선인의 인수위원회에 업무 보고를 할 때, 검찰개혁 방안으로 제 징계 건을 별지 별표로 정리하여 보고했다는 소문도 들었습니다. 법무부 간사와 내부 위원이 저를 면직시키려고 그리 열심이었던 것은 그 업무 보고 탓이 아닐까 조심스레 짐작해 봅니다.

여하튼 다행히도(?) 정직으로 징계를 선방한 후 하염없이 통보를 기다렸습니다. 2월 14일, 오전부터 예감이 있었나 봅니다. 〈징계 소감〉을 미리 준비하려고 글을 끄적거리고 있었습니다. 오후 세 시 무렵, 공판부장이 갑자기 불러 2월 15일부터 정직이 개시된다는 대통령 명의의 인사발령장을 교부했습니다. 황급하게 글을 완성하고 검사게시판에 올린 후 퇴근했는데 짐을 바로 빼지 못했습니다. 동료 앞에서 짐을 빼면 눈물이 쏟아질 것 같아서 새벽에 몰래 나와 짐을 챙기기로 하고, 4개월 있다가 보자고 의연하게 인사한 후 휘청거리며 퇴근했지요. 다음 날 새벽 눈이 절로 번쩍 떠졌습니다. 사무실에 사람이 없을 때 짐을 빼야 한다는 생각이 저를 깨웠나 봅니다. 사무실에 조용히 들러 짐을 싸 일부는 집에 가져가고, 4개월 뒤 복귀하여 계속 사용할 짐들은 구석에 쌓아두었습니다.

서울중앙지검은 3년 근무가 원칙인데, 부임 1년 만에 쫓겨나 4개월 뒤 창원지검으로 복귀했습니다. 서울중앙지검 공판부 사무실에 둔 제 짐과 재직 기념패를 택배로 전달받았습니다. 무죄 구형 후 대학 친구이기도 한 후배 검사는 제가 불러도 못 들은 척, 못 본 척 굳은 얼굴로 지나치는 등 불가촉천민이 되어 힘겨웠는데, 이렇게나마 챙겨주는 공판부 동료들이 고마웠지요. 무죄 구형 변경 여부를 논의하는 부 회의 때 동료들이 야속했었습니다. 하지만 검찰의 척박한 현실에서 그들의 처지를 이해합니다. 택배를 풀며 마음 구석에 남아있던 공판부 동료들에 대한 섭섭함을 같이 풀었습니다.

※ 1부의 경우, 게시판에 올린 글 하나당 뒷이야기 하나를 소개했습니다. 다만 지금부터 보여드릴 〈징계 취소소송 경과 1,2,3〉과 〈검사가 무엇인지 다시 묻습니다〉는 같은 주제로 연결된 글이어서 뒷이야기를 따로따로 쓰지 않고 묶어서 하나만 소개해 드립니다.

지난주 금요일, 제 징계를 취소하라는 판결이 선고되었습니다. 막무가내 검사라는 등 언론 비난에 신문을 가려보시게 된 부모님께 바로 전화드리니 부모님의 목소리가 떨리시네요. 걱정말라고 큰소리쳤는데도, 많이 걱정하셨나 봅니다. 승소를 확신하기도 했고, 대법원까지 갈 것을 각오하고 있어 1심 판결 결과를 담담하게 전화로 확인했습니다. 궁금해하는 분들이 많고 언론에 단편적으로 소개되어 오해하는 분들도 많은 듯하여 간략하게나마 말씀드립니다.

　징계 사유는 ①직무 이전 지시 위반 ②다른 검사의 사건에 무단 관여하여 구형 방해 ③〈징계 청원〉을 검사게시판에 게시하여 언론에 유출되게 하여 품위 손상 ④오후 반가는 오후 2시부터임에도 12시에 퇴근하여 성실의무 위반입니다. 그런데 제 주장이 상당 부분 받아들여져 ①직무 이전 지시가 위법하고 ②따라서 故 윤길중의 과거사 재심 사건은 제 사건이므로 구형할 직무 권한이 저에게 있으며 ③검사게시판 글 게시가 품위 손상 행위에 해당하지 않아 각 징계 사유가 없고 ④다만, 사후 결재받은 1시간 이른 조퇴에 대하여 성실의무 위반은 인정되나, 징계가 과하다는 판결을 받았습니다.

재판부에서 법무부가 징계 사유로 삼지 않았던 '백지 구형 지시에 위반하여 무죄 구형한 것'을 제 징계 사유 중 하나라고 주장하며 백지 구형 지시 위반은 잘못이라고 인정하여 황당합니다만, 법무부에 대한 어느 정도의 배려라고 생각하고 있습니다. 하고픈 말이 많습니다만, 확정판결이 아닌 1심 판결이니 말을 아낍니다.

검찰과 저를 위한 그동안의 충고와 격려, 고마웠습니다. 앞으로도 제가 있어야 할 곳에서 해야 할 일을 하도록 노력하겠습니다. 아울러 작년 12월 11일 징계 취소소송에서 제가 했던 최후진술을 첨부합니다.

2013년 12월 11일 원고의 최종진술

법은 법이 필요 없는 가지고 쥔 자를 위해서가 아니라, 자

신을 보호할 수 없는 사회적 약자들을 위한 보호 장치입니다. 권력은 끊임없이 관행이라는 미명으로 법조문을 잠재우고, 사문화하려는 본능을 가지고 있습니다. 법원과 검찰은 잠든 법조문을 흔들어 깨워 사법 정의를 바로 세우고, 사회적 약자들의 인권을 옹호할 숭고한 의무를 부여받았습니다.

사법司法은 소리입니다. 법정에서 당사자의 잘못을 충고하고, 아픔을 어루만지는 따뜻한 소리입니다. 그리하여 사법은 개개인의 양심을 일깨우고, 이 시대와 우리 사회에 따뜻한 정의를 일깨워 사회적 약자들의 의지처가 되고, 희망이 되어야 합니다. 그러한 막중한 사명을 법원과 나눠가진 검사에게 법률과 국민이 어떠한 자세를 요구하는지, 법원은 아름다운 합창을 위하여 검사에게 어떠한 하모니를 원하는지에 대한 현명한 판단을 바랍니다.

2014년 8월 28일 항소심 최종 의견

제 사건을 간단히 정리하면, 저는 무죄 사건을 무죄라고 논고하여 징계를 받은 것입니다. 권재진 법무부 장관은 국회 법제사법위원회에서 무죄 구형이 아닌 상사의 직무 이전 지시 위반으로 징계한 것이라고 변명했지만, 그 지시는 무죄를 무죄라고 말하지 못하도록 하기 위한 것이어서 결국 무죄를 무죄라고 하여 징계한 것과 다를 바 없겠지요.

저는 대학과 사법연수원에서, 선배들에게서 '검사는 세상에서 가장 객관적인 국가기관이자 정의에 대한 국가 의지의 상징'이라고 배웠습니다. 검사는 국회의원처럼 정치적인 고려를 하지 않고, 행정부 공무원처럼 국가이익을 위해 저울질하지 않는, 오로지 진실과 정의에 따라야 할 준사법기관입니다. 검사동일체의 원칙은 검사의 권한 행사 적정성을 담보하기 위한 것에 불과합니다.

故 윤길중의 과거사 재심 사건은 관련 검사 모두가 검사의 논고 직후 무죄가 선고될 것을 잘 알고 있던 사건입니다. 그런 뻔한 사건에서조차 무죄라고 말하지 못하게 하는 참담한 현실에서, '임 검사, 자네가 그 시절의 검사였다면 어떻게 했겠나? 달리 할 수 있나? 검찰은 판단 기관이 아니야. 법원이 판단하는 거야. 법원 보고 판단하라고 해' 등의 말이 떠도는 악몽 같은 현실에서, 저는 배운 대로 '무엇이 저에게, 검찰에게 이익인가?'가 아니라 '무엇이 옳은가? 그렇다면 무엇을 해야 하는가?'를 고민했습니다.

혹자는 어차피 무죄가 날 사건이고, 검사의 의견은 재판부를 강제하지도 않는데, 그렇게 유난을 떨 필요가 있느냐고 반문할 수 있습니다. 그러나 그것은 정의에 대한 국가 의지의 표출로서, 재판부에 대하여 정의와 법에 가장 부합하는 선고를 촉구해야 하는 검사의 의무에 대한 무지에서 기인한 것입니다.

무죄 구형을 강행하기로 작심한 일주일 동안 정말 할까 봐 무서웠고, 결국 하지 않을까 봐 두려워 숨쉬기도 버거웠습니다. 공판검사 출입문을 걸어 잠그고 공판검사석에 앉아 겁에 질린 나약한 모습을 숨기려고 용을 썼지요. 《백범일지》에 제가 참 좋아하는 구절이 있습니다. '가지를 잡고 나무에 오르는 것은 기이한 것이 아니나, 벼랑 끝에 매달려 잡은 손을 놓는 것이 장부의 기상이로다!' 내가 비록 여자지만 검사인데,

대장부의 기상이 없으랴. 지금 이 벼랑 끝에서 손을 놓겠다. 놓아야 한다. 놓아라. 그렇게 주문을 외우며 무죄 구형을 했습니다. 그때 변호인이 무죄 구형에 당황하여 "변호사 생활 20여 년 동안 무죄 구형을 처음 본다. 검사가 공익의 대변자임을 이제 알겠다"고 말할 때, 떨림이 딱 멈추데요. '이제 죽어도 여한이 없다' 싶었습니다. 그래도 무서워서 사무실로 돌아가지도, 휴대전화를 켜지도 못했습니다.

'나는 이 순간 국가와 국민의 부름을 받고 영광스러운 대한민국 검사의 직에 나섭니다. 공익의 대표자로서 정의와 인권을 바로 세우고, 범죄로부터 내 이웃과 공동체를 지키라는 막중한 사명을 부여받은 것입니다. 나는 불의의 어둠을 걷어내는 용기 있는 검사, 힘없고 소외된 사람들을 돌보는 따뜻한 검사, 오로지 진실만을 따라가는 공평한 검사, 스스로에게 더 엄격한 바른 검사로서 처음부터 끝까지 혼신의 힘을 다해 국민을 섬기고 국가에 봉사할 것을 나의 명예를 걸고 굳게 다짐합니다.' 검사 선서에서 요구하는 검사의 자세와 헌신, 용기는 검찰총장을 비롯한 모든 검사가 매 순간순간 요구받는 것입니다.

검사는 위법하거나 부당한 상사의 지시가 아니라, 법과 정의에 따라야 합니다. 법률적인 불법gesetzliches Unrecht에는 복종 의무가 없습니다. 검사는 상사에게 충성하는 것이 아니라 국민에게 충성해야 합니다. 검사는 검찰과 국가의 권력의지가 아니라, 국민과 국가의 정의에 대한 의지를 표시해야 합니다.

저는 배운 대로 검사의 본분을 지키기 위해 노력했고, 그 결과로 징계를 받아 이 자리에 선 현실이 참 서글픕니다. 준사법기관이자 단독 관청으로서 검사가 어떠한 자세를 가져야 하는지에 대한 현명한 판단을 바랍니다.

어느덧 2년이 흘렀습니다. 그때는 그렇게도 무서웠는데, 시간이 지나 그때를 돌아보니 너무나 당연한 걸 하면서 괜스레 호들갑을 떨었다 싶네요. 당연한 것이 당연하지 않은 세상이라 참으로 고단합니다만, 고단함 만큼의, 고단함 이상의 보람이 있기에 씩씩하게 살아가는 것이겠지요.

오늘 제 징계 취소소송 항소심 선고가 있었습니다. 예상대로 법무부 항소가 기각되었네요. 검사가 무엇인지를 두고 법무부와 다투는 비극적인 일이 없었다면 좋았겠지만, 사법 피해자가 법무부에 따져 묻는 것이 아니라 검사가 법무부에 따져 묻는 것이니 그나마 다행이라고 위로하고 있습니다. 검사로서 마땅히 해야 할 일을 한 것뿐입니다만, 보잘것없는 제가 우리 검찰을 위해 무언가를 한 듯하여 뿌듯하네요.

대법원까지 가겠지만 기왕 가는 길 기쁘게 가겠습니다. 이 또한 넘치는 축복일 테니까요. 저는, 우리는 권력이 아니라 법을 수호하는 대한민국 검사입니다.

제 눈물과 제 마음으로 흘린 피로 검찰을 성결케 하시고,

제 십자가 검찰이 죄의 강을 무사히 건너는 다리가 되고,

제 십자가 검찰을 바른 길로 이끄는 이정표가 되게 하소서.

검찰을 위한 놀라운 계획에 저를 귀하게 사용하신 주님,

감사합니다.

제가 제 십자가를 잘 감당하여 아버지 하나님의 영광을 드러

내게 하소서.

저를 위해, 검찰을 위해 불합리한 결정이 없기를 원하오나,

저의 원대로 마옵시고, 아버지의 뜻대로 되기를 원하나이다.

2013년 2월 5일 법무부 검사징계위원회 출석을 앞두고 그렇
게 기도했습니다. 기복신앙에 가까운 날라리 기독교인인 저는
제 삶이 평온하고 잘 되기만을 기도하다가, 생애 처음으로 예
수님의 겟세마네 기도를 흉내 냈지요. 솔직히는 하나님이 기뻐

하실 만한 내용으로 기도하면, 하나님이 겁에 질린 저를 측은하게 여겨 살려주시지 않을까 하는 마음에 기도했습니다. 그때, 너무 무서웠거든요.

하지만 많은 분이 아시다시피 저는 면직될 뻔하다가 검사 징계위원회 외부 위원의 반대로 다행히(?) 정직 4개월로 징계 수위가 낮아졌습니다. 서울중앙지검 부임 1년 만에 지방으로 방출되어 떠돌고, 검사 적격 심사를 통해 영구 퇴출될 뻔했습니다.

지난 몇 년 동안 간부들에게 사직을 종용받았고, 검사게시판 글 게시 등을 이유로 징계 재회부 경고를 받기도 했습니다. 저와 친한 후배는 '임은정 부역자'로 놀림받았고, 의정부지검 등지에서 저를 도와주거나 저에게 연락했던 검사들이 조직적으로 색출되는 소동을 지켜보아야 했습니다. 견디다 못해, 국가배상 소송과 직권남용 고발을 결심하고 비망록을 작성하고 보이스펜을 구입하기까지 했지요. 저와 제 가족에게 참혹한 시간이었고, 우리 검찰에게도 참담한 시간이었습니다.

징계 취소소송을 제기하여 수년간 서류 공방전을 벌이며, 검사와 검찰에 대한 수뇌부의 황당한 인식과 억지를 엿보았습니다. 법무부는 검사가 무죄를 구형할 수 있는지 근본적인 의문을 제기하며, 이에 대한 확립된 해석이 없다고 주장했습니다. 이는 형사소송법 교재, 사법연수원과 법무연수원 검사 교육 실무 교재와 전혀 다른 주장입니다.

또한 법원은 다른 요소에 대한 고려 없이 형사소송법에 따라 단순 명료하게 결론 내리는 것으로 충분하나, 검찰은 법률 이외에도 고려해야 할 요소가 많다며 검찰의 정치성을 '검찰의 특수성'이라고 포장하여 대담하게 인정했습니다. 그리고 무죄를 무죄라고 말한 제 행동을 '헌법과 민주주의에 대한 심각하고도 근원적인 위험을 발생시킨 행위로 평가되어야 한다'고 주장하는 법무부의 상고이유서를 2014년 12월 접하고 할 말을 잃었습니다.

법무연수원 교재 등 각종 교과서, 논문 등을 찾아 증거서류로 정리하며, 한편으로 황당하고 한편으로 슬펐습니다. 검사가 무엇인지를 두고 법무부와 다투어야 하는 현실은 저에게도 그렇지만, 우리 검찰에게도, 대한민국에도 너무나 불행한 비극이니까요.

지루한 소송 끝에 기어이 징계 취소가 확정되었습니다. 당연한 것을 5년의 징계 취소소송을 통해 어렵게 확인받고 보니, 족쇄가 풀린 듯 홀가분하면서도 허탈하기까지 합니다. 제가 징계조사 때 제출했던 진술서를 통해 밝혔던 법적 의견을 법원이 그대로 받아들인 것인데, 대검과 법무부가 관련 법령, 대검 지시 공문조차 모르고 저를 중징계한 것이라면 너무도 황당한 일이고, 알면서도 그렇게 한 것이라면 더욱 황당한 일이니까요.

지난 9월 법무검찰개혁위원회에서 권고한 것처럼, 지휘권을 오남용한 관련자들을 가려 상응한 조치를 취하는 등 법무부와 대검에서 재발 방지책을 마련할 것으로 예상합니다. 하지만 이에 더해 저와 제 가족들이 겪은 그간의 고통에 대해 관련자들의 사과를 간곡히 요청합니다. 대검 검찰개혁위원회에서 검찰 과거사 피해자들에 대한 직접 사과 없이는 진정성을 인정받을 수 없다며, '피해자들과 그 유족들에 대한 검찰총장의 조속한 직접 사과가 반드시 필요하다'고 권고한 바 있습니다.

과거사 재심 사건에서 검찰권을 올바르게 행사하려다가 오히려 중징계를 받고, 쫓겨나지 않으려고 전전긍긍하며 수년간 고통받은 저와 제 가족들 역시 직접적인 피해자입니다. 지휘권과 징계권, 인사권을 잘못 행사한 관계자들의 진솔한 사과를 기대하는 것이 과하다 할 수 있겠습니까?

검사로서 당연히 해야 할 일을 할 때, 검사의 직을 거는 용기와 희생이 요구되는 불행이 더 이상 없었으면 좋겠습니다. 법무부 법무검찰개혁위원회 권고처럼 이와 같은 비극이 재발되지 않도록 관계 부서에서 이 사건에 관여한 분들의 권한 오남용에 대한 조사와 그 결과에 상응하는 문책, 제도 개선을 검토하고 있을 겁니다. 이에 더해 관련자들의 진정성 있는 사과를 통해 제가 막무가내 검사, 부끄러운 검사 등으로 매도되는 것을 속수무책으로 지켜보며 고통받았던 제 가족들이 다소나마 위로받기를 간절히 바랍니다.

검사가 무엇인지를
다시 묻습니다

2012년 10월 9일

그물에 걸리지 않는 바람처럼 가리라 그리 마음먹고 가지
만, 기실 바람이 아니다 보니 그물에 걸리면 생채기가 생긴
다. 이렇게 부딪쳐 가다 보면 결국 그물이 찢길 터. 그리 믿고
씩씩하게 걷자. 그리고 내 뒷사람들이 아프지 않게 이 그물을
찢어버리고 말 테다.

2012년 9월 박형규 목사의 대통령긴급조치위반 등 과거사
재심 사건 무죄 구형 전후로 마음고생을 많이 했습니다. 여기
저기서 이런저런 질책이 쏟아졌으니까요. 무죄를 무죄라고 했
을 뿐인데 왜 이리 고달픈지 납득하기 어려웠습니다. 한동안
넘어져 있다가 털고 일어서며, 나름의 의식을 치르듯 싸이월드
에 일기를 남기고, 10월 9일 검사게시판에 시 한 편을 소개했
지요.

어떻게 해야 할지 막막했지만 반드시 바로잡겠다는 각오를 다졌습니다. 검사로서 해야 할 일을 하는 데 덜 수고로워야 우리가 좀 덜 주저하며 가야 할 길을 갈 수 있을 테고, 그래야 사법 정의가 속히 바로 설 테니까요. 그것이 검사인 제 의무이고, 사랑하는 후배들을 위한 선배의 도리라고 확신했습니다. 그리고 몇 달 뒤 故 윤길중의 과거사 재심 사건에서 결국 충돌했지요.

당시 제가 검사게시판에 쓴 〈징계 청원〉과 〈징계 취소소송 경과〉, 김국일 공판부장이 쓴 〈사실관계를 알려드립니다〉, 강형민 대검 감찰본부 검찰연구관이 쓴 〈임은정 검사의 징계 청구에 대하여〉, 이제영 검사의 〈안타깝습니다〉 등의 글과 댓글을 읽어보시면, 해당 사건의 사실관계와 쟁점, 당시 간부들의 반응이 파악되실 겁니다. 정식으로 검토만 한다면, 대검이 당연히 백지 구형의 문제점을 인정하여 위법한 백지 구형 관행이 시정될 테고, 이의 제기권 절차 규정도 조속히 마련하지 않을까? 합리적인 토론이 부재한 내부 의사 결정 과정의 문제점도 함께 고민해 주지 않을까? 일말의 기대를 했지만, 아시다시피 저는 중징계를 받고 5년의 행정소송을 거쳐 이제야 '막무가내 검사', '부끄러운 검사' 등의 누명을 벗었습니다.

저는 징계를 받고 싶어서 징계를 청원한 것이 아닙니다. 넉달 치 월급을 되돌려 받기 위해 징계 취소소송을 한 것도 아닙니다. 검사가 마땅히 해야 할 일을 함에 있어 용기와 희생을 필요로 하는 검찰의 부조리를 고치기 위해, 저는 힘겹게 용기를 내었고, 기꺼이 희생을 감수했습니다.

상명하복이 지배하는 조폭과 우리 검찰이 본질적으로 다른 것은, 우리에게 상명하복에 우선하는 '정의로서의 법과 원칙'이 있기 때문이 아닙니까? 검사 개개인이 고유의 법적 양심에 따라 '정의로서의 법과 원칙'을 고민하고 상급자에게 이의를 제기할 수 있을 때, 상급자가 끝내 불의한 지시를 거두지 않으면 최소한 그 지시를 거부하고 불의에 가담하지 않을 때, 진실로 검사가 검사일 수 있고, 검찰이 검찰로서 자리매김합니다.

검사로서 마땅히 해야 할 일을 하고 이로 인해 받은 중징계, 수년간 지속된 조직적 차별과 배제, 각종 불이익은 검찰 수뇌부가 저를 포함한 모든 검사에게 보내는 무언의 경고입니다. 검사다움이 이처럼 징계 사항이고 가시밭길이라면, 검사로서 의무를 수행함에 있어 누가 주저하지 않겠으며, 검사가 검사다움을 잃고서야 어찌 검사라 할 수 있겠습니까?

무죄 구형 강행을 결단하고 2012년 12월 28일 검사게시판에 올린 〈징계 청원〉은 검찰 수뇌부와 동료에게 던지는 제 질문이었습니다. 검사란 무엇입니까? 5년의 지루한 소송 끝에 사법부의 답변을 들었습니다만, 정작 검찰은 아직도 침묵하고 있습니다.

지난 9월 법무검찰개혁위원회에서 지휘권 오남용에 대한 상응한 조치를 통해 재발 방지 방안을 마련하도록 권고한 바 있습니다. 후속 조치를 기대했으나, 가시적인 조치가 아직 없네요. 부득이 11월 9일 대검 감찰제보시스템을 통해, 위법한 백지 구형을 요구한 당시 공안부장인 이상호 대전지검장, 백지 구형을 지시하다가 권한 없이 직무 이전 지시를 한 당시 공판부장인 김국일 고양지청장, 제 징계 담당 대검 감찰본부 검찰연구관인 강형민 부장, 법무부 감찰담당관이었던 장호중 검사장, 당시 검찰과장이자 검사징계위원회 간사로 제 징계에 관여하고 징계를 이유로 발령 1년 만에 서울중앙지검에서 창원지검으로 방출시킨 권정훈 대전지검 차장검사 등 현직에 남아있는 관련자들의 잘잘못을 가려 그 책임을 물어줄 것을 요청했습니다.

대검은 11월 13일 비로소 메일을 확인했는데, 담당 검찰연구관을 즉시 지정하여 알려달라는 요청을 묵살하고, 아직 어떠한 연락도 없습니다. 상급자의 지휘권, 징계권, 인사권의 오남용, 길들여진 검찰 구성원의 침묵과 동조는 지금 우리가 목도하고 있는 대한민국의, 검찰의 위기를 초래한 주요 원인입니다.

우리의 잘못을 뒤늦게나마 직시하고, 정의를 바로 세워 이제라도 사필귀정과 권선징악의 선례를 만들어야 하지 않을까요? 이러한 선례가 현재와 미래의 검찰 구성원에게 기개와 용기를 권장하고, 지휘권자들에게 엄중한 경고가 되지 않겠습니까?

2012년 12월 28일 〈징계 청원〉을 통해 검찰 수뇌부와 동료에게 띄운 제 질문에 아직 답이 없어 다시 묻습니다. 백지 구형 지시는, 이를 거부한 저에 대한 징계는 법적 양심에 따른 것이었습니까? 아니면, 조직 수뇌부의 뜻을 받드는 영혼 없는 집행이었습니까? 그리고, 대한민국 검사란 과연 무엇입니까? 이제는 답변해 주십시오.

뒷이야기

　　2017년 10월 31일 징계 취소소송 승소 확정 직후 법무부 권순정 검찰과장에게 어떤 조치를 할 계획인지 연락해 보니 어떠한 조치도 검토하고 있지 않았습니다. 서울고검 경리 직원만이 저에게 돌려줄 넉 달 치 월급과 5년 치 지연이자 계산으로 분주했지요. 앞서 9월 29일 법무검찰개혁위원회에서 '과거사 재심 사건 관련 적정한 검찰권 행사, 임은정 검사에 대한 실질적인 피해 회복 조치'를 권고한 바 있어 어느 정도 기대하고 있다가 어찌나 실망스럽던지.

　　11월 9일 대검 감찰제보시스템을 통해 위법한 지시를 한 당시 서울중앙지검 공판부장, 징계권과 인사권을 오남용한 법무부 간부 등에 대한 감찰을 요구한 데 이어 11월 16일 검사게시판에 이렇게 글 하나를 띄웠습니다. 두드려야 침묵하는 대검과 관련자들이 다소나마 입장을 밝힐 테니까요.

　　김국일 당시 공판부장은 '수사 기록이 없는 사건을 무죄라고 단언할 수 있는 임 부부장이 부럽다. 다른 선후배 동료 검사들의 의견을 들어보고 구형을 결정하자는 제안도 거절한 임 부부장의 당당함이 부럽다. 과연 검사란 무엇인지 다시 생각해 보자'란 댓글로 입장을 밝혔고, 다른 관련자들은 침묵했습니다.

대검 감찰본부는 12월 26일 제 감찰 요청 건에 대해 '임은정 부부장검사께서 감찰을 요청한 사안은 대검 감찰위원회 안건으로 상정하여 심의했는데, 비위 부장검사 등의 구형 지시가 위법하다고 보기 어렵고, 직무 이전 지시 및 징계·인사 담당자에 대한 비위도 인정하기 어려우며, 감찰 요청 대상은 2012년~2013년 발생한 사안으로 징계 시효가 모두 지났기에 공람 종결*함을 알려 드린다'라고 회신했습니다.

대검 감찰본부 김영남 검찰연구관은 '김국일 당시 공판부장의 지시가 위법하다고 판결이 났는데, 부장의 지시가 위법하지 않다고 주장하는 거냐?'고 전화로 따져 묻는 제게 "부장이 위법한 지시인 줄 모르고 지시한 것이라 위법성의 인식이 없다"고 설명했습니다. 일반 시민이 잘못인 줄 몰랐다고 변명하면 양심 불량이라고 엄벌하는 검찰이 정작 검찰 간부들이 그리 변명하면 고개를 끄덕이며 '당신이 잘못이 아니라고 생각했다면 잘못이 아닌 것'이라고 감싸줍니다. 황당하고 어이없지요.

오랜 고민 끝에 2019년 4월 11일 징계권·인사권 오남용, 검사

* 더 이상 조사할 필요성도 없고, 마땅한 법적 조치를 내릴 수 없다고 판단되는 경우, 더 이상 조사를 진행하지 않고 현 상황에서 사건을 종결하는 처분이다.

블랙리스트 피해 등을 이유로 국가배상 소송을 제기했습니다. 법무부와 검찰이 조직 논리를 관철하기 위해 양심을 지키려는 검사에게 어떻게 했는지를 드러내어 잘못임을 명확히 하고, 이로써 법무부와 검찰이 잘못을 반복하지 않기를, 양심을 지킨 검사가 조금은 덜 힘겹기를 간절히 소망하니까요. 법무부는 징계와 적격 심사 관련 자료 제출을 거부하며 여전히 잘못이 없다고 주장하여, 소송을 제기한 지 3년이 넘도록 1심 재판조차 제대로 진행되지 않고 있습니다. 그러나 저는 끝내 디딤돌 판결을 또 받아낼 겁니다. 고생스럽긴 하지만 고생스러운 만큼 보람도 크지요. 계속 가보겠습니다.

검사게시판에 쓴 글로 권 모 후배에게서 '현재의 약자인 과거 강자들을 용서해 주시라'는 취지의 메일을 받았는데, 그 메일에서 과거사 재심 사건을 바라보는 공안통의 시각을 확인할 수 있어 아울러 소개합니다.

몇몇 공안검사 선배들과 개인적인 연을 맺고 대화할 기회가 있었습니다. 기본적인 제 지식과 소양이 짧아 온전히 들었던 내용들을 기억하여 옮기지 못하여 일부 왜곡이 있을 수 있습니다. 하지만 제가 느끼고 이해하기로는 당시 부장님의 첫 번째 백지 구형(박형규 목사 사건인가요?)과 관련하여 사후적으로 (부장님께서 소위 공안통이라고 언급하신) 간부님들이 역정을 내셨던 이유는, 무죄 구형 그 자체보다도 논고문의 전체적인 내용 때문이라는 생각이 들었습니다.

그분들께서는 명백한 절차적 위법으로 인하여 재심이 결정되고, 이로 인하여 법적으로 무죄가 선고될 수밖에 없다고 해도, 오랜 시간이 흘러 기록 자체의 내용을 확인할 수 없어 정확한 실체적 진실이 무엇인지 단언할 수 없는 상황에서(제가 기재한 '정확한 실체적 진실이 무엇인지 단언할 수 없는 상황'은 상당히 완화된 표현일 것이고, 그분들은 실체적 진실이 유죄임이 분명하다고 확신하고 계시다고 느꼈습니다) 백지 구형은 합리적인 이유가 있는 것이라고 믿고 계셨습니다(물론 부장님의 징계처분 취소소송 항소심에서 백지 구형이 위법한 것으로 판단되었다는 점은 잘 알고 있습니다).

특히 공안을 오래 하신 선배님들께서는 개개인의 인생사를 깊이 연구한 경우가 많이 있었고, 그들 개개인의 인생살이와 행적을 볼 때 절차적 위법과 별개로 유죄가 분명하거나 혹은 입증하지 못할 뿐 유죄가 맞다고 확신하고 계신 것으로 느껴졌습니다. 그래서 그분들은 부장님의 논고문, 그리고 그 논고문에 환호하고 성원했던 많은 검사에 대하여 큰 걱정을 하셨던 것으로 보입니다. 범법 행위자에 대하여 절차적으로 무죄가 선고되는 것을 용인하는 것과, 범법 행위자를 민주화 투사로 보고 그간의 수사가 민주화 투사들을 탄압하기 위해 진행되었다고 보는 것은 전혀 다른 문제일 테니까요.

적어도 제 눈에는 이분들의 경우 정말로 과거사 재심 사건에 대하여 백지 구형을 하는 것이 타당하다고 믿고 계신 분들이라 생각되었고(나아가 그래야만 한다고 확신하고 계신 분들도 많아 보였습니다), 그러한 믿음과는 별개로 오늘 부장님이 글 말미에 언급하신 것처럼 '법적 양심을 버린, 조직 수뇌부의 뜻을 받드는 영혼 없는' 행동을 했던 것은 아닌 것으로 보였습니다.

부장님께서 대체 무슨 근거로 여전히 이들을 간첩으로 보고 무죄 구형하는 것을 막느냐고 생각하시는 것만큼이나, 저분들은 부장님께 무슨 근거로 이들을 민주화 운동가라고 보고 그런 논고와 구형을 하느냐고 묻고 싶으실 수도 있을 것입니다(너보단 내가 그 양반들에 대하여 훨씬 잘 알고 있다는 말과 함께).

그러므로 애초 부장님의 징계 건과 연루된 간부님들을 법적 양심을 버린, 조직 수뇌부의 뜻을 받드는 영혼 없는 사람들로 전제한 후 이들에게 사과를 요구하시는 것은 애초에 당사자들이 전혀 받아들일 수 없는 것입니다. 뿐만 아니라 누군가의 눈에는 검사로서의 자존심에 크나큰 모욕을 주는 행동으로 비칠 수 있다고 우려됩니다.

부장님께서 언급하신 간부님 중에는 제가 잘 아는 분들도, 전혀 모르는 분들도 섞여 있지만, 적어도 제가 아는 분 중 일부는 입신양명의 욕심으로 스스로의 양심을 팔아 백지 구형을 지시하거나 관련 징계를 하지는 않았을 것이라고 믿고 있습니다.

　과거사 재심 사건에 대하여 백지 구형의 타당성을 주장하는 간부들을 싸잡아 법적 양심을 버린, 조직 수뇌부의 뜻을 받드는 영혼 없는 사람으로 보는 것은, 그분들이 그간 엉뚱한 색안경을 끼고 부장님을 잘못된 색으로 바라보며 고초를 겪게 했다는 이유로 부장님 역시 또 다른 색안경을 끼고 그분들을 바라보시는 것과 마찬가지일 수도 있다는 불안한 느낌이 들었습니다.

비정상의 정상화를 위한 제언
— 단성소를 그리며

전하의 국사國事가 이미 잘못되고 나라의 근본이 이미 망하여
천의天意가 이미 떠나갔고, 인심도 이미 떠났습니다. 소관小官은
아래에서 히히덕거리면서 주색이나 즐기고, 대관大官은 위에서
어물거리면서 오직 재물만을 불립니다. 백성의 고통은 아랑곳
하지 않으며 내신內臣은 후원하는 세력을 심어서 용을 못에 끌
어들이는 듯하고, 외신外臣은 백성의 재물을 긁어 들여 이리가
들판에서 날뛰듯이 하면서도 가죽이 다 해지면 털도 붙어 있
을 데가 없다는 것을 알지 못합니다. 자전慈殿*(문정왕후)께서
는 생각이 깊으시지만 깊숙한 궁중의 한 과부에 지나지 않으
시고 전하께서는 어리시어 단지 선왕先王의 한낱 외로운 후사
에 지나지 않습니다. 그러니 천백가지의 천재天災와 억만 갈래
의 인심을 무엇으로 감당해 내며 무엇으로 수습하겠습니까?

---

*　임금의 어머니.

조선 명종 시절, 조야⟨朝野⟩를 뒤흔들었던 남명 조식 선생의 〈단성소〉 한 구절입니다. 행간을 뚫고 나오는 강직한 선비혼에 절로 숙연해지지요. 당시 명종은 모후에게 공손하지 않은 표현을 쓴 것을 이유로 상소의 잘못을 바로잡아 책망하여 물리치지 않았다고 감사⟨監司⟩를 질책했습니다.

> 조식의 소에 답하지 않았을 뿐만 아니라, 도리어 엄중한 말을 내려 승정원이 처벌할 것을 주청하지 않았음을 책망했으니, 언로가 막히게 된 것은 이로부터 더욱 심해졌고, 성덕에 누가 됨이 이로 말미암아 더욱 커졌다. 대개 상소의 내용이 격절하고 강직한 것을 감사가 잘못되었다고 바로잡아 책망하여 물리친다면, 이것은 사람들로 하여금 군상⟨君上⟩의 과실을 감히 말하지 못하게 하여 마침내는 임금의 총명을 가리우는 화가 있을 것이다. 아, 이것은 성덕에 큰 누가 될 뿐만 아니라 실로 치란과 흥망에 관계되는 것이니 어찌 길게 탄식하지 않을 수 있겠는가!

사관이 《조선왕조실록》에 남긴 비판과 개탄입니다.

명종 시절, 국정이 어지러워 백성의 삶은 고단했지만, 선비혼이 살아있었기에 조선은 500년을 유지할 수 있었겠지요. 조선 시대와 지금을 비교하면 얼마나 나아졌을까요? 우리 검찰에서는 지속적으로 소통을 강조하며 최근 공감 메신저 제도를 만들기도 했지만 어떻습니까? 소통이 강화되었나요?

저는 딸 부잣집 막내딸입니다. 어렸을 적 아버지 앞에서 동네 친구들에게 그날 배운 쌍욕을 자랑스레 시전해도, 아버지는 다음 날부터 외출을 금지할지언정 딸이 놀랄까 봐 크게 꾸짖지는 않으셨습니다. 자유분방하게 자란 탓에 임관 후에도 선후배와 기탄없이 대화했지요. 그러다 검사게시판에 쓴 글과 댓글로 여기저기 불려 다니고 나서야 비로소 검찰 내 유리 벽을 보게 되었습니다.

오래전 박정식 부장에게 '부 회의도 하지 않고 차장 결재도 받지 않고 이런 댓글을 쓰면 어떡하냐?'는 질책과 함께 삭제하라는 타박을 받고 결국 댓글을 삭제했던 일이 있습니다. 그러나 뜻한 바 있어 다시는 그리 살지 않겠다고 작정하고 검사게시판으로 되돌아온 지 몇 년입니다. 직속 부장 등이 제 글로 가슴앓이할망정, 삭제하지 않고 버티는 맷집을 과시하기에 이르렀네요. 하지만 저와 같은 후배들의 맷집이 두꺼워지는 것과 비례하여, 윗분들의 모르쇠 신공 역시 발전을 거듭하는 것이 아닌가 싶어 간혹 우울해질 때가 있습니다.

제가 만약 〈징계 청원〉을 게시판에 올리지 않았다면 조용히 넘어가 징계를 받지 않았을 것이라는 말을 많이 들었습니다. 징계 취소소송에서 법무부 소송 수행자들에게서는 "어떠한 징계든 감수하겠다던 〈징계 청원〉은 진심이 아니었느냐"라는 말을 듣고 있고요. 당시 공안부는 제가 검사게시판에 '백지 구형이 부당하다'는 의견을 올리는 정도의 반발을 할 것이라고 예상했다고 합니다. 하지만 검사게시판에 글을 올려봐야 대검과 공안부에서 못 본 체하리란 것을 잘 알았기에, 그것만으로는 관행을 바꿀 수 없다는 생각에 고민했습니다.

잠든 사람은 깨울 수 있어도 잠든 척하는 사람은 깨울 수 없다는 말이 있습니다. 대검과 공안부에서 과거사 재심 사건 구형에 대하여 정식으로 검토하게 할 방안이 무엇인지 궁리를 거듭한 끝에 작성한 글이 〈징계 청원〉입니다. 날 징계하라고 몸을 던지면 징계하려고 달려들 테고, 그렇다면 백지 구형이 타당한지 여부를 정식으로 검토할 수밖에 없을 테니까요. 소통이 되지 않아 부득이 소통을 강제하려는 고육지책이었습니다. 이런 검찰이 건강한 조직일까요?

얼마 전 대검에서 전국 일선 청에 세월호 참사 관계자인 유병언과 관련된 개인 의견을 이프로스에 올리지 말라고 업무 연락을 돌린 것으로 압니다. 위기에 처하여 널리 의견을 구한 사례는 숱하게 보았어도, 가만히 있으라고 하는 것은 세월호 사건 외에는 본 적이 없습니다. 여기가 세월호입니까?

김진태 검찰총장은 취임사를 통해 "끊임없이 소통하여 타당한 결론을 찾아가는 성숙한 모습"을 강조했고, 소통과 실질을 중시하는 근무 환경 조성을 위한 공감 메신저 대검 기획안에는 '온라인 토론 문화 활성화'가 검찰총장의 핵심 추진 과제라고 명시되어 있습니다. 이는 공염불에 불과한 것인가요? 보필輔弼

은 '바르게 하다', '바로잡다'라는 뜻을 가지고 있습니다. 그 업무 연락이 검찰총장의 진의라면, 대검 관계자들이 검찰총장을 제대로 보필하고 있는지 매우 우려스럽습니다. 만약 검찰총장의 진의가 아니라면 검찰총장의 정책 방향을 거스른 것이어서 그 역시 매우 근심스럽습니다.

중국 한나라 효무제가 신공에게 치란治亂에 대해 묻자, 신공은 "나라를 다스리는 것은 말을 많이 하는 데 있는 게 아니고, 어떻게 힘써 행하느냐에 달려 있다"고 간언했습니다. 김진태 검찰총장은 "범죄인이 아닌 범죄행위만을 제재의 대상으로 삼고 치료가 꼭 필요한 환부만을 정확하게 도려내는 사람을 살리는 수사를 하겠다"는 등의 포부를 밝힌 바 있습니다. 검찰 구성원이 유병언 수사와 관련하여 이프로스에 올리는 글은 건전한 내부 토론의 일환입니다.

그럼에도 이를 막으려는 것은 김진태 검찰총장이 취임사에서 밝힌 '마음의 벽을 허물고 하나로 힘을 모으는 단결된 검찰'이 되는 것을 방해하는, 또 한 가지 단절의 벽이 되지 않겠습니까? 메아리조차 죽은 산에는 새가 깃들 수 없습니다. 건전한 토론과 소통으로 마음의 벽을 녹이고 힘을 하나로 모으는 단결된 검찰이 되기를 간절히 바랍니다.

2014년 7월 24일 11시 18분. 창원지검 총무과장이 검찰 내부망을 통해 창원지검 전 구성원에게 '이프로스 게시판에 개인 의견을 게시하는 일이 없도록 하시기 바랍니다. 의명 총무과장 올림'이라는 쪽지를 전파했고, 신명호 부장 역시 회의를 소집하여 지시 사항을 전달했습니다. 부장은 대검 업무 연락이라면서 '모두 자숙하고 수사에 진력할 때니 게시판에 글 쓰지 말라'고 하더군요.

검사게시판에 유병언 변사 사건 관련 글이 잠시 게시되었다가 삭제되었는데, 그로 인한 대검 지시임을 직감하고 거세게 항의했습니다. 개인에게 개인 의견을 표현하지 말라는 건 자유민주주의 국가에서 있을 수 없는 지시니까요. 대검도 문제 있는 지시임을 알기에 정식으로 전자 공문을 보내지 않고, 내부망 쪽지로 일선 지검에 업무 연락을 돌린 모양입니다.

검사게시판에 항의 글을 바로 올리고 싶었지만, 며칠 참았습니다. 한 달에 한 번 남짓 글을 올려도 '일 안 하고 글이나 쓴다'고 흉보는 이들이 많은데, 검사들이 제일 바쁜 월말에 글을 쓰면 흉을 더 볼 테니까요. 저는 언제 글을 올릴지도 늘 심사숙고해야 했습니다.

월초인 8월 1일 금요일 밤, 도시락 폭탄을 투척하는 심정으로 검사게시판에 글을 올리고 도주했습니다. 여름휴가가 시작되어, 간부들을 며칠 볼 일이 없으니 다른 때보다 마음이 한결 편안했습니다. 글을 뒤늦게 확인한 김영대 차장검사가 전화를 걸었습니다. "대검 업무 연락은 그런 취지가 아니다. 보여달라면 보여줬을 텐데, 아쉽다." 총무과장 쪽지는 뭐고 부서 회의는 뭐냐고 따지려다가, 차장검사를 더 구차하게 만들지 말자 싶어 참았지요.

8월 4일 월요일 오전, 대검 정책기획과에서 일선 지검에 전파한 한동훈 정책기획과장의 〈장관 및 총장의 지시 사항〉 업무 연락 원문을 공개하며 '유병언 수사와 관련하여 언행에 유의하라고 했을 뿐 개인 의견을 올리지 말라고 하지 않았다'는 해명 글을 올렸습니다. 검사게시판은 검사들만 글을 게시하는 곳이어서, 그동안 대검이나 지검의 공식 입장 표명이나 해명, 평검사 회의 입장 발표문 등도 검사 개인 명의로 올렸습니다. 그런데 대검 정책기획과 해명 글은 누가 올렸는지 알 수 없는 '정책기획과 문서 취급'이 게시했습니다. 2001년 7월 검사게시판 개설 이래 최초 사례입니다.

휴가를 다녀온 후 그 해명 글에 '휴가를 잠시 다녀왔더니 해명 글이 올라왔네요. 창원뿐만 아니라 전국 많은 검사가 유의해야 할 언행의 적용 범위를 오해하고 있었는데, 대내적인 의견 소통은 전혀 문제가 되지 않는다는 취지를 천명하여 오해를 풀어주시니 고마울 따름입니다. 이 또한 소통이니까요. 문취님'이라고 댓글을 단 후 대검의 해명 글을 제 징계 취소소송에서 유용하게 활용했습니다. 검사게시판 글 게시가 징계 사유 중 하나인 상황에서 소소하나마 고마운 방어 자료였지요.

자유민주주의 국가인 대한민국의 검찰은 공식적으로는 상하간 원활한 소통을 강조했습니다만, 정작 개인 의견을 이프로스에 올리지 말라는 쪽지와 부서 회의가 횡행했지요. 사법부, 문화예술계 등지에 블랙리스트가 난무하던 시절, 검찰 구성원 역시 숨죽여야 했던 검사 블랙리스트 시절의 암울한 흔적입니다.

사표 수리에 대한
해명을 요청합니다

대검 지시에 따르면, 길거리 등지에서 공공연하게 성기를 노출하는 등 음란행위를 한 공연음란사범은 원칙적으로 정식 기소하여 법정에서 성폭력 치료 프로그램 이수 명령까지 구형해야 합니다. 예외적으로 사안이 경미한 경우에만 성폭력 치료 프로그램 이수 명령이 없는 벌금 약식기소가 가능하지요.

하여 저는 모든 공연음란사범을 정식 기소하여 집행유예 이상을 구형하고 있습니다. 검찰양형시스템에서 판결문 검색을 해봐도 대개 집행유예와 성폭력 치료 프로그램 수강 명령이 선고되었습니다. 검찰 공무원의 범죄 및 비위 처리 지침의 징계 양정量定에 따르면, 정식 기소하는 성범죄 비위의 징계 수위는 중징계입니다.

더 이상 놀랄 일이 없다고 생각했다가 뉴스를 보며 또다시 놀라게 되는 가혹한 시간입니다. 하지만 개인적 일탈이 조직적 일탈로 비화하지 않으려면, 법무부는 진실로 법과 원칙을 지켜야 합니다. 김수창 제주지검장의 사표 논란에 "공연음란이 경징계 사안이라 수리했다", "업무상 비위가 아니어서 수리했다" 등 법무부 관계자 전언이 뉴스에 계속 나오고 있습니다. 오보라고 믿고 싶습니다만, 법무부가 '수사받고 있는 자로서 중징계에 해당하는 비위를 저질렀다고 판단될 경우 사표 수리를 허용하지 아니한다'는 비위 공직자의 의원면직* 처리 제한에 관한 규정을 위반한 것으로 보이는 게 현실입니다. 그래서 뉴스가 실제 법무부 입장이 아닌가 싶어 참혹하기까지 합니다.

검찰은 가장 객관적인 국가기관이어야 합니다. 저는 그렇게 배웠습니다. 조직 이기주의가 팽배하는 한, 검찰은 검찰일 수가 없습니다. 당당한 검찰입니까? 뻔뻔한 검찰입니까? 법무부法務部입니까? 법무부法無部입니까? 검찰 구성원이 참담한 와중에서 더 무참해지지 않도록 설명해 주십시오.

뒷 이 야 기

김수창 제주지검장의 공연음란 사건으로 전국이 떠들썩했을 때, 검사게시판에 올린 글입니다. 힘 있는 자에게 더할 나위 없이 따뜻하고 힘없는 자에게 가혹하도록 냉정

---

*   본인의 청원에 의하여 직위나 직무에서 물러나게 함.

한 검찰의 이중 잣대를 지탄하는 여론이 높았지요. 그런 법무부와 징계 취소소송을 하며 '원고의 행동은 검찰 조직 전체에 미칠 파장이 막대하고 전체 국민의 관심 대상이 되어 더욱 엄정한 기준으로 판단할 수밖에 없다. 애초 정직 4개월보다 중한 징계를 택하자는 의견도 있었지만, 검사로서의 훌륭한 자질을 고려하여 정직 4개월을 선택한 것'이라는 법무부의 주장을 반박하느라 뒷목을 수시로 잡고 있던 저는 황당했습니다. 김수창 검사장의 공연음란이 제 무죄 구형보다 검찰 조직 전체에 미칠 파장이 더 크고 전 국민의 관심 대상이 되어 더욱 엄정한 기준으로 판단해야 한다고 생각하니까요.

범죄를 저지른 것이 아니어서 형사사건조차 되지 않는, 결국 구형했던 대로 무죄판결이 확정된 사건에 대한 무죄 구형 강행으로 저를 중징계한 법무부와 대검이, '경찰 수사 중인 김수창 검사장의 공연음란은 경징계 사안'이라고 어떻게 주장할 수 있을까요. 법무부와 검찰의 놀라운 표변에 분노하며 제발 법대로 좀 하라고 쓴소리 한마디 남겼습니다.

제가 글을 쓴 다음 날인 8월 21일. 김기춘 대통령 비서실장 주재 회의에서 황교안 법무부 장관이 김수창 검사장의 사표 수리에 대한 비판 여론으로 저를 거론했더군요. 비난 여론이 워낙 거세자 청와대에서 신속하게 회의를 열어 대책을 논의했나 봅니다. 박근혜 정부 시절 민정수석을 지낸 故 김영한의 비망록에서 제 이름을 뒤늦게 확인하고, 그 시절 침묵하지 않았다는 시대의 기록물인가 싶어 뿌듯했습니다.

그러나 법무부의 억지 주장과 사표 수리를 비판했던 저에게 동료들의 돌팔매가 빗발쳤고, 제 위로 돌무덤이 만들어졌습니다.

"어떠한 부당한(또는 부당하다고 여겨지는) 처사가 있더라도 때로는 게시판과 같이 공개되지 아니한 곳에서도 문제를 제기하고 토론과 대화를 통해 공론화하는 방법이 있다. 마치 자신만이 투사이고 올바른 발언을 하는 양 공개 게시판을 빌려 목소리를 높이는 것만이 효율적이고 정당한 방법은 아니라는 점을 명심했으면 한다", "균형을 잃은 형벌은 무자비한 폭력에 불과하다. 언론의 과잉 보도나 선배의 글은 제 눈에 폭력으로 보인다. 누구보다 사랑했을 검찰 조직에 사퇴의 변조차 남기지 못하고 쫓겨나신 선배 검사님. 남모르는 마음의 병을 안고도 수십 년간 국가에 헌신한 한 인격에 대한 예의를 갖추어 주시기 바란다", "매스컴에 의해 본인과 가족은 죽음 같은 고통을 겪고 있을 터. 하나님이 심판하시는 법정에 서게 되면, 그때 검사 역할은 참소하는 자, 사탄이 맡는다고 한다. 검사 생활하면서 지은 업이 이미 산처럼 쌓였는데, 이런 일에 마저 칼을 갈 필요가 있는지 곰곰이 생각해 본다".

제 글에 달린 비난 댓글 일부입니다. 위법한 이중 잣대, 소위 내로남불에 대한 상식적인 비판이라고 생각했는데, 댓글은 물론 쪽지와 채팅으로 전해지는 분노는 뜨거웠습니다. 이 글 이후 검사게시판에 글을 올리면 "이런 글 올리는 목적이 뭐냐. 이제 그만 좀 하라", "언론에 나가기를 원하는 거라면 SNS에 가서 써라", "언행에 신중하라" 등 동료의 항의가 거세졌습니다. 검사들은 자신보다 나이 많은 후배에게 "~검사님", 선배에게는 "~선배님"이란 호칭을 쓰는데, 호칭도 달라지더군요. 일부 후배들이 언제부턴가 검사게시판에서 "임 검사님", 심지어 "임은정 씨"라고 부르기도 했습니다. 기수열외 된 지 오래이니 할 수 없지요. 식사 자리에서 "마늘 먹고 사람 돼라"는 불쾌한 농담을 건네는 후배 앞에서 의연하게 식사를 함께하기도 했습니다. 제 선택의 결과라 각오했지만 당황스럽긴 했습니다. 저도 사람이니까요.

그래도 '무서워서 차마 응원 댓글을 못 달았다. 미안하다'는 쪽지도 받았습니다. 심지어 '꿈에 임 검사님이 나왔는데, 너무 힘들어서 그만두고 싶다고 어머니에게 엉엉 울면서 말하는 걸 보았다. 꿈에서조차 용기가 없어 힘내라는 말을 차마 못 건넸다'며 미안한 마음을 은밀히 전해주는 동료도 있었습니다. 덕분에 숨을 쉬었습니다.

'글 내려라', '지금은 묵묵히 일할 때'라고 댓글이나 쪽지로 거칠게 항의하던 그 검사들 상당수가 추미애 법무부 장관 재임 시절부터 검사게시판에 맹렬하게 글을 쓰고 댓글을 달았습니다. 그 검사들은 검찰과 검사에 대한 전제 개념, 검찰 위기의 원인 진단과 처방 등에 대한 견해가 저와는 상당히 다를 것이고, 이제라도 제 진심을 알아주지는 않을 겁니다. 저 혼자 목소리를 높이던 시절, 이프로스로 굳이 말을 걸어 '임 검사님의 진심을 믿지 않는다'고 항의한 모 후배에게 '누가 검찰을 위하는가는 역사가 판단할 거다. 검찰이 이렇게 될 동안 침묵하고 있는 건 옳지 않다고 생각한다'고 답했습니다. 생각과 행동이 저와 달랐던 동료들이지만, 제 오랜 분투로 그런 동료들을 포함한 모든 검찰 구성원이 지금과 같은 표현의 자유를 누리게 된 듯해 다소간의 보람과 자부심을 느낍니다.

1. 검사의 자세, 수감水鑑(고요한 물과 맑은 거울)

습착치는 촉한의 명재상 제갈량을 칭송하여 다음과 같이 평했습니다.

예전에 관중이 병읍에 있던 백 씨의 식읍 300호를 빼앗았는데 백 씨가 사망하면서 아무런 원망을 하지 않자, 성현은 이것이 매우 어려운 일이라 했다. 제갈량이 죽으면서 (제갈량에 의해 벼슬을 빼앗기고 시골로 쫓겨난) 요립을 울게 했고, (제갈량에 의해 유배를 간) 이평을 발병하여 죽게 만들었다. 어찌 단지 원언恕言이 없는 것에 그쳤을 뿐이겠는가. 무릇 물이 지극히 고요하면 악한 사람이 뉘우치게 되고, 거울이 지극히 맑으면 추한 사람이 화내는 것을 잊게 된다. 고요한 물과 맑은 거울이 능히 만물의 실체를 드러내고도 원한을 사지 않는 것은 오직 사사로움이 없기 때문이다. 고요한 물과 맑은 거울은

사사로움이 없기에 가히 비난을 피할 수 있다. 하물며 대인군자가 중생을 널리 사랑하는 마음을 품고 긍휼히 여기고 용서하는 덕을 베풀 때에야 더 이상 말해 무엇하겠는가.

법은 부득이할 때에 집행되었고, 형은 스스로 범한 죄에만 더해졌으며, 작위와 상을 줌에 사사로움이 없었고, 벌을 가함에 노여움이 없었으니 천하에 과연 복종하지 않을 자가 있겠는가.

《자치통감》

2. 검사의 도, 상명하복의 한계

형부시랑 신단은 일찍이 붉은 색 잠방이*를 입었는데 세속에서는 그것이 관직에 이롭다 했지만 수 문제는 비방으로 남을 저주하는 것으로 여기고 그의 목을 베려 했다. 이에 조작이 말했다. "법으로 사형에 해당하지 아니하니 신은 감히 조칙을 받들지 않겠습니다." 황상皇上이 매우 화를 내면서 말했다. "경은 신단은 아끼면서 스스로를 아끼지 않구나." 황상이 조작을 끌어내어 그의 목을 베도록 명령했다. 조작이 말했다. "폐하께서는 신을 죽일지언정 신단을 죽여서는 안 됩니다." 조당朝堂에 이르러 참수하려고 했는데, 황상이 사람을 시켜 조

---

*   가랑이가 무릎까지 내려오도록 짧게 만든 홑바지.

작에게 "결국 어떻게 하겠는가?"라 물었다. 이에 조작은 "한 마음으로 법을 지켰으니 감히 죽음을 아까워하지 않습니다"라 답했다. 황상은 옷소매를 떨치며 들어갔고 오래 지나서 마침내 그를 풀어주었다. 다음 날 조작에게 사과하고 격려하며 비단 300단을 하사했다.

법을 어겼지만 사형에 이르지 아니한 자가 있었는데, 당 고조는 그를 죽이라고 명했다. 감찰어사 이소립이 간했다. "3척의 법은 제왕이 된 사람과 천하와 더불어 같이 하는 것이고, 법이 한 번 움직이면 사람은 손발을 놀릴 수가 없습니다. 폐하께서 넓은 대업을 이제 만드셨는데 어찌 법을 버리십니까? 신은 법을 다루는 일을 맡고 있는데, 감히 조서를 받들지 못하겠습니다." 황상은 이를 좇았다.

《자치통감》

3. 검사로서의 각오

지사志士는 죽어 도랑과 골짜기에 버려질 수 있음을 잊지 않고, 용사勇士는 전쟁터에서 자신의 머리가 베어질 수 있음을 잊지 않습니다. 하물며 대한민국 검사라면 무엇을 아끼겠습니까? 법과 정의를 바로 세우기 위해 직을 걸어야 한다면 직을 걸고, 목숨을 내놓아야 한다면 윤동주 시인의 시 〈십자가〉 한 구절처럼 모가지를 드리우고 꽃처럼 피어나는 피를 어두워 가는 하늘 밑에 조용히 흘려야겠지요.

재작년부터 당분간 도망가 있으라는 충고를 많이 받았습니다. 설마설마하다가 박병규 선배가 검사 부적격자로 몰려 퇴직 명령을 받는 것을 보고 피해 있기로 결심하고, 반년 푹 쉬다 적격 심사의 파고를 넘어 무사히 귀환했습니다. 걱정해 주시고 응원해 주신 동료들에게 이 자리를 빌려 감사 인사를 드리며, 병가 기간 읽은 좋은 책 구절들을 나눕니다. 살아 돌아왔습니다. 새롭게 시작하는 7년, 열심히 근무하겠습니다.

뒷 이 야 기

　　　2012년 12월 28일 금요일 무죄 구형을 강행한 후 도망쳤다가, 12월 31일 월요일 무거운 걸음으로 출근했습니다. 이금로 차장검사실, 최교일 검사장실을 순례하고 사무실로 돌아와 자리에 무너져 내렸지요. 어찌나 다리가 후들거리던지. 그때 법무부에 있는 동료에게서 은밀한 연락을 받았습니다. 법무부 모 간부가 "저런 미친 X이 있나? 저 X, 검사 적격 심사 몇 년 남았어?"라고 고함을 질렀다고.

　검사는 임용 후 7년마다 정상적인 직무 수행이 가능한지 여부를 가리는 적격 심사를 받아 강제로 퇴직당할 수 있습니다. 2012년까지는 부적격자로 퇴출된 검사가 없어 유명무실한 제도이기도 했고, 저는 동기 중 최선두 주자로 법무부를 거쳐 서울중앙지검에서 근무 중이라 정상적인 상황이라면 궁지에 몰릴 일이 없습니다. 적격 심사 제도에 대해 관심이 없어 심사 기간과 기준 등을 전혀 몰랐었지요. 전화를 받고 검찰청법을 뒤졌습니다. 무죄를 무죄라고 한 것이기에 징계로 자르지는 못할 것 같은데, 적격 심사는 어떻게 될지 모르겠다 싶어 심사 기간을 급히 확인했고 절망했습니다. 12년 차인 제게 남은 시간이 얼마 없었습니다. 적격 심사 파고를 넘을 때까지 낮은 포복으로 기어가기로 마음먹었습니다.

점심시간을 몇 분이라도 넘기면 동료에게 신분증을 대신 찍어 출입문을 열어달라고 부탁했습니다. 티끌 모아 태산을 쌓는 정성과 집요함으로 그 몇 분씩을 끌어모아 문제 삼을 검찰이니, 식사 중 시간을 수시로 확인했고, 식당이 멀거나 음식이 늦게 나와 좀 늦을 것 같으면 동료에게 신분증 구걸도 했습니다. 다른 검사들은 몰라도 저는 그러면 안 됩니다. 저는 임은정 검사니까.

동료들은 제 이야기를 깔대기 이론에 빗대어 기승전 '징계', 기승전 '적격 심사'라고 했습니다. 제 이야기가 곧잘 '징계로 잘린다', '적격 심사로 잘린다'로 흘렀나 봅니다. 웃으며 한 농담이었고 저 역시 웃으며 들었지만, 솔직히는 입이 바짝바짝 말랐습니다. 제 방 수사관과 실무관은 물론 같은 부서 검사들이 법무부, 대검, 고검으로부터 보고할 거리를 찾는 연락을 수시로 받고 있어, 거미줄이 조여오고 있다는 것을 느꼈습니다.

2014년 12월 모르는 수사관들의 연락이 갑자기 빗발쳤습니다. 대검 감찰본부에서 제 1년 선배인 박병규 부장의 7년 치 사건 기록을 뒤지고 있는데, 다음 차례는 검사님일 것 같다는 겁니다. 모두 같은 생각이었습니다. 요직인 법무부 법무심의관실 출신의 도가니 검사를 부적격자로 검찰 역사상 최초로 자르기 부담스러우니, 검사게시판에서 말 좀 하던 검사를 자른 선례 하나를 만들려는 속내가 빤히 보였습니다.

예상했던 대로 박병규 선배는 2015년 2월 25일 부적격자로 몰려 결국 쫓겨났습니다. 박병규 선배는 스폰서나 혼외자도 없고 별장 성 접대도 받지 않았습니다. 퇴직 명령 취소소송 승소 판결문에 명시된 대로 '상부의 지시에 반하여 무죄를 구형한 임은정 검사에 대한 징계 조치, 채동욱 검찰총장의 사퇴 등 일련의 사건들에 관하여 비판적인 글을 게시'했던 정직한 검사입니다. 충정에서 해야 할 말, 하고픈 말을 하면 부적격자가 되었던 엄혹한 시절, 잘려 나갔던 박병규 선배는 3년간의 소송 끝에 복직했습니다.

박병규 선배가 사무실 짐을 급히 빼는 것으로 퇴임식을 갈음하는 걸 보고, 1년 뒤 저도 그를 뒤따를 것이라고 확신했습니다. 부장 보직은 몰라도 부부장까지는 같은 기수 일괄 승진 관행이 있었는데, 제가 승진할 시기인 2015년 2월 그 관행이 사라져 부부장 승진에서 탈락했습니다. 정직 4개월로 인해 실 근무 기간이 짧아 인사 원칙상 창원지검에 유임됐어야 함에도,

홀연 의정부지검으로 발령이 났지요. 의정부지검은 박병규 선배의 마지막 근무지인 청주지검 김강욱 검사장의 새 부임지입니다. 부부장 승진 탈락은 각오한 일이라 실망하지 않았는데, 박병규 선배의 피가 손에 흥건한 김강욱 검사장이 있는 곳으로 가려니, 나도 잘리겠구나 싶어 마음이 복잡했습니다.

창원지검에서 의정부지검으로 전출하며 전출식에서 동료들에게 말했습니다. "박병규 선배가 퇴임식도 없이 쫓겨났다. 내년에 나도 잘릴 거 같은데 퇴임식이 없을 테니, 여기가 내 마지막 행사장일 거 같아 미리 말한다. 터미네이터 영화 찍겠다. I will be back!" 씩씩하게 엄지손가락을 세우며 웃었습니다. 씩씩한 모습으로 동료들에게 오래오래 기억되고 싶었으니까요.

의정부지검 첫 부서는 다행히 공판송무부였습니다. 형사부와는 달리 공판 업무는 트집 잡을 게 별로 없지요. 과거사 재심 사건은 서울중앙지검에 몰려 있어, 의정부지검에서는 구형 변경 문제로 충돌할 일도 없습니다. 창원에 이어 의정부에서도 기승전 '징계', 기승전 '적격 심사'의 고단한 삶을 이어갔습니다. 실무관이 6개월간 법무부, 대검, 고검 감찰 부서로부터 10통 이상의 전화를 받아 무섭다고 하소연할 지경이었으니, 저는 오죽 무서웠겠습니까?

전전긍긍하던 제가 가여웠는지 김 모 부장검사가 대검에 은밀히 알아보았다며 너무 걱정하지 말라고 위로해 주었는데, 그 자리에 있던 김 모 검사가 "지난주에도 임 선배에 대해 묻는 법무부 검사의 전화를 받았다"고 실토하여 부장이 민망해했습니다. 검사 적격 심사는 법무부 검찰국 주관이니 대검 감찰부에 물어봐야 소용없지요. 2015년 하반기를 어떻게 넘길 것인가. 검사로서의 생존 문제라 고심에 고심을 거듭했습니다. 하반기는 형사부로 옮겨야 하는데, 공판송무부와 달리 형사부는 차장검사, 부장검사의 사건 배당 전횡이 가능하고, 창원지검에서처럼 작정하고 사건을 몰아주어 업무 과부하로 실수를 유도하고 그걸 침소봉대하면 퇴출 명분으로 안성맞춤입니다.

적격 심사를 통과할 때까지 쉬기로 결심했습니다. 스트레스로 아이가 생기지 않아 고민이 컸는데, 이참에 쉬며 난임 시술을 받기로 했습니다. 저출산 고령화 시대에 어렵게 아이를 가진 여성 검사를 자르기 어려울 거란 점도 계산했습니다. 그런 상황이 여전히 스트레스였고, 이런저런 계산이 아이에게 버거웠을 겁니다. 결국 아이가 잠시 머물다가 하늘로 되돌아갔습니다.

황망하고 참혹해하던 2015년 11월, 법무부 동료에게서 은밀한 전화를 다시 받았습니다. "자르기로 했다고 하니 준비하라." 마침 대학원 후배와 같이 있다가 전화를 받았는데, 전화를 끊고 대성통곡했습니다. 누가 검사장을 시켜달래? 부장을 시켜달래? 평검사 좀 하겠다는데, 난 그것도 안 되는 거냐고. 억울하고 분해서 후배를 붙잡고 하소연했습니다.

그때 법무부 검찰국장은 2010년 10월 상가에서 서지현 검사를 추행한 안태근 검사장입니다. 퇴직 위기에 처한 검사에게는 검사적격심사위원회에 출석하여 마지막으로 변명할 기회가 주어집니다. 안태근 검찰국장 앞에서 '성추행범인 부적격자한 테 적격 심사 못 받겠다'는 이유로 기피 신청*을 하겠다고 벼르며, 특별대리인을 알아보고 탄원서도 모았습니다. 《한겨레》에서 제 퇴출 위기를 신속하게 보도하고, 많은 분이 관심을 가져준 덕분에 간신히 위기를 넘겼습니다.

검사적격심사위원회에서 검찰 내부 위원이 검사게시판 글들을 문제 삼으며 '조직 분란을 일으켜 문제가 있다'고 주장했으나, 판사인 외부 위원이 '법원 내부망 글은 이보다 더한데, 이걸로 퇴출시키면 행정소송 100퍼센트 패소한다'고 두둔하여 자르지 않는 것으로 정리되었다고 전해 들었습니다. 법무부 장관을 상대로 제기한 국가배상 소송이 3년째 1심조차 지지부진하여 제가 잘릴 뻔한 이유가 무엇인지 아직 정확히는 모릅니다.

아마 박병규 선배처럼 검사게시판 글이 주된 이유일 겁니다. 정직 4개월 중징계 전력이 있긴 하지만, 당시 징계 취소소송 1심과 2심에서 완승한 상황이라 법무부 검찰국에서 징계 전력을 문제 삼지 못할 테고, 저 역시 스폰서나 혼외자가 없고 별장 성 접대를 받지 않았으니 다른 이유가 있을 수 없습니다.

2016년 1월 상반기 인사이동으로 의정부에서 같이 근무하던 동기들이 부장으로 전출하고, 후배들이 부부장으로 승진했

---

* 어떤 일의 심사를 맡아 하는 기관이나 위원회 구성이 공정하지 못하다고 판단되면 그 구성원을 바꿔달라고 요구하는 행위.

는데, 병가 기간이기는 하나 전출하는 동기들에게 환송 인사를 하러 잠시 의정부지검에 나갔습니다. 부장으로 승진하여 전출하는 동기들과 부부장으로 승진하는 후배들에게 축하 인사를 건네며 외쳤습니다. "나 안 짤렸어!" 아마 그날 전출식에서 가장 행복한 사람은 저였을 겁니다. 1월 9일 검사 적격 심사를 통과했다는 뉴스가 있긴 했는데, 법무부에서 정식으로 확인해 주지 않아 계속 긴가민가하고 있었지요. 인사이동일까지 퇴직 명령이 날아오지 않았고, 그렇다면 적격 심사를 통과한 것입니다. 살아남았구나 싶어 만세가 절로 터져 나왔습니다.

글을 쓸 때마다 적격 심사를 염두에 두고 검사게시판에 쓸지, SNS에 쓸지, 발언 수위는 어느 정도로 할지 늘 심사숙고하고 노심초사했습니다. '자*'라는 표현을 두고 "'놈 자'다. 상급자에게 놈이라니. 폭언이다"라는 어이없는 질책을 들을 때니 단어 하나하나의 선택에 신중하지 않을 도리가 없지요.

족쇄가 풀렸습니다. 앞으로 7년. 해야 할 말, 해야 할 일 거침없이 하고 미련 없이 떠나기로 마음먹고, 병가를 마치고 복귀하면서 동료에게 생존 신고를 하고 각오를 밝혔습니다. 그때는 '앞으로 7년'이 까마득했는데, 돌아서니 적격 심사가 다시 눈앞이네요. 세월이 정말 빠르다는 걸 절감하며 새로운 각오를 다집니다. 디딤돌 판례 하나 더! 제가 하고픈 일을 아직 마무리 짓지 못했고, 아직 버틸 만합니다. 가야 할 길 한참 더 가보겠습니다.

2012년 12월 18일

오늘 재판 기일이 잡힌 사건 공판카드들을 검토하다가 무
죄 구형 변경이 필요한 과거사 재심 사건이 있다는 것을 어제
오후 뒤늦게 발견했다. 어제저녁부터 공안부 검사와 채팅하
느라 손가락에 불이 났고, 아침에 부장실과 차장실을 오가며
씩씩거리다가 법정에 지각해 버렸다. 공안부 반대로 무죄 구
형 변경이 여의찮을 경우, 쓰려고 숨겨둔 비장의 무기인 이의
제기권 카드를 꺼냈음에도 미련을 못 버려 날 설득하려는 자
가 있었다. "내 생각은 변함없으니 무죄 구형 변경이 불가할
경우 공안부 검사에게 직접 재판에 들어가 백지 구형을 하라
고 해라"라고, 그 말을 잘라버렸다.

서면으로 이의 제기하고, 공안부 검사가 직접 재판에 들어
갈지 여부에 대해 결재를 받아 다음 재판 기일에 구형하는 것
으로 일단 합의한 후 법정에 뛰어갔다. 이 때문에 머리가 복

잡하여 온종일 사건들에 제대로 집중하지 못했다. 이의 제기권. 예전에 검찰청법 조항을 들여다보며 이걸 누가 행사하나 했는데…… 바로 나구나.

2012년 12월 29일

어제 〈징계 청원〉을 검사게시판에 11시에 올라가도록 예약 게시하고, 법정 공판검사 출입문을 안에서 걸어 잠근 후 무죄 구형을 했다. 후환을 예상하고 오후 반차를 미리 결재받아 놓고 재판을 끝낸 후 계속 법원을 배회하다 점심 무렵 휴대전화를 끈 채 서울 시내 인파 속으로 숨어들었다.

마음을 단단히 먹고 있었지만, 그래도 겁이 나 뭘 먹어도 체하고, 잠이 잘 오지 않는다. 아침에도 그냥 눈이 번쩍 뜨인다. 겁이 나지만 어제로 시계를 돌린다고 하여 다르게 행동할 게 아닌데 견뎌내야지. 겁이 나지만, 오늘 하루도 축복임을 믿는다. 역사는 행동하는 사람들에 의해 쓰인다. 당장 바뀌지는 않더라도 결국 바뀔 터. 내 의지가 그 시기를 앞당기리라고 믿는다. 난 검찰이 역사의 걸림돌이 되지 않기를 바랄 뿐인데, 왜 이렇게 비장해져야 하는가.

2013년 1월 13일

형사소송법 제302조에 저촉되는 불법적인 관행과의 싸움이라 최악의 경우, 모든 검사와의 대립까지 각오해야 한다는 것은 잘 알았다. 그래도 상당수의 검사가 나와 생각이 같을 것이라고 믿었고, 그렇게 느끼고 있지만, 나와 생각이 같으리라고 믿었던 몇몇 동료의 반응에 마음이 허망해지는 건, 내가 그리 강한 사람이 아니기 때문이겠지.

혼자라도 가야 하는데, 하물며 혼자가 아님에랴. 섭섭해하지 말자. 은정아, 가야 할 길이다.

법무부는 제 징계 취소소송에서 '특정 검사 혹은 특정 부서에 대한 개인적 감정으로 무죄 구형을 한 것'이라고 주장했습니다. 격분하여 무죄 구형 무렵 쓴 싸이월드 일기를 출력하여 대법원에 제출했지요. 무죄 구형의 당위가 매도당하고, 직을 건 제 사명감이 조롱당하는 걸 참을 수 없었으니까요.

민주당 국회의원들과 협의하고 무죄 구형한 것이라거나, 정치하려고 저런다거나, 별별 소문이 다 있었던 것으로 알고 있습니다. 아무리 해명해도 모든 사람의 오해를 풀 순 없겠지요. 그럼에도 제가 어떤 마음으로 무죄 구형을 결행했는지를 설명하고 오해를 풀고픈 미련을 버리지 못하여, 대법원에 제출한 일기 몇 개를 뽑아 여기에 올립니다. '무죄는 무죄라고 해야 한다'는 당연한 직무를 수행했을 뿐인데, 왜 다른 사심이 있는지 의심받고, 손가락질을 받았을까요? 이 놀라운 현실을 저는 아직 잘 이해하지 못합니다.

무죄 구형을 강행하면, 징계를 위해서라도 백지 구형의 적법성, 정당성을 검토하지 않을 수 없을 테고, 이를 수뇌부에서 정식으로 검토해 준다면 백지 구형의 문제점을 인정하지 않을 수 없을 것이라고 확신했었습니다. 제가 너무 순진했었나 봅니다. 아시다시피, 저는 면직될 뻔하다가 다행히(?) 정직 4개월로 징계 수위가 낮아져 어렵게 직을 유지할 수 있었습니다. 그리고 저는 예상했던 것보다 먼 길을, 각오했던 것보다 거친 길을 걸었습니다.

정의의 대변자여야 할 우리가 우리의 잘못을 인정하고 바로잡는데, 왜 이리 인색했을까요? 2017년 1월 20일, 검사게시판에 올린 〈고언―검찰개혁 논의를 바라보며 2〉를 통해 저는 대검에 '과거사정리위원회에서 진실 규명 결정한 사건은 직권으로 재심 개시 청구를 하고 무죄 구형을 하자'고 건의했습니다. 그런데 병가 중인 저에게 누가 컴퓨터를 빌려주어 이프로스에 글을 올릴 수 있도록 도와주었는지, 조력자 색출로 검찰은 화답했습니다. 세상이 바뀌고 있으니 검찰도 좀 바뀌지 않을까 싶은 기대감에 설레다가 많이 서글펐습니다.

오늘 오전 대검의 직권 재심 청구 보도를 접하며, 새로운 지휘부에서 어려운 결단을 한 것이 너무 기쁘고 감사하여 울컥했습니다. 그러나 한편으로는 과거사 재심 사건 사법 피해자들과 그 유족의 고통을 오랜 세월 외면하고, 나아가 그분들의 재심 소송에서 검찰이 억지를 부리며 구부러진 정의를 펴는 걸 적극적으로 방해한 것에 대한 죄책감과 안타까움에 생각이 복잡한 하루였습니다.

과거사 재심 사건은 검찰이 원 사건의 수사와 공소 유지에만 잘못한 게 아니라, 잘못을 신속히 바로잡지 못한 검찰의 직무 유기와 직권남용이라는 현재의 잘못도 있습니다. 우리는 과거에 잘못했고, 현재도 잘못했습니다. 우리의 잘못은 과거형이기도 하지만, 현재진행형이기도 합니다.

우리 선배들이 과거에 저지른 검찰의 과오뿐만 아니라, 정의를 바로 세울 의무를 제대로 이행하지 않은 현재 검찰의 과오까지 모두 인정하고, 과거사 재심 사건 사법 피해자들과 유족들에게 진심 어린 사과를 했으면 좋겠습니다. 이것이 진실로 정의로서의 법과 원칙이고, 진정한 사과가 아닐까요? 그래야 사법 피해자들과 역사로부터 검찰이 용서받을 수 있지 않을까요? 대검의 놀라운 결단이 검찰개혁의 시발점으로 진정성 있게 실천되었으면 좋겠습니다.

뒷이야기

2017년 9월 17일. 눈이 번쩍 뜨이는 보도자료가 이프로스에 게시되었습니다. '진실과 화해를 위한 과거사정리위원회에서 재심 권고한 사건 중 공동 피고인들의 재심 무죄 판결이 있었음에도 당사자가 재심 청구하지 않은 사건에 대해,

검찰이 순차 직권으로 재심을 청구하고, 실질적인 유·무죄 구형에 노력하겠다'는 내용입니다.

법무부가 '검사가 무죄 구형을 할 수 있는지'에 대해 근본적인 의문을 제기하고, '검사는 유죄판결을 받아내기 위해 최선을 다해야 한다'고 우겨, 5년째 징계 취소소송이 진행되던 때였지요. 꿈인가 싶어 뭉클했다가, 정권 교체 여파가 이제야 검찰에 당도했구나 싶어 씁쓸했습니다. 언론에서도 정권 코드 맞추기로 의심했지요. 과거사 반성을 지속적으로 촉구해 온 내부자로서 검찰의 코드 맞추기임을 인정합니다. 서글프지만.

문무일 검찰총장이 과거사를 사과하고 직권 재심 청구 등을 홍보한 그때, 법무부는 대법원 계류 중인 제 징계 취소소송에 대한 상고를 취하하지 않았고, 2022년 현재 진행 중인 제 국가배상 소송에서도 잘못을 인정하지 않고 있습니다.

한편 故 윤길중의 과거사 재심 사건에서 백지 구형을 고집하며 저와 충돌했던 서울중앙지검 공안부 정원두 검사는 대검 공안부 검찰연구관으로 자리를 옮긴 후 무죄 구형하라는 취지의 〈과거사 재심 사건 대응 매뉴얼〉을 만들어 일선에 배포했지요. 2018년 4월, 그 검사는 '과거 과거사 재심 사건에서 백지 구형을 주문해 놓고 현재 무죄 구형 방침을 하달하는 업무를 하는 게 맞느냐?'는 기자의 질문에 "사건을 바라보는 게 시기에 따라 다를 수 있다"고 답했습니다. 기사를 접하고 솔직함에 놀랐지요. 사건이 바뀌지 않았고, 심지어 검사도 바뀌지 않았습니다. 정권에 따라 검사가 안경 바꾸는 듯 바라보는 시각을 바꾸고, 기자에게 바뀐 입장을 설명하는 데 스스럼이 없습니다. 검찰의 참담한 현실입니다.

2018년 7월 충주지청 부장검사로 발령받아 공안 업무도 담당하게 되면서 이프로스 공안 시스템에 접속할 권한을 처음으로 부여받아, 신세계인 공안 시스템 여기저기를 기웃거렸습니다. 그렇게 배회하다가 정원두 검사가 작성했다는 〈과거사 재심 사건 대응 매뉴얼〉을 발견하고 어찌나 기쁘던지. 정권이 보수화되면 손바닥 뒤집듯 또 입장을 바꾸어 과거사 재심 사건에서 '어떻게 무죄 구형을 할 수 있느냐?'고 우길 검찰이라, 무엇을 해야 하나 고민이 컸습니다. 이제 매뉴얼화까지 되었으니, 법무부와 검찰은 더 이상 '검사가 어떻게 무죄 구형하느냐?'는 망언을 하지 못할 테지요.

과거사 재심 사건에서 검사의 무죄 구형과 항소 포기로 신속한 1심 판결 확정. 이 마땅하고 당연한 일이 2017년 9월에야 비로소 이루어졌습니다. 수사와 기소 등 검찰권을 오남용한 검사들, 무익한 즉시항고와 상소로 무죄 확정을 지연시킨 검사들에 대한 문책 역시 아울러 이루어져야 할 일인데, 언론은 검찰의 직권 재심 청구와 무죄 구형에 감읍하고 환호했습니다. 정의일까요? 최선입니까?

잘못을 저지른 간부들에 대한 감찰 요구와 공익 신고, 고발, 국가배상 소송 제기 등 검찰을 바로 세우기 위해 제가 할 수 있는 일은 전부 할 각오이고, 하고 있습니다. 칼럼 기고와 SNS, 책 발간도 제 발버둥의 일환입니다. 검찰이 바로 서려면, 안과 밖에서 함께 검찰을 바로 세워야 하지요.

검찰이 검찰다울 수 있도록 시민과 언론이 끊임없이 관심을 기울여주시고, 검찰의 해명과 홍보 발언에 고개를 바로 끄덕이지 마시고 진의가 무엇인지, 숨겨진 진실이 무엇인지를 숙고해 주시기를 부탁드립니다. 법과 원칙에 따른 검찰권 행사에 대한 요구와 비판을 잠시도 멈추지 말아 주시기를 더욱 간절히 부탁드립니다.

검찰개혁을 위한 고언
— 진상조사단 출범을 바라보며

2018. 2. 5.

1. 어머님의 전화

지난주 어느 저녁, 故 김홍영 검사의 어머님에게서 전화가 왔습니다. 통곡으로 근황을 전하시더군요. 떠들썩한 검찰발 뉴스에 홍영이 생각이 사무치신 듯합니다. '우리 아들이 저 지옥에서 헤맸구나. 우리 아들이 너무 착해서 그 지옥을 헤쳐나오지 못하고 벼랑에서 몸을 던졌구나' 하는 그런 생각에 가슴에서 다시 피가 쏟아지시는 모양입니다. 더 흘릴 눈물이 없으실 듯한데, 퍼도 퍼도 눈물샘이 마르지 않으시네요. 하긴 자식에 대한 사랑이 마를 수가 있겠습니까? 아직 2년이 채 지나지 않았습니다. 한 맑은 영혼이 억압적인 조직 문화에 눌려 헉헉거리다가 우리 곁을 떠난 지.

2. 어느 검사의 지옥 생존기

2003년 5월 2일. 그날 밤을 기억합니다. 경북의사협회와 합동

회식이었는데, 의료 전담인 저에게 폭탄주가 몰려 기억이 끊어졌다가 2차가 끝날 무렵, 정신을 좀 차리게 되었지요. 오 모 부장은 술을 많이 마신 저를 따로 챙겨 택시를 같이 탔습니다. 굳이 아파트 1층까지 데려다주겠다고 따라 내리더니 목이 마르다며 물을 달라고 하더라고요. 만취한 정신으로 '부장이 물 달라는데 어떻게 안 주느냐?'는 안이한 생각에 집에서 물 한 잔 드리고, 엘리베이터까지 배웅해 드렸습니다.

갑자기 입안으로 들어오는 물컹한 혀에 술이 확 깼지만, 어찌할 바를 몰라 "부장님, 살펴 가십시오"라며 아무 일 없는 척 인사를 하고 돌아서 복도식 아파트를 걸어 관사로 돌아오며, 도대체 이게 무슨 일인지 생각을 정리하느라 뒤따라오는 걸음 소리도 못 들었지요. 현관문을 열고 들어가는 순간, 제 등을 확 떠미는 사람이 있었습니다. 순간적으로 주저앉아 문이 닫히지 않게 문턱에 발을 걸고 한 손으로 문 모서리를 잡았는데, 안으로 들어간 부장이 제 오른손을 힘껏 잡아당겼습니다. "임 검사, 괜찮아. 들어와." 비명을 지를 수 없었습니다. 복도식 아파트 가운데 있는 집이었고, 경주지청 관사인 것이 널리 알려져 있었거든요.

밖에 알려지면 검찰이 망한다는 생각밖에 안 들었습니다. 비명을 지르겠다고 위협하고 실랑이 끝에 겨우 내보냈는데, 복도 저쪽으로 가는 걸 보고 잽싸게 일어나 문을 잠그자, 되돌아와 초인종을 계속 눌렀습니다. 그 소리가 아직 생생합니다.

수석 검사를 통해 부장에게 사표 제출을 요구했는데, 확답 없이 휴가를 가버렸습니다. 답답한 마음에 그 직전 근무지인 인천에서 같이 근무했던 선배에게 상의 전화를 드렸습니다. 저보고 "그냥 네가 사표 써라. 알려지면, 너만 손해다. 여기 와서 변호사 개업해라. 밀어주겠다"고 했습니다. 결국 지청장을 찾아가 "주거침입강간미수 고소도 불사하겠다. 사표를 받아 달라"고 단도직입적으로 통보하여 겨우 사표를 받았습니다. 오른손등에 생긴 동전 크기 만한 멍이 한동안 지워지지 않더군요. 그리고 제 마음의 멍은 아마 영원히 지워지지 않을 겁니다.

3. 검사와 스폰서

〈PD수첩: 검사와 스폰서〉는 2003년부터 2004년까지 부산지검에서 있었던 일을 취재한 방송입니다. 저는 2005년 고향인 부산으로 발령이 났기에, 그런 질펀한 밤 문화가 아직 횡행하던 때 부산지검에서 근무했지요. 차 모 부장은 점심시간에도 자신의 섹스 능력을 자랑했습니다. 6시간씩 섹스를 한다거나, 절정의 그 순간이 오래 가려면 마지막 순간에 숨을 끊어야 한다거나, 평소 복식호흡이 중요하다며 복식호흡을 따라 하라고 한다거나. 정신이 혼미해지는 와중에 좋게 말씀드렸습니다. "여기 처녀, 총각도 있는데 듣기 그렇습니다." 그러자 처녀, 총각에게 더 중요하다며 그래도 복식호흡을 따라 하라고 했습니다.

막 개업한 전관 변호사가 스폰서로 붙은 어느 저녁은 정말 질펀했습니다. 청사포 횟집에서 예의 정력 자랑을 하고, 일부 검사가 감탄으로 추임새를 넣는 걸 지켜보며 구석에서 얼음이 되어 있었지요. 2차를 따라가지 않으려는 저에게 선배들은 "경력 검사가 회식 중 도망가면 어떻게 하느냐? 힘든 거 아는데, 설마 더 심해지겠느냐?"면서 굳이 저를 데리고 갔습니다. 해운대 오션타워 지하 유흥 주점에서 분노로 몸이 바들바들 떨렸지요. 그런 저에게 모 선배가 귓속말을 했습니다. "부장님 잘 모셔. 훌륭한 분이야." 저는 그 선배 얼굴에 침을 뱉어 주고 싶은 걸 겨우 참았습니다. 그리고 스폰서는 차 모 부장을 포함한 검사들의 화대를 계산했고, 성매매 전담이었던 차 모 부장 등은 결국 성매매를 갔습니다.

다음 날 오전, 도저히 참을 수가 없어 그 모 선배에게 '그 자리에 당신의 아내와 딸이 있었다면 그런 소리를 했겠느냐? 만약 당신이 그런 사람이라면 당신은 인간이 아니므로 선배라 부를 수 없고, 만약 그렇게 하지 않을 사람이라면, 당신은 남편과 아버지의 자격이 있을지언정 선배의 자격이 없으므로 당신을 선배라 부를 수 없으니 향후 호칭상의 결례를 양해하라'는 메일을 보냈습니다. 부산지방검찰청 기획 업무를 담당하는 이명순 부부장을 찾아가 전날 밤 일을 이야기하며 "부장이 성매매 피의자로 보여 결재를 받지 못하겠으니 부서를 바꿔 달라"고 정식으로 문제 제기를 했습니다.

이 정도로 문제를 제기하면, 무언가 조치가 있을 줄 알았지요. 하지만 "인사 때가 아니니 몇 달만 참아라. 그때 공판부로 바꿔 주겠다"라며 별다른 조치가 없었습니다. 그러는 사이 차모 부장은 사법 개혁 업무로 파견을 나가게 되면서 다행히 얼굴 볼 일이 없어졌습니다. 정식으로 문제 제기한 것인데, 당시 부산지검 감찰 담당인 곽상도 형사1부장검사가 왜 감찰에 착수하지 않았는지 지금도 이해하기가 어렵습니다.

4. 꽃뱀 여검사, 도가니 검사가 된 이유

2007년 광주지검으로 발령이 나 공판부로 배치되었습니다. 여성 검사는 대개 성폭력 전담 아니면 공판이던 때라 별 생각이 없었는데, 3주가 채 되지 않아 제가 공판부로 발령이 난 황당한 이유를 알게 되었습니다.

광주지검에서 전입 검사들의 부서 배치안을 짜면서, '검사와 스폰서'의 차 모 부장에게 저에 대한 세평을 물었다고 합니다. "경주에서도 부장 잡아먹더니, 부산에서도 부장 잡아먹었다. 부장에게 꼬리치다가 뒤통수치는 꽃뱀 같은 여검사"라는 답을 듣고 놀란 광주지검 수뇌부는 간부들과 정보를 공유하고, 일단 법원에 보내기로 하고 공판부에 배치했다고 하더군요. 일부 부서에서는 부서원들에게까지 주의 경보를 전달했다고 했습니다. 아무리 봐도 꽃뱀 같은 외모와 성격이 아니니, 의문을 품게 된 검사들의 귀띔으로 저간의 사정을 알게 되어 얼마나 화가 나던지요.

5. 그리고, 아무도 없었다

2007년 그 시절에는 여성 검사들이 많지 않을 때라, 전국 여성 검사 모임이 1박 2일로 더러 열렸습니다. 선배들에게 제 피해 사실을 말하면 무언가 도움을 받을 수 있지 않을까 하는 기대를 품고, 상반기 어느 금요일 재판을 끝낸 후 여성 검사 연찬회 참석을 위해 상경했습니다.

밤을 지새우며 저와 제 동료가 인천지검에서 당한 일부터 경주, 부산에서의 봉변 등 여러 피해 사실을 공개하고, 2차 피해인 꽃뱀 이야기를 아울러 전하며, 내 피해가 왜 과거형이 아니라 현재진행형이냐고 울분을 토했습니다. 그 행사는 예산이 지원된 공식 행사였고, 맏언니인 조희진 부장 등이 있는 자리였습니다. 그래서 무언가 도움을 받고 개선책이 마련될 줄 알았는데, 어떠한 후속 조치도 없었습니다. 그때 비로소 피해자가 직접 부딪치지 않으면 아무것도 안 된다는 것을 깨닫고 슬펐습니다. 만약 후배가 피해를 입는다면 나는 같이 싸워주겠다고 그때 굳게 다짐했지요.

덧붙임 1: 박은정 선배님, 연찬회가 있고 일주일 뒤 광주로 전화를 주셔서 자기 일처럼 분노해 주신 것, 그 마음이 정말 고마웠어요. 저는 그때 하늘 같은 선배들한테 말하면, 뭔가 다 해결해 주실 줄 알았다가 이내 실망했지만, 선배님의 그 마음만은 절대 잊지 못합니다.

덧붙임 2: 조희진 단장님. 그때 무언가 조치해 주셨다면 2010년 서지현 검사의 불행한 피해가 없었거나, 최소한 피해가 있었다고 하더라도 즉시 적절한 조치가 취해졌을 수 있었을 텐데 많이 아쉽습니다. 그리고 이것이 제가 조 단장님의 조사단장 자격에 이의를 제기하는 이유입니다. 직장 내 성폭력이 왜 지금껏 덮였는지에 대해, 조 단장님도 조사받아야 할 객체니까요.

6. 함께 꾸고픈 꿈: 검찰개혁

지방 형사부에서 주로 근무하며 흉흉한 소문을 들은 적이 있었지만, 이쯤이면 검찰의 조직적 일탈이라는 것을 법무부 시절 깨달았습니다. 안태근 정책기획단장의 추행 감찰이 검찰국장의 관여로 중단되고, 권력자의 생각에 따라 검사들이 법률 해석을 손바닥 뒤집듯 뒤집는 것을 수시로 지켜보며, '이쯤이면 조직적 일탈이구나' 싶었습니다.

그렇게 많은 일을 겪고, 문제 있는 간부들과 조력자 또는 방관자인 검사들의 순응과 침묵을 숱하게 보았으면서도, 깨닫지 못했던 제 어리석음이 너무도 창피했지요. 그리고 미약한 힘이지만 검찰개혁을 위해 힘껏 발버둥쳐 보기로 결심했습니다. 그렇게 시작한 활동이 매달 검사게시판에 글을 올리는 것입니다.

동료들에게 문제의식을 불러일으키고, 같은 꿈을 꾸는 동료들을 불러 모아 검찰개혁의 구심점이 되어보자는 제 몸부림입니다. 1년 가까이 병가로 쉰 적도 있는데 지금까지 70개의 글을 올렸더군요. 성과를 그리 느끼지는 못하지만, 그래도 포기하지 않은 제가 조금은 대견하기까지 합니다. 포기할 수 없으므로, 포기하지 않겠습니다. 그리고 정의로운 검찰에 대한 꿈을 동료분들과 함께 꾸었으면 좋겠습니다. 그래야 바꿀 수 있으니까요.

7. 그 꿈의 대가

2012년 6월 〈직접조사제*에 대한 단상〉을 게시판에 올리고부터 간부들에게 집중적으로 불려 다니기 시작했습니다. 압력 강도가 점차 높아졌습니다. 덩달아 맷집도 세지긴 했지만, 고통스럽지 않았다면 거짓말이겠지요. 제가 선택한 것이니 감수합니다만, 너무 힘들었습니다.

상급자들에게서 승진 등 인사를 포기하지 말라는 회유와 징계하겠다는 협박을 수시로 받고, 적지 않은 동료에게서 공개적인 댓글과 쪽지, 채팅으로 모욕과 조롱을 받았지요. 저와 함께 검찰개혁 의견을 개진하던 박병규 선배가 본보기로 찍혀 검사

---

* 검사가 질문하고 조사 참여자인 수사관이 검사와 피의자간의 문답을 조서화하는 것이 검찰에서의 피의자 조사 원칙이다. 그러나 업무 과부하가 일상화된 현실에서, 검사가 핵심적인 내용을 물은 후 나머지 상세한 질문은 수사관이 하고, 검사가 그 문답을 곁에서 지켜보며 결정문 작성 등 통상적인 업무를 하는 경우가 대부분이다. 그런데 한상대 검찰총장이 업무 경감 방안도 없이 원칙대로 검사가 모든 사건을 직접 조사하라고 지시하여, 일선 형사부의 불만은 폭발했고, 사건 처리 정체로 민원인들의 불만도 연쇄적으로 폭발했다.

부적격자로 몰려 퇴출되고, 조력자 색출, 빨대 색출 소동 등 일련의 일들로 겁에 질린 동료들이 하나둘 돌아서는 걸 속수무책으로 지켜보며, 얼마나 견디기 힘들던지요.

그렇게 가지가 부러지고, 도끼질을 당하는 것도 고통스러웠지만, 목이 타서 죽을 거 같았습니다. '이대로 말라죽을 순 없어. 수맥이 닿을 때까지 뿌리를 깊이, 더욱 깊이 내리자. 언젠가 수맥에 닿아 땅 위로 확 뻗어 나갈 수 있는 그때가 오면, 많은 후배가 내 나무 그늘 아래에서 쉴 수 있을 테고, 하늘로 뻗어 올린 내 나뭇가지가 이 부조리한 현실을 뛰어넘을 사다리가 되어줄 거다' 그런 희망으로 저는 버텼습니다. 여자 선배들을 포함한 간부들이 덮기에 급급했던 검찰 조직 내 성폭력 문제를 공개해 버린 서 검사의 결단, 상부의 위법한 압력을 폭로한 안미현 검사의 용기 등 일련의 일들을 바라보며, 견뎌낸 보람을 이제 비로소 느끼고 있습니다.

최근 필립 짐바르도의 《루시퍼 이펙트: 무엇이 선량한 사람을 악하게 만드는가》를 감명 깊게 읽었습니다. "시스템은 한 개인의 반대를 착각으로, 두 사람의 반대를 감응성 정신병으로 매도할 수 있지만, 세 사람이 같은 편에 서면 여러분을 함부로 하기 어려운 힘이 된다"*는 말에서 검찰 자체 개혁의 방향성을 찾았습니다. 이렇게 불복종의 용기 있는 동료들이 계속 나온다

* 필립 짐바르도 지음, 이충호·임지원 옮김, 《루시퍼 이펙트: 무엇이 선량한 사람을 악하게 만드는가》, 웅진지식하우스, 2007, 642쪽.

면, 법과 제도 개혁으로도 당장 고치기 어려운 검찰의 부조리를 쉬이 고칠 수 있을 테니까요.

견디기 어려운 고통이었지만, 감당하기 버거운 벅찬 보람이기도 하네요. 제가 2007년 결심했던 대로, 저는 앞으로도 동료의 불복종 용기에 기꺼이 함께하겠습니다.

8. 남과 여의 문제 X, 갑과 을의 문제 O

다시 처음으로 돌아가 故 김홍영 검사, 그 이름을 부릅니다. 이번 서 검사의 일은 한 개인의 문제, 남자 상사들과 여자 후배들의 문제가 아니라, 조직에서 강자와 약자의 문제입니다. 검찰이 법을 적용·집행하면서, 정작 검찰 내부는 치외법권이었습니다. 검찰 내 상급자에게 무소불위의 권력이 집중되고 견제받지 않았기에, 업무 영역은 물론 업무 외적인 영역에서의 권력 일탈과 남용이 용인되었습니다. 그렇기에 작금의 불행한, 일련의 사건들이 벌어지고 있는 것이 아닐까요?

표적 수사를 하라거나, 사건을 덮으라거나, 무죄임에도 무죄를 구형하지 말라는 등의 위법한 업무적 지시에 검사들은 맹목적인 복종을 강요당했습니다. 또한 위법한 지시에 항명하거나 문제 제기한 검사들이 오히려 징계를 받거나, 지속적으로 낮은 인사 평정, 표적 사무감사 등 각종 불이익을 받았습니다. 아울러 상급자의 업무 외적인 폭언, 성추행 등 갑질에 검사들은 속수무책으로 피해를 입었고, 문제를 제기하면 꽃뱀으로 불리며, 이를 목격한 상당수 검사가 방관하거나, 상급자 편의 논리와 소문에 피해자들이 2차 피해를 입고 왕따를 당하곤 했습니다. 다른 듯하나 결국 이는 모두 검찰의 잘못된 조직 문화와 시스템, 거기에 순응한 우리 검사들 탓이 아닙니까?

서 검사의 일은 제가 겪은 일이기도 하고, 故 김홍영 검사의 일이기도 하며, 많은 검사와 수사관, 실무관이 겪고 있거나 곧 겪을 일입니다.

9. 네가 진정 원하는게 뭐야?

거듭 말씀드리지만, 서 검사가 입은 피해는 안태근 등 몇몇 검사의 개인적 일탈이 아닌, 검찰의 조직적 일탈로 인한 것입니다. 진상 조사와 제도 개혁은 서 검사를 비롯한 여성 검사들의 성폭력 피해에 국한할 것이 아닙니다. 검찰 간부들이 업무적, 업무 외적 일탈에 왜 거침이 없었는지, 감찰 등 브레이크 장치는 왜 작동하지 않았는지, 검사들은 왜 침묵하고 방관했는지 등을 전체적인 틀에서 진단하여 검찰개혁을 추진해야 합니다. 조직 전부에 퍼진 암의 극히 일부만 떼어내고 암을 완치했다고 주장하시겠습니까?

검찰 과거사위에서 몇몇 사건을 선정하여 수사와 지휘권 행사의 적법성 여부를 확인한다고 들었습니다만, 선정된 몇몇 사건으로 국한해서야 되겠습니까? 여성 검사, 수사관, 실무관 들에게 성폭력 피해 경험을 전수 조사한 것처럼 부당한 지휘권 오남용 사례에 대해서도 전수 조사를 실시해 주십시오. 하여, 오남용자에 대한 감찰과 문책으로 검찰 내부의 인적 적폐를 해소해 주십시오. 더러운 손으로 대한민국의 사법 정의를 바로 세울 수 있겠습니까? 고위공직자범죄수사처(공수처) 도입, 수사권 조정 등 큰 틀에서의 제도 개혁과 아울러, 검찰 인사제도, 감찰 개혁, 직장협의회 설치 등 검찰 내부 제도 개혁에도 신속을 기해 주십시오.

검찰 스스로 만든 치외법권을 우리 스스로 걷어냅시다. 대한민국에 치외법권은 없습니다. 저는 꿈을 꿉니다. 바로 선 검찰, 신뢰받는 검찰을 늘 꿈꿉니다. 이 꿈이 저만의 꿈은 아니겠지요?

＃ MeToo ＃ WithYou ＃ WeTogether

뒷이야기

이명박 정부 시절, 법무부 법무심의관실에서 근무할 때, 모 검찰 간부 상가에 갔습니다. 신발을 벗고 들어가려다가 누군가를 보고 황급히 몸을 돌려 나왔습니다. '누구지? 내가 왜 이러지?' 복도를 걸으며 정신을 차렸지요. 그 누군가는 경주지청 성폭력 오 모 부장 아니면 부산지검 스폰서 차 모 부장이었습니다. 테이블에 앉아 있는 한 문상객 중에서 낯익은

번들거림이 눈에 들어오는 순간, 생각할 겨를도 없이 몸이 반응하여 급히 돌아서는 바람에 얼굴을 제대로 보지도 못했습니다. 그제야 깨달았습니다. 그때의 악몽에서 아직 벗어나지 못했다는 걸.

법무부 평검사 여성 몫이 법무심의관실 한자리밖에 없던 2009년. 제가 그 자리로 발령이 나고 뒷말이 무성했습니다. 직전 근무지인 광주지검에서 좋은 평가를 받긴 했지만 인사 패턴상 검찰 고위직 친인척이 있는 것도 아니고, 소위 형사통*이 갈 자리는 아니어서 서울중앙지검 발령 정도를 기대하던 저로서도 뜻밖이었습니다. 검사장의 숨겨진 딸이냐는 농담까지 들었고, 제 등록기준지가 포항 장기여서 그런가 싶어《한국법조인대관》에서 포항 출신 검사들의 근무지를 조용히 검색해 보기도 했습니다. 알고 보니 검찰 간부와의 불륜설까지 돌았더군요. 그 간부가 누구냐는 동기 여성 검사의 질문을 받고 뒤늦게 알았습니다. 어찌나 불쾌하던지.

법무부 국정감사가 끝난 후 기획조정실에서 '국회의원들과의 술자리에 여성 검사들 필참하라'는 업무 연락을 돌리기도 했던 황당한 시절이었습니다. 검찰 간부들의 추행, 성희롱 따

* 검찰에서 주로 반부패부(과거 특수부)에 배치되어 특수수사를 담당하는 검사를 특수통, 공안부에 배치되어 공안 사건 수사를 주로 담당하는 검사를 공안통이라고 하고, 형사부와 공판부를 주로 오가는 검사를 형사통이라고 한다. 형사부가 검찰의 근간이나, 실적이 좋고 좋은 평가를 받는 검사들이 검찰청 내부 인사에서 특수부와 공안부로 대개 발탁되고, 그런 특수통과 공안통 중 일부가 법무부와 대검찰청으로 발탁된다.

위가 문제 될 리 없고, 피해자들과 목격자들 역시 침묵해야 했습니다. 문제를 제기하면 꽃뱀으로, 참으면 헤픈 여자나 불륜녀로 몰리던 시절이었지요.

불이익이 두려워 말도 안 되는 일들에 침묵하고 또 침묵하다가 더는 참을 수 없을 때, '꽃뱀 여검사'에서 '막무가내 검사'로 거듭났습니다. 꽃뱀 여검사가 처음엔 트라우마였지만, 지금은 '난 검찰계의 꽃뱀 구미호다. 목숨 9개 중 8개를 검찰에서 쓰고 나가겠다. 아직 몇 개 남았다'고 농담할 만큼 어느 정도 극복했고, 참지 못하고 일어서는 후배들에게 조언하고 곁에 서서 우산이 되어줄 정도의 생존 기술과 맷집이 생겼습니다.

제가 검찰 내부에서 겪은 일은 여러 선후배에게 수시로 이야기해 왔기에 검찰에서 아는 사람들이 많습니다. 부산지검 스폰서 차 모 부장 등도 자신을 보호하기 위해 동료들에게 하소연하는 척 제 험담을 많이 하고 다녔었고, 간부인 그의 동료들이 부서원들에게 전달하니 전파 속도가 정말 빨랐지요. 저 역시 스폰서 성매매 이야기를 전파하는 데 최선을 다했습니다. 그래야 이미 접하거나 앞으로 곧 접할 꽃뱀 헛소문으로 인한 오해를 풀 수 있고, 검찰 내 성희롱·성폭력 실태에 대한 경각심도 끌어올릴 수 있어 일거양득입니다.

그래왔기에 저에게 '미투ME TOO'는 검찰 안에서 10년 이상 외치다가 고개를 돌려 밖을 향해 외치는 정도의 변화여서, 서지현 검사와 달리 큰 용기가 필요하지 않습니다. 조희진 검사장이 진상조사단장을 맡는 걸 보고 꼬리 자르기 하겠다 싶어, 박상기 법무부 장관과 문무일 검찰총장에게 경질을 요구하는 메일을 보낸 후 검사게시판에 글을 띄웠습니다. 널리 알려 단장을 경질하게 하거나 최소한 '조직적 범죄 은폐'라는 본질에 좀 더 다가가는 수사를 하도록 만들 테니까요. 제가 오랫동안 피워올린 봉화에 서지현 검사가 기어이 호응한 것에 감사하며, 서 검사의 봉화가 꺼지지 않도록 제 장작을 이렇게 나누었습니다.

법무부 검찰과를 최초로 압수수색 하는 등 진상조사단은 제 예상보다 열심히 했습니다. 진상조사단에서 법무부 압수수색 영장을 발부받은 후 검찰과에 집행하기 직전 비로소 문무일 총장에게 보고했는데, 그 이후 총장은 수사 상황을 수시로 챙겨보며 언짢아하는 게 확연해졌다고 들었습니다. 가뜩이나 어려운 수사인데 더 어려워졌지요. 대검 감찰부는 2016년 서울남부지검 성폭력 사건 발생 직후 감찰1과에서 작성한 조사 기록 몇 장을 임의 제출하면서도, 가장 중요하고 생생한 피해자 면담 녹취 CD는 분실했다며 제출하지 않았습니다. 진상조사단에서 대검 감찰부 압수수색을 고심하다가 총장 눈치가 보여 감히 압수수색영장을 청구하지 못했다고 들었습니다. 결국 임의 협조 형식으로 감찰1과 컴퓨터를 좀 뒤져보다가 접었다고 합니다.

대검에서 기대한 진상조사단의 수사 범위는 서 검사가 JTBC에서 언급한 서울남부지검 성폭력 사건 등 몇몇이었는데, 직권남용으로 안태근에 대한 구속영장을 청구하자, 진상조사단도 수뇌부 눈 밖에 났습니다. 겨우 엉덩이 좀 만진 걸 가지고 유난 떤다고 서지현 검사가 욕먹는 와중에, 검사들도 서 검사를 뒤따르기 시작했습니다. 진상조사단 내부에서 '진동균 전 검사의 성폭력 사건을 조사하고도 사건 번호 부여 없이 기록을 방치하여 결국 김민아 검사의 피해자 면담 녹취 CD를 분실·멸실케 한 책임을 물어 장영수 당시 감찰1과장을 징계해야 한다'는 의견이 없지 않았다고 들었습니다만, 수뇌부의 가이드라인을 넘을 수 없었을 겁니다. 현실적 제약으로 인해 진상조사단이 얼마나 고생했는지 알지만, 객관적인 결과는 국민의 눈높이에 미치지 못하여 초라할 따름입니다.

검찰은 정의의 대변자이자 법 집행자인데, 정작 내부에서의 정의 실현은 참으로 요원합니다. 서 검사의 미투가 사회 흐름을 바꾸는 큰 계기가 되었지만, 사건 발생지인 검찰 내에서는 서울남부지검 김형렬 전 부장, 진동균 전 검사 등 몇몇 성폭력 사범의 처벌을 뒤늦게 이끌어 내는 데 그쳤습니다.

의정부지검 시절, 조희진 검사장이 저를 불러 '검찰이 얼마나 깨끗해졌는데, 도대체 왜 이러느냐?'고 꾸짖었습니다. 그 검사장처럼 적지 않은 간부들은 과거와 지금을 비교하며 검찰이 깨끗해졌다고 뿌듯해합니다. 하지만 우리 사회는 현재의 검찰이 국민의 기대와 요구에 얼마나 부응하고 있는가를 평가하고 비판하지요. 기준 잣대가 달라 평가가 다르고, 그로 인해 말과 생각이 서로 부딪치게 됩니다.

현실이 이러하여 서 검사의 미투가 검찰을 당장 바꾸지는 못했지만 사회를 바꾸었고, 사회의 변화가 검찰의 변화를 결국 강제하게 되겠지요. 대의를 위해 서 검사의 미투에 저도 '위드유WITH YOU'를 하긴 했지만, 2010년 당시 최교일 검찰국장에게 불려가 "피해자가 가만히 있는데 왜 들쑤시고 다니느냐?"고 꾸중을 들은 후 '자기가 피해자가 아니라고 해놓고, 왜 고자질하나' 싶어 원망했던 감정의 앙금이 없지 않았고, 엉덩이 좀 만진 걸 가지고 유난 떤다고 욕하는 검사들에게서 들은 말들이 워낙 많아, 저 역시 색안경을 끼고 한참 바라보았음을 고백합니다. 그 후 사과를 따로 드렸지만, 이 책을 통해 서 검사에게 거듭 사과드립니다. 세상이 변하고 있고, 결국 검찰은 변할 거예요. 덕분입니다.

검찰 애사哀史

어제 이명박 전 대통령의 실형이 확정되었습니다. 2007년 김홍일 전 중앙지검 3차장의 기자 간담회를 떠올린 건 저만이 아닐 겁니다. 숱한 사람들이 오랜 시간 "다스는 누구 겁니까?"를 묻고 또 물었지요. 그때 수사팀에 있던 검사들에게서 상반되는 말을 들었습니다. "BBK 김경준은 사기꾼이다. 그 말 하나도 못 믿는다", "BBK는 끝나지 않았다". 김경준이 거짓말했을 수도 있겠지만, 적지 않은 국민은 김경준이 아니라 우리 검찰을 사기꾼이라고 생각하겠다는 슬픈 생각이 들었습니다.

지난 수요일, 김학의 전 차관이 실형 선고를 받고 법정 구속되었습니다. 그런데 뇌물 상당 부분이 공소시효가 지났다는 이유로 면소 판결*을 받았지요. 우리 검찰로서는 할 말이 없는 사건입니다. 과거 서울중앙지검 강력부에서 2차례에 걸쳐 수사

---

* 형사사건에서 실체적 소송조건이 흠결될 경우에 소송을 종결시키는 판결.

하며 그 동영상(별장 동영상)을 보고도, 향응 접대의 숱한 정황을 보고도 못 본 체한 거니까요.

지난 월요일, 김대현 전 부장이 불구속 구공판*되어 정식 재판을 받게 되었습니다. 故 김홍영 검사가 그리 황망히 떠난 지 4년 5개월 만이지요. 김대현의 징계도 유족과 사법연수원 동기들의 항의로 마지못해 이루어진 것이었고, 유족의 노력과 언론의 관심이 없었다면 우리 검찰은 결코 그를 형사 법정에 세우지 않았을 겁니다.

지난 9월 3일, 진동균 전 검사가 법정 구속되었습니다. 진 검사가 사직한 지 5년 4개월 만이지요. 조국 민정수석의 유재수 감찰 중단은 구속영장을 청구할 만큼 중대한 직무상 범죄라고 기소한 우리 검찰이 김학의, 김대현, 진동균 등의 범죄를 못 본 체했고, 그 잘못을 지적하는 따가운 비판 역시도 못 들은 체하고 있지요. 범죄자에게 책임을 따져 묻는 우리 검찰이 정작 정의를 지연시킨 책임을 인정하지 않고 있습니다.

삼성그룹으로부터 기술 탈취를 당하여 고소했는데, 검찰이 사건을 뭉갰다고 하소연하는 분이 있습니다. 삼성 장학생이 공연히 있었던 시절의 일입니다. 특히 2013년 2월 저와 같이 징계받았던 서울고검 김광준 부장이 그때 그 사건의 담당 부장이

---

* 검사가 약식으로 벌금 기소하여 서류 재판으로 끝나는 구약식 사건과 달리, 증거 조사와 피고인 신문이 법정에서 이루어지도록 정식으로 기소하는 경우를 말한다. 구공판 사건에서 검찰은 대개 징역형 등 중한 형을 구형한다.

었다는데, 제대로 수사했을 리 없겠다는 생각이 들더군요. 그분은 검찰에 수사를 다시 해달라고 진정서를 계속 내고 계십니다. 그러나 그 사건은 공소시효가 이미 지나 수사할 수 없는 사건이 되었기에 공람 종결 외에는 다른 답이 나갈 수 없습니다. 그분이 "시효가 있을 때는 검찰이 제대로 수사하지 않더니, 이제는 시효가 지났다고 안 된다고 할 수 있느냐?"고 따져 묻는데, 할 말이 없었습니다.

검찰의 업보가 너무 많아 거센 비판을 받고 있습니다. 똥 묻은 개가 겨 묻은 개를 나무라는 격이라고 억울해하는 분들도 많으실 겁니다. 그러나 마땅히 있어야 할 자성의 목소리는 없고 우리 잘못을 질타하는 외부에 대한 성난 목소리만 있어서야, 어찌 바른 검사의 자세라 하겠습니까.

성난 동료들이 많아서 욕먹을 글인 걸 압니다. 하지만 종래 우리가 덮었던 사건들에 대한 단죄가 뒤늦게나마 속속 이루어지고 있는 이때에, 자성의 목소리 하나쯤은 검사게시판에 남겨야 한다는 생각이 들어 짧게 씁니다.

뒷이야기

　2011년 서울중앙지검 차장검사가 검사게시판에 올린 제 도가니 일기를 검찰 방어용이나 홍보용으로 기자들에게 뿌린 것처럼 조직 논리를 주장하거나 동조하고, 검찰에 도움이 될 일에 목소리를 내는 일은 어렵지 않습니다. 이용훈 대법원장이 2006년 9월 19일 대전고등법원을 방문한 자리에서 "검사 수사 기록을 던져 버려라" 등의 발언을 했을 때, 석동현 천안지청장은 9월 21일 〈소장 검사들의 반응을 기다리며〉란 글을 검사게시판에 올려 '검사들이 봇물처럼 검사게시판에 글을 쓸 필요가 있다. 업무가 과중해도 글 올릴 시간도 없겠느냐?'며 법원을 성토하는 글을 쓰라고 검사들을 독려하기도 했었지요. 수사권 조정 등 국면마다 전국에서 연쇄적으로 일어난 평검사 회의와 검사게시판을 통한 성명 발표는 사실 관제 데모였다는 선배들의 푸념도 들었습니다.

　결과적으로 도가니 일기가 그러했듯, 검사로서 열심히 한 사건과 사연 들로 자긍심을 고취하는 글이나 검찰을 감히 비판하는 악의 무리를 공격하며 조직 논리를 옹호하는 글은, 간부의 격려와 동료의 칭송을 불러내고 검찰 홍보용으로 적극 활용되니, 자발적으로 그런 글을 쓸 검사들이 없지 않습니다. 실제로 검사들이 그렇게 생각하고 있기도 하고, 집단 안에서 집단 논리를 따라가는 글이나 댓글은 그리 큰 용기가 필요하지 않으니까요.

　검찰을 바꾸기 위해 다른 검사들이 애써 침묵하거나 외면하는 문제에 대해 목소리를 내기로 마음먹고 외치기 시작한 지 수년입니다. 그런데 검찰과 문재인 정부 사이가 틀어져 보수 매체에서 저를 '반골 검사'에서 '친정부 성향 검사'로 홀연 매도한 후부터 저를 비난하는 검사들의 목소리에 날이 시퍼렇게 섰습니다. 2014년 8월 김수창 제주지검장의 사표 수리에 대한 해명을 요구했던 글 때의 돌팔매와는 결이 많이 달라졌습니다. 그때는 '변호사 업계가 어려워 나가지는 못하고 조직에 재 뿌리려고 저런다'는 뒷말이 돌았는데, 이제는 '정권에 줄 대고 출세하려고 저런다'고 욕하더군요. 조직 논리에서 벗어났기에 이유를 달리하여 한결같이 욕먹는 것은 내부 고발자의 숙명입니다. 검사 대부분이 성실하게 일하고 있는데 왜 이렇게 욕을 먹는지 저 역시 억울했던 때가 있었으니 이해 못 할 바 아닙니다. 이해하지만, 안타깝고 아쉽죠.

　소위 '추·윤 갈등' 등으로 법무부와 대검 간 갈등의 골이 한참 깊어 외부를 향한 검사게시판의 성난 물결이 노도와 같을 때, 이 글을 검사게시판에 올렸습니다. 성난 물결을 거스르는 조직 비판 글이라, 많은 검사가 자신이 공격받는 것처럼 아파하고 분노했지요. "물타기 아니냐", "그러지 마라. 우리도 반성하고 있다", "과오가 있었음을 명확히 알고 있다. 그래서 이렇게 커밍 아웃을 하는 거다", "기존에 했던 거 말고 다른 이야기

없냐", "과거 사건을 제대로 처리하지 않았던 그 검사들이 잘 못하지 않았다고 한 적 없고, 깊이 반성하고 있는데, 왜 이런 글을 쓰냐", "지겹다" 등 제 글에 봇물 터지듯 비난 댓글이 달렸습니다.

저는 재판이 진행 중인 몇몇 사건들을 구체적으로 특정하여 우리 검찰의 잘못을 열거했습니다. 故 김홍영 검사를 폭행한 김대현에 대한 불입건과 서울남부지검 성폭력 은폐 등에 직접 관련된 검사들에 대한 감찰 요청, 고발 등으로 문제를 제기했지만, 대검과 서울중앙지검에서 잘못한 게 없다며 공람 종결, 불기소 결정을 연이어 했습니다. 할 수 없이 재정신청* 등으로 문제 제기를 이어가며 검찰의 잘못을 인정하자고 거듭 촉구했을 뿐입니다.

댓글에서 적지 않은 검사들이 과오를 반성하고 있다고 주장하고 있지만, 현실의 검찰은 과거 사건을 덮었던 검사들의 잘못을 인정하지 않고 있습니다. 검찰은 사건 관련자들에 대해 형사처벌은커녕 주의·경고와 같은 가벼운 징계조차 거듭 거부했으니까요.

잘못이라면 바로잡아야 하고, 책임을 물어야 합니다. 입으로만 하는 자성은 자성이 아닙니다. 검찰이 사건 관련자들의 인

---

* 검찰의 불기소 결정에 불복하는 고소·고발인이 고등법원에 그 불기소 결정의 당부에 대한 판단을 구하는 제도이다. 고소인의 경우 재정신청에 제약이 없으나, 고발인의 경우 직권남용 등 몇몇 죄명에 한해 재정신청을 할 수 있다.

권과 명예를 짓밟고 사법 정의를 조롱할 때 침묵하다가, 손에 움켜쥔 검찰권을 내어주어야 할 때 국민과 인권 보호를 앞세우며 목소리를 높이고서야 공익의 대표자라 할 수 있을까요?

검사들의 댓글에 왜 피드백하지 않느냐는 항의 댓글이 달리기도 했습니다. 피드백을 하며 설명을 좀 더 할까 하다가 '업무 시간 중에 댓글을 확인하고 댓글을 다는 행태를 보면 의도가 순수하지 않아 보인다'는 등의 예전 핀잔 댓글들이 기억나 멈칫했습니다. 지금은 뭐라고 말해도 방향을 달리하여 돌이 날아들 테고, 제 글이 그리 어려운 내용도 아니니 각자의 생각에 맡기자 싶어 검사게시판에 글을 던지고 조용히 빠져나왔지요. 검사라면 마땅히 내야 할 목소리 하나를 검사게시판에 그렇게 심어놓았습니다.

최근 제주 4·3사건 사법 피해자들의 과거사 재심 재판에서 검사가 무죄 구형을 했다는 뉴스를 접하고, 이제 무죄 구형이 자리 잡았구나 싶어 뿌듯해하던 차, 어느 지법 광주 5·18 관련 특별 재심 사건 법정에서 검사가 또다시 재판부의 판단에 맡긴다는 소위 백지 구형을 했다는 목격담을 접했습니다. 목격담의 진위를 확인할 수 없어 그 글을 검사게시판에 옮기지는 않습니다. 하지만 업무 매뉴얼이 이프로스 공안 시스템에만 게시되어 있기에 공안 시스템에 접속할 수 없는 공판검사가, 관련 법령과 직무상 의무에 대한 고민이 깊지 못하고 대검 공안부 매뉴얼도 알지 못하면, 종래 관행에 따라 백지 구형을 할 수도 있겠다 싶어 급히 소개합니다.

　몇 년 전, 한 모 선배가 사석에서 "검사가 유죄나 백지 구형을 하고, 무죄판결에 상소를 해야, 피고인이 대법원 판결을 받을 수 있다. 무죄 구형을 하면 대법원 판결을 받을 기회를 검찰이 피고인에게서 빼앗는 것이다"라며 저를 비난했다는 말을 전해 듣고 개탄을 금치 못했습니다. 제 징계 취소소송 항소심 판결문에 명시된 바와 같이, 백지 구형은 형사소송법과 검찰청법에서 예정하는 검사의 적법한 의견 진술이나 법령의 정당한 적용 청구로 볼 수 없지요. 사법 피해자는 하루빨리 누명을 벗고, 검찰과 법원, 국가로부터 사과를 받고 싶을 것입니다. 그런데 검사가 '범죄가 성립하고 증명되었으니 엄벌해 달라'고 우기고 무죄판결에 상소하여 무죄 확정을 늦추는 것이 사법 피해자를 위하는 마음의 발로라고 어떻게 주장할 수 있는지, 저는 도저히 이해되지 않습니다.

수십 년간 고통받아온 사법 피해자들의 심정을 다 안다고 감히 말할 수 없습니다. 하지만 저는 5년간의 징계 취소소송으로 고생스럽게 징계를 취소시켰고, 3년째 1심조차 진행이 지지부진한 국가배상 소송 원고입니다. 저와 같은 경험이 없는 검사보다는 그분들의 심정과 입장을 더 헤아릴 수 있겠지요.

잘못은 잘못으로 겸허하게 인정하고, 고칠 것은 신속하게 고치면서, 목소리를 내야 설득력이 있을 겁니다. 매뉴얼을 소개해 드리오니 관련 공판 업무에 참고하십시오.

뒷이야기

이 글을 쓰기 며칠 전, 어떤 분이 "대구지방법
원에서 열린 5·18 관련 재심 사건 재판을 방청하러 갔다. 검
사가 뭐라고 하는지 궁금해서 지켜보았는데, '재판부가 알아
서……'라고 말을 얼버무리더라. 임 검사가 떠올랐다. 검찰이
아직도 꿈속에서 헤매고 있는 듯하다. 좀 더 수고해 달라"는 당
부를 SNS에 남겼습니다. 속상하고 죄송했지요. 그 법정 피고
인석에 선 어떤 분에게. 역사와 우리 사회에.

검사게시판에 글을 올릴지 고민이 많았습니다. 이때가 소위
'검수완박' 또는 '검찰 정상화 법안'이라고 불리는 형사소송법
개정안, 검찰청법 개정안으로 검사와 수사관이 집단행동을 하
며, 청별·직급별 집단 성명과 개별 성토 글로 이프로스가 도배
되고 있을 때였으니까요. 연락이 끊겼던 옛 동료들이, 전혀 모
르는 검사와 수사관이 갑자기 연락하여 의견 표명을 부탁하는
등 검찰의 세몰이 여론전을 위한 물밑 작업이 맹렬했습니다.
법무부 감찰담당관실 담당 업무 이외에도, 윤석열 전 검찰총장
과 조남관 전 대검 차장의 직권남용 혐의에 대한 공수처의 불
기소 결정에 재정신청을 하고, 재정신청 재판부에 의견서를 내
는 등으로 바빠 숨이 가쁜 상황이라, 법안 볼 짬을 내기 어렵다
고 거절하고 있었지요. 그런 상황에서 글을 올리면, 어떤 말들
이 쏟아질지 뻔했습니다.

검찰 구성원이 국민과 인권 보호 등을 내세우며 법안을 반대하고 있는데, 제 글 역시도 국민과 인권 보호를 위해 무죄 구형을 하자는 취지이니 내용상으로는 비난할 게 없지 않느냐고, 당초 다소 안이하게 판단했습니다. 사법 피해자는 수십 년간 자신을 옭아맨 누명을 벗기 위해 용기 내어 법정 피고인석에 선 사람입니다. 설혹 거친 말이 쏟아진다 해도, 그분들을 위해 공안부 업무 매뉴얼을 하루라도 빨리 동료에게 소개해야 한다는 의무감에 떠밀려 글을 올릴 수밖에 없었습니다. 글을 올린 후 검사게시판을 확인하지 않아 정확히는 모르나, 일부 보수 매체의 보도를 보니 소동이 일었나 봅니다. 예상대로 법안에 대한 의견 표명 요구를 쏟아내고 인신공격적인 말들이 많이 쌓였다고 합니다.

반대 의견 표명을 요청하기 위해 오랜만에 연락해 온 동료에게 솔직하게 말했습니다. '법안을 아직 안 봤다. 이 지경에 이른 건 우리 검찰 탓 아니냐? 검찰이 반대할 자격이 있느냐?'고 되물었습니다. 검찰 권한이 축소될 위기에 처하면, 검찰은 조직적으로 대응하고 검사들이 시일야방성대곡하며 집단행동을 불사하곤 합니다. 목소리를 높일 검사들이 이렇게나 많으니 저까지 관심을 둘 필요성을 느끼지 못합니다. 눈길이 머무는 곳이 다르면 문제가 달리 보이고 처방도 다르지요. 검찰 조직과 검사들이 집단행동을 불사하며 반발할 때, 저는 지금껏 그러했듯 그런 검찰과 검사들을 우려의 눈으로 바라봅니다.

박근혜 정부 시절, 법무부는 검사 적격 심사 기간을 단축하려는 검찰청법 개정을 추진했었습니다. 저는 7년마다 하는 현행 적격 심사도 숨이 차는 내부 고발자입니다. 반대 의견을 제출하고자 휴가를 내고 여의도 국회 의원회관을 돌았는데, 간부들에게 2번 불려갔습니다. '국민의 한 사람으로 개인 의견을 밝힌 것도 죄냐?'고 항의하여 다행히 징계받지 않았습니다. 하지만 법무부는 제가 국회의원실에 제출한 의견서 사본을 징계 취소소송 심리 중인 대법원에 제출하며 '법무부에서 검찰개혁 일환으로 국회에 제출한 법안에 대해, 원고가 의원실을 돌아다니며 반대 의견을 제출하고 언론에 보도되게 하는 등 독단적인 행태를 현재도 반복하고 있다'면서 정직 4개월 중징계가 적정하다고 우겼습니다. 그리 오래전 일이 아닙니다.

더군다나 공무원에게 금지되는 집단 행위를 했다고 세월호 시국 선언을 한 선생님들을 국가공무원법 위반으로 기소하고, 그 선생님들의 징계를 미적거린다고 교육감을 직무유기로 기소한 검찰입니다. 세월호 시국 선언으로 유죄 확정된 그 선생님들과 그걸 기억하는 국민 눈에 검찰의 법안 반대 집단 투쟁이 어떻게 비칠지를 걱정하고 부끄러워하는 것은, 검사 선서문에 명시된 대로 스스로에게 더욱 엄격해야 할 검사의 도리라고 생각합니다.

검사게시판에 글을 올린 후 의견 표명을 거듭 요구하는 쪽지와 이메일을 제법 받았습니다. 모 수사관에게 띄운 답을 여기

에 옮겨 제 생각을 밝힙니다.

검찰이 없어져도 할 말이 없고, 염치의 문제라 유구무언이라고 여러 번 밝힌 바 있는데, 모르시나 봅니다. 동료들이 힘껏 말하는 영역은 힘껏 말하는 분들이 워낙 많으니 그분들에게 맡기고, 저는 동료들이 애써 침묵하고 외면하는 문제를 말하려고 오랜 시간 버티고 있습니다. 잘못을 바로잡고 고쳐야만 신뢰를 회복할 수 있고, 그래야만 주권자들이 우리를 믿고 우리에게 권한과 의무를 좀 더 맡겨주지 않을까 싶네요.

저에게 언행에 신중할 것을 요구하던 검사게시판에서, 이제는 의견을 밝혀달라는 요구가 빗발치니 어색합니다. 검사게시판이 일방적인 분위기라 나온 지 오래인데, 과거사 재심 사건 피해자를 위해 공안부 매뉴얼을 동료에게 공유하려고 부득이 들어갔습니다. 이제 당분간은 보지 않으려 합니다.

재작년인가요. 언행에 신중해 달라는 댓글 릴레이 소동을 겪고 상처가 컸는데, 다행히 신랑의 위로로 회복했습니다. 맷집이 세져 그때 같지는 않겠지만, 댓글들을 보면 마음이 좋지 않을 듯해서요. 상황상 울분이 쌓인 분들이 폭발하고 있을 테고, 전 기수열외된 지 오래라 늘 그러했듯 거칠고 험한 말들이 오가고 있을 테지요.

각자가 자기가 옳다고 생각하는 방식으로 살아갑니다. 제가 할 수 있는 검찰개혁 방안이 무엇일까 궁리하고, 게시판

활성화 등 이런저런 계획을 추진하다가, 현재는 검찰개혁 디딤돌 판례 만들기 계획을 수립하여 진행 중입니다.

지금은 속이 상하고 울분이 폭발하는 동료에게 제 말이 가닿지는 않겠지만, 언젠가는 알아주었으면 좋겠네요. 검찰청법 개정안, 형사소송법 개정안에 관심을 두고 목소리를 높이는 분들이 검찰의 잘못을 바로잡는데도 목소리를 높였다면, 이렇게까지 되지는 않았을 텐데 싶어 서글픕니다. 검찰을 고치지 않으면 파고는 계속 밀려올 것입니다. 검찰의 잘못을 바로잡는데도 목소리를 높여주십시오. 부탁드립니다.

2부

나는 고발한다
(J'Accuse)

김대중 전 대통령은 "행동하지 않는 양심은 악의 편이다. 하다 못해 담벼락을 쳐다보고 욕이라도 할 수 있다"고 했습니다. 정의를 바로 세워야 할 검사가 혼잣말로 욕만 하고 있을 수는 없지요. 2016년 2월 적격 심사의 파고를 넘을 때까지 낮은 포복으로 기어가되 검사게시판으로 저항을 이어가기로 결심하고, 도시락 폭탄 던지듯 글을 썼습니다.

상황은 날로 악화되었습니다. 박근혜 정부 시절은 문화계 블랙리스트, 법관 블랙리스트가 횡행하던 시절인데, 검찰은 더했습니다. 검사 블랙리스트, 수사관 블랙리스트는 검찰 구성원에게 공공연한 비밀이었습니다. 검찰은 조직과 결을 달리하는 목소리를 내면 어떻게 되는지를 박병규 검사에 대한 부적격 판정과 퇴출, 저에 대한 공개적인 혹은 은밀한 조리돌림, 인사 불이익 등으로 일벌백계를 명확히 하니 더욱 움츠러드는 것은 인지상정입니다.

2012년 김국일 부장은 "글 좀 쓰지 마. 댓글 쓰는 몇몇 말고는 아무도 널 지지하지 않아!"라고 했습니다. 박병규 선배가 잘려 나간 이후인 2016년 이중희 차장도 "아무도 널 지지하지 않아!"라고 외쳤습니다. 위로될 만한 글을 부탁했지만 2012년 12월에 쓴 〈뜻밖의 위로〉에조차 댓글 하나 못 달던 후배가 2018년 3월 "검사들의 침묵은 잘못이 아니다. 선배가 너무 무섭게 싸워 행동하는 걸 무섭게 했다. 선배 책임도 있다"고 당당하게 변명할 정도로 검사게시판에 글쓰는 행위는 과격하고 무서운 투쟁 방식이었습니다.

그럼에도 제가 선택할 수 있는 저항 수단이 달리 없기에 2012년의 다짐을 지킨다는 의무감으로, 구한 말 《매천야록》을 쓴 황현처럼 검찰에 남아 병든 검찰의 오늘을 기록한다는 사명감으로 검사게시판에 꾸역꾸역 글을 올렸습니다. 언론 기고가 기관장 승인제에서 신고제로 완화된 후 전장戰場을 바꾸어 좀 더 효과적으로 목소리를 내기로 결심하고, 2018년 12월 〈기고/발표 등 신고서〉를 제출했습니다. 우리 검찰이 스스로 고치기를 바랐지만, 여의찮으니 검찰권을 검찰에 맡긴 주권자 시민에게 직접 호소하여 강제로라도 수술받게 해야겠다 싶었으니까요. 그래서 2019년 1월부터 《경향신문》에 연재를 시작했습니다.

2부에서는 《경향신문》 정동칼럼에서 쓴 글 중에서 몇 개를 고르고, 분량 제한으로 칼럼에 담지 못하고 행간에 묻었던 사연과 뒷이야기를 덧붙였습니다.

2021년 6월 10일 오전. 법무연수원장으로 전출 예정인 조남관 대검 차장검사가 제 방을 찾았습니다. 제가 담당했던 사건 처리 과정에서 생긴 갈등을 풀고 싶었나 봅니다. "혼자 말해서는 안 바뀐다. 검사들과 같이 갈 수 있도록 해야 한다"고 충고를 하더군요. "검찰은 에베레스트산을 등정한 사람보다 한라산을 등정한 사람이 필요한 상황이다. 너무 멀리 혼자 가지 마라"고 저를 잡던 동료도 있었습니다. 가야 할 길이라면 주저하는 사람들의 손을 잡고 등을 떠밀며 용기를 북돋아야 하는데, 오히려 저를 말립니다. 이는 방향에 대한 견해차이자 비겁한 자신에 대한 변명을 고상한 어휘로 포장한 것에 불과합니다.

그때 조남관 차장에게 답했습니다. "그런 충고 많이 들었습니다. 저는 처음부터 목소리를 높인 게 아닙니다. 검사게시판에 글 쓰고, 대검에 감찰 요청하고, 국민권익위원회, 법제처 등에 민원 넣고, 하다 하다가 국가배상 소송과 고발까지 간 겁니다. 단계적으로 수위를 높였어요. 가야 할 길이라면 가야지, 다른 사람들이 따라오지 않는다고 멈춰 있을 수 없지 않습니까? 지금 제가 혼자처럼 보이지만 역사의 관점에서 보면 길게 늘어선 줄의 앞자리에 가고 있는 겁니다."

혼자라도 갈 각오입니다만, 역사의 광야에서 앞서 걸어간 분들의 발자취가 보이고, 함께 걷는 이들의 발소리도 들립니다. 하여 외로운 듯하나 외롭지 않게 검찰에서 10년째 버텨오고 있습니다. 조남관 차장의 충고처럼 혼자 해서는 바뀌지 않지요. 검사게시판을 넘어 신문과 책을 통해 같은 꿈을 꾸는 사람들을 더 많이 불러 모으고 검찰의 오늘과 내일에 대한 반성과 성찰, 비전을 불러일으켜 검찰의 변화를 이끌어 낼 수 있기를 소망합니다.

아이 캔 스피크 1

2019. 1. 14.

"《사기》이사 열전 편에 이르기를 '태산은 흙 한 덩이도 마다치 않기에 태산이 되고, 바다는 물 한 방울도 가리지 않기에 바다가 된다'고 하는데, 서로 다른 생각을 토로하는 것을 용납하지 않고서 어떻게 검찰 발전을 기대하고, 소통을 통한 조직 상하의 일체화를 바랄 수 있겠습니까?"

2012년 검사게시판에 올린 〈여는 글〉일부입니다. 제가 당시 근무하던 서울중앙지검, 직전 근무지인 법무부에서 목도한 현실은 아수라장이었습니다. 상명하복의 조직 문화에 눌려 준사법기관인 검사들이 존재 이유를 망각한 채 청와대 등 상부 지시에 수사를 억지로 꿰맞추고 있었습니다. 이대로는 안 된다는 절박함, 거대한 조직을 어떻게 바꿀 수 있을까 하는 막막함으로 고심하다가, '외치는 자의 소리'가 되어 죽어가는 검사게시판을 되살려보기로 마음먹었습니다. 제가 할 수 있는 게 달리 없었으니까요.

　매달 글을 올렸다가 지독히도 시달렸지요. 썼다고 부르고, 이번엔 뭘 쓸 거냐고 부르고. 고단한 순례자처럼 검사장실, 차장실, 부장실을 수시로 오갔습니다. 검찰 수뇌부의 외면은 얼음장처럼 차가웠고, 조직 분열을 조장한다며 징계하겠다는 상관의 경고는 용광로인 듯 뜨거웠습니다. '마치 자신만이 투사이고 올바른 발언을 하는 양한다', '정치하려고 저런다' 등 저를 비난하는 동료의 말은 가시가 되어 촘촘히 박히니 어느새 저는 고슴도치가 되었습니다. 아무리 밀어내도 절망이 마음 깊이 스며들어 휘청거리곤 했습니다.

　2012년 12월 28일 과거사 재심 사건 무죄 구형을 강행하기 위해 서울중앙지법으로 가기 직전, 무죄 구형의 당위를 설명하는 글을 검사게시판에 올렸습니다. '중징계를 받아 검사직을 내려놓게 되더라도, 이로써 과거사에 대한 검찰 입장이 전향적으로 재검토되는 전기가 마련된다면, 하여 검찰이 재심 사건을 포함한 모든 사건에서 일관되게 죄에 상응하는 구형을 하게 된다면, 검사로서 해야 할 도리를 다한 것 같아 여한이 없을 것 같다'는 간절한 고언을 덧붙였습니다.

　수뇌부는 '마치 검찰이 부당한 구형을 하고, 과거사에 대한 입장도 잘못되었다는 글을 검사게시판에 올려 외부로 전파되게 하여 검찰에 대한 국민의 신뢰를 훼손시켰다'는 징계 결정서로 답장을 대신했습니다. 2013년 2월 5일, 법무부 검사징계

위원회에 출석하여 검사게시판 글 게시가 징계 사유가 되어서는 결단코 안 된다고 간곡히 당부했는데, 그조차 받아들여지지 않아 얼마나 허탈하던지요.

5년에 걸친 소송으로 결국 징계가 취소되었지만, 제게 위법한 지시를 하거나 징계권을 남용한 간부 그 누구도 저에게 사과하지도, 문책당하지도 않았습니다. 또한 수뇌부 마음에 들지 않는 댓글을 썼다고 꾸짖던 분들이 총장 후보군 물망에 오르기도 했지요.

2018년 9월 저는 《경향신문》과 인터뷰를 했습니다. 그 과정은 늘 그랬듯 고단했지요. 어떤 검사들에게는 쉽게 허락되는 인터뷰가 저에게는 감히 꿈꿀 수 없는 금단의 열매였습니다. 서글프지만 기득권은 철옹성과 같이 여전히 강고하고, 그 성에선 세상을 향한 창이 대개 닫혀 있어 신선한 바람이 창턱을 넘어서기 힘든 게 현실입니다. 검찰청 공무원 행동 강령상의 인터뷰 사전 승인제가 적법한지를 두고 수뇌부와 두 달에 걸친 치열한 논쟁 끝에 겨우 승인을 받았습니다. 끝내 사전 승인제가 신고제로 바뀌어 검사게시판 글 게시로 징계받던 제가 이제 언론 기고까지 자유롭게 할 수 있게 되었습니다.

포기하지 않고 부딪쳐 가다 보면, 철옹성 그 철벽에 미세한 균열이 생기고, 역사의 물꼬가 결국 트이는 걸 봅니다. 과거사 재심 사건에서 백지 구형이 최선인 양 주장하고 무죄판결에 불복해 온 검찰이 무죄 구형을 하는 것을 우리는 지금 보고 있습니다. 그간 도가니 사건 등 이런저런 참혹한 사건들을 담당하며, '세상은 물시계와 같구나, 사람들의 눈물이 차올라 넘쳐야 초침 하나가 겨우 움직이는구나, 사회가 함께 울어줄 때 비로소 역사가 한 발을 떼는구나' 하는 생각을 했었습니다. 우는 자들과 함께 우는, 불의를 외면하는 사람들을 깨우는 죽비 소리가 불협화음이 아니라 아름다운 합창을 위한 하모니로 인정될 때, 우리 사회는 비로소 따뜻한 정의가 넘치는 사회가 되겠지요.

영화 〈아이 캔 스피크〉(2017)는 일본군 위안부 피해자 할머니가 영어를 배워 세상을 향해 진실을 외치는 내용입니다. 할머니의 간절한 외침은 진실을 외면해 온 사람들의 고개를 돌려 놓았지요. 이렇듯 시대 변화는 사람들의 행동에서 시작되고, 행동은 말하는 데서 비롯됩니다. 또한 부족한 말을 용납할 수 있는 사회여야 자유로운 토론이 가능하겠지요. 더 이상 징계를 걱정하지 않아도 되는 지금, 저에게 주어진 귀한 기회를 살려 좀 더 용기를 내어 부족한 생각이나마 나누어 보려 합니다. 아이 캔 스피크!

2001년 검사로 임관한 후 크고 작은 부조리를
보고 듣고 겪으며, 조직 문화로 이해하고 삼키기에 급급했습니
다. 문제의식을 가질 겨를이 없기도 했고, 문제의식을 가지는
게 위험하다는 걸 본능적으로 알았으니까요. 목에 턱턱 걸리는
것이 적지 않았지만, 검사장, 차장, 부장 등 숱한 몇몇의 개인
적 일탈일 뿐이라고 애써 외면했습니다.

이명박 정부 시절, 법무부에 근무하며 조직적 일탈이라는 걸
마지못해 인정하게 되었습니다. 서울중앙지검과 법무부 검찰
국 등지에서 들려오는 풍문도 흉흉했지만, 제가 근무하던 부서
에서의 일들도 고통스러웠으니까요. 궁리 끝에 2012년 4월부
터 검사게시판에 글을 올려 동료들에게 문제의식을 일깨우고
내부 여론을 만들어 보기로 결심했습니다.

당시 검찰총장이 진노했다는 풍문과 인사 불이익을 우려하
는 충고를 연이어 접하며, 제 검사 인생을 건 장기 프로젝트인
데 짧게라도 출사표를 써야겠다는 생각이 들었습니다. 칼럼 모
두에 소개한 글은 제가 2012년 7월 싸이월드에 쓴 〈여는 글〉 일
부입니다. 몇 달간 충고하는 이들에게 제 각오를 개별로 밝히
다가, 같은 말을 반복하는 데 지쳐 그해 11월 검사게시판을 통
해 널리 제 각오와 계획을 밝히며 〈여는 글〉을 동료들에게 소
개했습니다.

예전엔 출판은 물론 인터뷰나 언론 기고도 기관장 승인을 받아야 했습니다. 조직의 이단아인 저는 감히 꿈꿀 수 없는 별나라 이야기였지요. 2016년 의정부지검 근무 시절, 검사장실로 불려가 "재직 중 출판은 안 된다"는 경고도 들었습니다. 승인 요청을 하지 않았는데 선제적으로 불승인하니 어안이 벙벙했습니다.

검사장이 검사게시판에 '조직의 분열을 조장하는 글을 계속 쓴다면 징계하겠다'는 구두 경고를 서슴지 않던 암흑기라, 검사게시판과 SNS에 조심스레 글을 올리며 징계에 넘겨지지 않을 정도의, 징계에 넘겨지더라도 징계 취소소송에서 쉽게 승소할 수 있을 정도의 수위를 지켰습니다. 쉽게 승소한다고 해도 대법원까지 5년쯤 걸리니 감당해야 할 개인에게 결코 쉽지 않은 일입니다. 글의 주제를 정하고 단어를 선택하면서 신중에 신중을 거듭했습니다.

2018년 7월 CBS,《경향신문》에서 연이어 인터뷰 요청이 들어왔는데, 마침《검사내전》김웅 검사가 다녀간 곳들이라 쾌재를 불렀습니다. 김웅은 되고 나는 안 되는, 그 차별을 합리화할 정당한 사유를 알려 달라, 표현의 자유에 대한 제한은 어디까지 가능한가? 2달간 전자 공문까지 오가는 박철완 지청장과의 논쟁 끝에 어렵게 승인을 받아《경향신문》인터뷰에 응했고, 결국 검찰청 공무원 행동 강령이 개정되었습니다. 이젠 신고서를 제출하고 책을 출간하기에 이르렀네요.

10년이면 강산도 변하는 세월이고, 한 개인에겐 결코 짧지 않은 시간입니다. 10년간 검찰이 얼마나 바뀌었는지를 돌아보면, 발이 부르트도록 종종거렸던 저로서는 답답한 감도 없지 않습니다. 하지만 검사게시판에서 칼럼으로, 책으로 제 전선戰線을 이렇게나 옮겼고, 징계나 적격 심사로 쫓겨날 뻔한 위기도 있었지만 여전히 검찰에서 목소리를 내고 있음에 감사합니다.

10년 전 작성한 출사표 전문을 여기에 옮겨 옛 각오를 되새깁니다. 앞으로도 있어야 할 자리에서 '외치는 자의 소리'로서의 사명을 다하겠습니다.

〈여는 글〉

얼마 전 〈직접 조사제에 대한 단상〉이란 글을 검사게시판에 올릴 때 솔직히 떨렸습니다. 현재 우리 검찰의 금기어인 직접 조사제를 비판하는 글이라, 용의 역린을 건드린 듯 떨리는 게 당연하지 않겠습니까? 그리 말을 풀어나가려다 이런 생각이 드는 현실이 창피하여 속이 상합니다. 2005년 부산지검 근무 시절에도 댓글 한 줄 썼다가 꾸중인 듯 넋두리인 듯 저를 타박하는 분을 만나기도 했었기에 그때나 지금이나 뭐가 다르나 싶다가도, 검찰 내부의 불통과 불신이 더욱 깊어지는 걸 뼈가 시리도록 절감하곤 합니다.

《사기》이사 열전 편에 이르기를 태산은 흙 한 덩이도 마다치 않기에 태산이 되고 바다는 물 한 방울도 가리지 않기에 바다가 된다고 하는데, 서로 다른 생각을 토로하는 것을 용납하지 않고서 어떻게 검찰의 발전을 기대하고, 소통을 통한 조직 상하의 일체화를 바랄 수 있겠습니까?

평검사에 불과한 제가 과연 무엇을 할 수 있나 궁리하고 또 궁리하다 '공지 사항성 글로 도배되어 죽어가는 검사게시판을 되살려 보자'는 생각이 문득 떠올랐습니다. 좋은 생각이라고 혼자 기뻐하다가 제가 검사게시판을 살릴 수 있을까 겁이 더럭 납니다. 검사게시판을 살린다고 하여 불통의 문제가 해결될 수 있을까 자신이 없습니다.

하지만 희망에 헛된 것이 없으므로 저는 꿈꾸어 보려고 합니다. 함께 꾸는 꿈만이 세상을 바꿀 수 있으므로 같은 꿈을 꾸는 동료들을 모아보려고 합니다. 이에 검사게시판에 동료들을 불러 모으기 위해 현대판 셰에라자드가 되기를 결심합니다.

임은정의 천일야화를 이렇게 엽니다.

2012년 7월.

나는 고발한다

2015년 4월 중세 시대 흑사병마냥 흉흉한 소문이 검찰 내부망을 타고 미친 듯이 퍼졌습니다. 서울남부지검 부장검사와 귀족 검사가 공연히 또는 은밀히 성폭력 범죄를 저질렀고, 추태를 목격한 수사관들의 문제 제기로 소란이 일자, 사표를 던졌다고 합니다. 서울남부지검과 대검 감찰1과에서 피해자들과 목격자들을 조사하기에 이르니, 소문이 담을 넘어 기자들에게까지 흘러들었습니다.

언론 취재가 시작되자 이들의 사표가 황급히 수리되었고, 검찰총장은 대검 간부회의에서 부장검사의 부적절한 언행을 개탄하는 방식으로 귀족 검사의 범행을 은폐하고 부장검사의 범행을 축소했지요. 검찰은 부장검사가 성희롱 '발언'을 했을 뿐이라고 사실을 호도했고, 귀족 검사의 갑작스러운 사표에 대해 서울남부지검 차장은 "그냥 좀 힘들어서 쉬고 싶다고 하면서 사직서를 제출했다고 보고받았다", 대검 대변인실은 "감찰에서는 모른다고 한다. 위에 있는 부장검사와 사이가 안 좋아 나간 것이라고 한다"고 거짓 해명을 했습니다.

문제의 부장검사가 자신의 범죄를 덮고 2억 원이 넘는 명퇴금까지 챙겨준 특별한 은사에 감읍하기보다, 귀족 검사를 지키기 위해 기자들에게 먹잇감 던져주듯 자신의 비위를 일부 인정해 버린 검찰을 원망한다는 풍문을 듣고 그 뻔뻔함에 모두 혀를 찼습니다. 그리고 잘 나가는 부장검사조차 희생양 삼는 귀족 검사의 고귀한 혈통에 혀를 내둘렀습니다. 아무 일 없었다는 듯 국민에게 거짓말을 일삼던 간부들은 검찰 내 성폭력 범죄를 덮으며 언제나처럼 법과 원칙을 강조했고, 우리에게 무슨 일이 있었냐는 듯 피해자들과 목격자들은 묵묵히 검찰 밖 성폭력 사범들을 수사했습니다. 한편 2015년 그해, 검찰은 교사의 성폭력 범죄를 덮은 교장을 직무유기로 법정에 세웠지요. 우리는 덮어도 되지만, 교장 따위가 그러면 안 되니까요.

2018년 1월 29일. 서지현 검사가 한 방송사에서 은폐되었던 성폭력 사건을 거론하자, 검찰은 마치 처음 듣는다는 듯 놀라며 대검 캐비닛에 숨겨둔 성폭력 사건 기록을 마지못해 꺼내 수사에 착수했습니다. 결국 부장검사에게 500만 원의 벌금형이 확정되었고, 귀족 검사는 지난 1월 징역 10월 실형을 선고받고 항소심 재판 중입니다.*

---

* 귀족 검사는 진동균 전 검사인데, 2020년 9월 3일 서울고등법원에서 1심과 같이 징역 10월을 선고하여 법정 구속되었고, 대법원에서 상고 기각하여 징역 10월이 확정되었다.

2018년 3월 22일. 저는 성폭력 사건을 은폐한 간부들에 대한 수사와 감찰을 대검에 정식으로 요청했습니다. 문무일 총장이 마이크를 들이대는 기자들에게 심각한 얼굴로 "진상 조사를 철저히 하겠다"고 다짐하는 걸 보았지만, 내버려 두면 성폭력 사범들만 꼬리 자르기 할 것이 빤히 보였거든요.

2018년 5월 4일. 대검은 감찰 관련자들의 비위가 인정되지 않는다고 통보하며 제 요청 건을 종결한 후 조직적 은폐에 관여한 간부들을 대거 검사장으로 승진시켰습니다. 수뇌부 명령에 따라 무슨 짓이든 할 수 있는 사람들의 성실함은 조직에의 헌신과 충성으로 칭송받고, 인사로 보답받는 걸 늘 보아왔지요.

한편 검찰은 박근혜 정부 시절 민정수석으로 재직하면서 최순실 등의 국정 농단을 눈감았던 우병우에 대해 2018년 1심 유죄판결을 받아냈고, 법원행정처 차장으로서 비위 판사에 대한 징계 조치를 취하지 않은 임종헌도 구속했습니다. 우리는 덮어도 되지만, 이미 끈 떨어진 민정수석이나 판사 따위가 그러면 안 되니까요. 수사권과 기소권은 검찰의 여의봉입니다.

박근혜 정부 시절 김진태 검찰총장 등이 저지른 조직범죄를 문재인 정부의 문무일 검찰총장이 여전히 감싸주는 현실을 지켜보고 있으려니 착잡하기 그지없습니다. 정권은 유한하나 검찰은 영원하고, 끈끈한 선후배로 이어진 검찰은 밖으로 칼을 겨눌 뿐 내부의 곪은 부위를 도려낼 생각이 전혀 없습니다.

검찰 내 성폭력조차 침묵한 검사들이 상사의 위법하거나 부당한 지시에 이의를 제기할 수 있을까요? 이렇게 뻔한 사건조차 그 책임을 묻지 않고서야, 검사들의 학습된 무기력을 고칠 수 있겠으며, 은폐된 검찰 내 복잡한 진실들을 밝힐 수 있을까요?

부득이 저는 지면을 빌어 검찰권을 감당할 자격이 없는 검사들을 고발합니다. 저는 장영수 검사장을 고발합니다. 그는 2015년 대검 감찰1과장으로 서울남부지검에서 벌어진 성폭력 사건을 조사하고도 관련자를 형사 입건하지 아니한 채 범죄를 덮었습니다.

저는 문찬석 검사장과 여환섭 검사장을 고발합니다. 그들은 당시 서울남부지검 차장검사와 대검 대변인으로서 거짓 해명으로 국민을 속이고, 조직적 은폐에 적극적으로 가담했습니다.

저는 문무일 검찰총장을 고발합니다. 제가 장영수 등의 직무유기에 대한 수사와 감찰을 정식으로 요청했음에도, 처벌은커녕 징계조차 하지 아니하고 검사장 등 요직으로 발탁했습니다. 직무유기의 법리를 모른다면 그 무지로 인해 총장 자격이 없고, 알고도 그렇게 한 것이라면 직무유기입니다.

검찰권을 검찰에 위임한 주권자 국민 여러분이 고발인의 고발 내용을 판단해 주십시오.

뒷 이 야 기

2018년 5월, 대검이 제 감찰 요청 건을 공람 종결한 직후, 저는 김진태 전 검찰총장 등을 직권남용과 직무유기로 서울중앙지검에 고발했습니다. 검찰이 서울남부지검 김형렬 전 부장검사와 진동균 전 검사를 기소하면서, 2015년 성폭력 사건 발생 당시 알고도 덮었던 검찰 수뇌부를 감히 형사입건하여 수사할 엄두를 못 내니, 제가 나서서 입건을 강제했습니다. 고발장이 접수되면 고발당한 사람들은 자동으로 형사 입건이 되거든요. 경찰, 교장의 범행에 대한 유죄 판례, 민정수석, 법원행정처 차장 등의 유사 범행에 대한 공소장 사본 등을 찾아 매달 참고 자료로 제출해도 검찰은 꿈쩍도 하지 않았습니다.

2018년 겨울 무렵 《경향신문》 기자에게서 정동칼럼 필진을 제의받고 에밀 졸라의 《나는 고발한다(J'Accuse)》를 떠올렸습니다. 검찰이 어차피 면죄부를 줄 텐데, 고발과 별개로 시민에게 공개 고발장을 제출하여 검찰의 제 식구 감싸기에 대한 질타, 공수처 도입 촉구 등 여론을 환기할 수 있겠다 싶었으니까요. 전쟁터를 검사게시판에서 신문 지면으로 옮기기로 결심했습니다.

그럼에도 드레퓌스 사건*의 변곡점이 되었던 에밀 졸라의

---

* 　19세기 말, 프랑스 유대인 장교 드레퓌스가 간첩 누명을 쓰고 무기징역형을 선고받았는데, 인권과 관용을 지지하는 양심적인 지식인, 법률가, 진보적인 정치 세력이 반유대주의, 국가제일주의에 매몰된 군부 등 보수 세력과 맞섰고, 결국 재심 재판을 거쳐 드레퓌스는 누명을 벗었다.

위대한 격문을 흉내 내어 쓰려니, 주제넘다 싶어 미적거리다가 두 번째 칼럼으로 출고했습니다. 에밀 졸라의 글 부제목은 〈공화국 대통령 펠릭스 포르씨에게 보내는 편지〉인데, 제 글 부제목은 이에 빗대어 〈주권자 시민에게 보내는 편지〉입니다. 예상대로 제법 많은 분의 마음에 가닿았고, 당연히 검찰 수뇌부도 읽었습니다만 읽지 않은 체하더군요.

당시 충주지청 부장검사로 재직하고 있었습니다. 제 인사 평가에 직접 관여하는 본청 청주지검 여환섭 검사장 등을 실명 저격하는 글이라, 저로서는 직을 걸고 쓴 지부상소持斧上疏(받아들이지 않으려면 머리를 쳐 달라는 뜻으로 도끼를 지니고 올리는 상소)인데, 거대한 침묵 앞에 맥이 탁 풀렸습니다. 속칭 검사 블랙리스트인 '집중 관리 대상 검사'에 올라 동기들에 비해 승진이 한참 늦어져 처음 부장 보직을 받아 부임한 임지였습니다. 제 첫 부원인 검사들에게 처음이자 마지막 부원이 될 것임을 예언하며 각오를 다지다가 많이 허탈했지요.

여환섭 검사장은 그 후 별장 성 접대 김학의 전 법무부 차관 사건 수사단장을 맡았습니다. 여 검사장이 수사단 발족 후 가진 2019년 4월 1일 기자 간담회 백브리핑에서 저를 규탄하며 격한 언사를 쏟아냈는데, 기자들에게서 전달받은 발언 전문을 통해 제 글들을 읽고 있음을 확신하고 씁쓸하게 웃었습니다. 제 인사 평가에 직접 관여하는 본청 검사장이 저를 평하며 "치유가 필요한 사람으로 증상이 악화되고 있다. 세간의 관심을 받으려는 목적으로 추정된다" 등의 말을 공공연하게 하는 지경이니, 제 인사 평가는 더 볼 것이 없지요.

제 칼럼들은 상급자들에게서 '검사 부적격 F 평가'를 각오하고 쓰는 대ⁿ 국민 고발장입니다. 그럼에도 법무부와 검찰의 공식적인 침묵 앞에서 저는 번번이 무력감을 곱씹어야 했습니다. 검찰의 조직적 범죄 은폐를 검찰 스스로 단죄하리라고 전혀 기대하지 않았고, 재정신청과 언젠가 발족할 공수처를 염두에 둔 문제 제기여서 검찰의 묵살은 각오했던 일입니다. 하지만 법무부 장관에게 지휘권 발동을 건의하는 메일을 보내는 등 분투하던 저로서는 검찰개혁을 기치로 내건 문재인 정부가 왜 검찰의 폭주를 방관하고 내버려 두는지, 그런 간부들을 왜 승진시키는지 참으로 야속하더군요.

제 고발 사건 수사를 한참 뭉개던 검찰이 조국 전 민정수석의 유재수 감찰 중단 건에 대한 수사에 착수했다는 뉴스를 접하고 무릎을 '탁' 쳤습니다. 검찰은 조국을 무조건 기소할 테니, 그 공소장을 제 고발 사건 참고 자료로 쓰면 되겠다 싶었으니까요.

2020년 1월 17일, 검찰은 '고위 공직자들의 구체적인 비위가 포착된 경우 직무 감찰 등 필요한 조치를 수행해야 할 직무상 의무가 있는 민정수석으로서 실체를 명백히 규명한 다음 관련 규정에 따라 감찰 건을 처리해야 하고, 만일 유재수의 비협조로 사실상 추가 감찰 진행이 어렵다면 감찰 결과와 함께 생산된 자료를 수사기관에 수사 의뢰하거나 관계 기관에 이첩하여 그 비위에 상응하는 징계나 형사처벌이 이루어질 수 있도록 조치를 취했어야 했다'고 준엄하게 꾸짖으며 예상대로 조국을 기소했고, 저는 공소장 사본을 기자들에게서 구해 서울중앙지검에 신속하게 제출했습니다.

2020년 3월 30일, 기자들의 취재 요청 전화로 서울중앙지검에서 제 고발 사건을 불기소했다는 소식을 접했습니다. 감찰권만 있어 임의 조사만 할 수 있는 민정수석은 유재수의 비협조로 감찰 조사가 여의찮을 경우 수사기관 등에 자료를 넘겨 반드시 징계나 처벌을 받게 했어야 했지만 그러지 않았고, 명예퇴직금까지 안겨줬으니 기소! 정작 수사기관인 검찰은 성폭력 피해자들과 목격자들을 수사하여 성폭력 범죄 전모를 확인했음에도 서울남부지검 김형렬 전 부장검사와 진동균 전 검사를 처벌은커녕 징계조차 없이 유재수보다 더 많은 명예퇴직금과 퇴직금을 안겨주고 전관 변호사 개업에 지장 없도록 극진히 배려했으나 불기소! 노골적인 이중잣대로 사법 정의를 조롱하는 검찰의 결정을 누가 신뢰하겠나 싶어 검찰 구성원으로서 창피했습니다.

제가 서울중앙지검에 고발하고 칼럼을 통해 공개 고발까지 한 장영수는 문재인 정부에서 고검장으로까지 영전하여, 2021년 3월 대검에서 열린 검찰의 모해위증* 교사 의혹 사건 회의에

---

* 　　형사 사건이나 징계 사건에서, 법률에 의하여 선서한 증인이 피고인·피의자 또는 징계 혐의자에게 해를 끼칠 목적으로 허위 진술을 함으로써 성립하는 범죄.

참석했습니다. 수뇌부 의중에 따라 성폭력 범죄도 과감히 덮은 자가 검찰 조직의 명운이 걸린 수사에서 검찰 편을 든 증인에 대해 어떤 판단을 할지 불 보듯 뻔했습니다. 더군다나 제가 고발하여 재정신청까지 한 사건 당사자라, 제 사건에 대한 공정한 판단을 기대하기 어려워 기피 신청을 해야 하지 않나 하는 생각을 잠시 했었습니다. 그러나 회의 석상에 앉아 있는 여타 고검장 등의 면면을 찬찬히 둘러보며 부질없다 싶어 말을 삼갔지요.

2021년 4월 장영수 고검장은 사직하며 "어떤 상황, 세력, 처리 결과에 따른 유불리로부터 벗어나 소신대로 밝히려는 원칙과 기본이 중요하다. 법과 원칙만이 검찰이 기댈 유일한 버팀목"을 운운하며 검사게시판에 사직 인사를 남겼습니다. 김형렬, 진동균의 성폭력을 덮은 것이 장영수 고검장의 법과 원칙이자 소신인지, 아니면 지난 삶을 후회하며 후배들에게 남기는 고언인지 저는 알 수 없습니다. 여하튼 저는 그 당부대로 검찰 조직 또는 특정인의 유불리를 떠나 진실로 법과 원칙을 세우려는 디딤돌 판례 만들기를 위한 노력을 멈추지 않을 각오입니다.

검사는 임관할 때 '오로지 진실만을 따라가는 공평한 검사, 스스로에게 더욱 엄격한 바른 검사가 되겠다'고 선서합니다. 수사의무와 공정의무는 법적 의무입니다. 현실적으로 스스로에게 더욱 엄격한 잣대를 들이대는 것까지 차마 기대하지 않습니다. 하지만 검찰이 시민에게 요구하는 잣대와 동일한 잣대로 검사들의 잘잘못을 가리지 않는다면, 누가 검찰의 결정에 승복하겠으며, 사회질서가 바로 설 수 있겠습니까. 검찰 구성원인 검사가 검찰을 믿지 못해 시민에게 직접 호소하고 있는 현실은 대한민국은 물론 검찰에게도 비극입니다.

검찰권을 검찰에 위임한 주권자에게 검찰을 다시 고발합니다. 검찰권을 검찰에 위임한 주권자 국민 여러분이 고발인의 고발 내용을 판단해 주십시오.

거짓말도 보여요

저는 역사책을 즐겨 읽습니다. 역사를 통해 삶의 방향을 찾기도 하고, 위로받기도 하니까요. 제가 2012년 12월 故 윤길중의 과거사 재심 사건 '담당 검사 교체 합의'를 깨고 무죄 구형을 강행했다는 검찰의 거짓 해명으로 막무가내 검사가 된 후 억울해서 미칠 것 같았습니다. 정당한 이의 제기를 묵살한 채 권한 없이 행한 부장검사의 직무 이전 지시를 저와의 합의로 호도하는 수뇌부의 거짓말은, 제가 성폭력 사건을 수사하며 늘 보아오던, '피해자와 합의하에 성관계를 했다'는 강간범들의 변명과 다를 바 없더군요. 강간범의 변소를 대개의 사람은 믿어주지 않지만, 검찰의 거짓말은 주류 언론과 많은 사람이 믿어주었습니다. 그래서 저는 '얼치기 운동권형 검사'가 되었습니다.

진흙탕에서 허우적거리며 '오해와 손가락질을 견뎌낼 수 있는 의연함을 허락하시고, 어둠 속에서도 희망을 놓지 않게 하시며, 만약 달리 희망이 없다면 제가 그 희망이 되기를 원합니다'라는 주문과 같은 기도로 견뎠습니다. 진실은 이 진흙탕에서 결국 연꽃을 피워 올리리라는 확신이 없었다면, 헤어나지 못했을 겁니다. 역사의 심판에는 예외가 없고, 권력으로 가리고 호도해도 진실은 끝내 그 모습을 드러내고 만다는 걸 우리는 잘 알고 있지요. 그래서 다행입니다.

《사기》혹리酷吏(잔인하고 독한 관리) 열전을 읽다가 무릎을 친 적이 있습니다. '황제가 엄하게 처벌하고 싶어 하면, 장탕은 치밀하고 엄정하게 집행하는 관료에게 사건을 맡기고, 만약 황제가 용서해 주려 하면, 장탕은 관대한 관료에게 맡겼다.' 2000년 전 역사가 등장인물의 이름만 바꾸어 현실에서 그대로 재현되고 있습니다. 유권무죄의 역사는 참혹하도록 질기고 끔찍하도록 유구합니다. 자동 배당을 가장한 통합진보당 재판 배당 조작, 법원 블랙리스트 등 사법 농단 수사로 드러난 법원 내부의 참상은 검찰과 그리 다를 바 없습니다. 시민과 함께 비판하면서도 민망함을 감출 수 없네요. 시민의 질타는 '검찰은 그렇다 쳐도, 법원 너마저!'와 같은 절망과 분노일 테니까요.

제가 보고 들은 검찰 간부들의 직권남용 행태는 더 놀랍기만 한데, 조용히 잊히고 있습니다. 그때 그 사람들이 자신은 결백한 양 사법 정의를 외치면서 열심히 수사하고 검찰개혁 방향까지 진지하게 고민하는 모습은 곁에서 보기 민망하기까지 합니다.

법을 구부려 권력에 아부할 것을 넌지시 권하는 권세가에게

'하늘에 죄를 지으면 빌 곳이 없다'며 단호히 거절한 공자가 떠오릅니다. 법률가들에게 죄를 빌 하늘이 남았을까요? 권력에 영합하여 검찰권, 재판권을 마음껏 휘두르고 거짓말을 일삼으며 순간순간을 모면해 온 사람들이 아직도 법원과 검찰, 심지어 정치판에서 여전히 권력을 행사하고 있지요. 그들에게 볕이 드는 하늘이 아직 남아있는지 저는 알지 못합니다.

지난 〈나는 고발한다〉 칼럼으로 지인들에게 많은 전화를 받았습니다. '대검이 당황스럽도록 고요하여 아직 별일 없다'고 제 안위를 걱정하는 벗들을 안심시키고 있습니다. 대검은 《장자》에 나오는 목계지덕木鷄之德(나무로 만든 닭처럼 작은 일에 흔들림이 없음)을 흉내 내며 위기를 넘기려는 듯합니다. 그러나 검찰은 시시비비를 가리는 수사기관이지요. 사회 부조리를 파헤쳐 잘못을 엄단하면서, 정작 내부 치부에는 나무로 만든 닭을 흉내 내며 침묵한 채 시비를 가려 밝히지 않는다면, 검찰로 불릴 자격이 있을까요? 짠맛을 잃은 소금은 더 이상 소금이 아닙니다. 대검의 비공식적인 해명을 이런저런 경로를 통해 전해 들었습니다. 안태근 전 검사장 사건 기록에서 접한 전·현직 검사들의 숱한 거짓말들이 떠오르더군요. 그래서 여전히 씁쓸합니다.

중국 진나라 무제가 고위 관료였던 산도를 탄핵한 이희를 칭찬하면서도 산도를 감싼 것에 대해, 사마광은 《자치통감》에서 "정치의 근본은 형벌과 포상에 있다. 이것이 불분명하고서야 어찌 정치가 이뤄질 수 있겠는가? 만일 이희가 말한 것이 사실이라면 산도는 벌해야 하고, 사실과 다르다면 이희가 칭찬받는 것이 문제다. 이러고도 어찌 준법을 말할 수 있겠는가?"라고 한탄했습니다. 2015년 은폐되었던 서울남부지검 성폭력 사건 실체가 외부에 알려진 사실관계와 같다면 당시 감찰 담당자들을 직무유기로 입건하지 않은 문무일 검찰총장 등은 검사 자격이 없는 것이고, 잘못 알려진 것이라면 해명해야 합니다. 의혹을 해소하지 않고서야 검찰총장이 준법을 말한들 어찌 무게가 있겠으며, 검찰개혁 논의에서 새어 나오는 대검의 불협화음이 조직 이기주의 발로가 아니냐는 의심 앞에 떳떳할 수 있을까요?

권력은 진실을 잠시 가릴 수는 있어도 영원히 가릴 수는 없지요. 검찰은, 법률가는, 또한 모든 공직자는 산전수전 다 겪은 시민을 더 이상 속일 생각을 하지 말아야 합니다. 거짓말도 이젠 다 보이니까요.

뒷이야기

문재인 정부의 검찰개혁에 대해 낙제점을 주는 사람들이 한둘이 아닐 겁니다. 인사 참사도 그러하고, 판결로 검찰 잘못임이 확인된 사안에서조차 관련 검사들에 대한 인

사 조치를 비롯한 문책을 제대로 하지 않았습니다. 신상필벌信
賞必罰이 불분명한데 대의명분이 어찌 바로 서겠으며, 과거 조직
논리와 정치 풍향에 따른 이중 잣대로 검찰권을 오남용하던 자
들이 지금인들 법과 원칙에 따라 엄정하게 수사할까요?

2012년 12월 무죄 구형 강행 건으로 정직 4개월 중징계를 받
고, 5년간의 소송 끝에 상관 지시가 위법하다는 이유로 징계
취소가 확정되었습니다. 문재인 정부 출범 초기 발족한 법무검
찰개혁위원회에서 제 징계건을 검찰 과거사 정리 차원에서 아
울러 논의하며, 위법·부당한 지시를 하고 징계권을 남용한 간
부들에 대한 문책 여부를 논의했다는 사실을 백서를 통해 뒤늦
게 확인한 적이 있지요. '조직 내부의 방침에 따랐을 뿐인데 상
급자에게 책임을 묻는 것은 가혹한 면이 있으므로, 임은정 검
사의 권리 구제에 집중해야 한다'는 놀라운 신중론이 눈에 띄
었습니다.

몇몇 검찰 간부들의 개인적 일탈과 그로 인한 개인적 피해라
면 법무검찰개혁위원회에서 논의할 이유가 없지요. 문제의 핵
심을 외면하고 표피적으로만 다루려는 시각도 문제려니와 주
장 논거도 황당했습니다. 조직 방침과 지시에 따랐을 뿐인 조
직폭력배에게 행위 책임은 물론 범죄단체 가입 책임마저 엄정
히 묻는 검찰입니다. 그런 검찰이 위법한 검찰권 행사로 책임
을 져야 할 때는 홀연 조직 방침과 지시에 따랐을 뿐인 검사들
에게 책임을 묻는 건 곤란하다는 주장이니까요. 검사는 물라면

무는 개일 뿐 영혼이 어디 있느냐는 자학적인 현실 인정일
까요?

검찰이 서울시 공무원 간첩 조작 사건 피해자인 유우성과 관
련하여 2010년 3월 기소유예했던 외국환거래법위반 사건을 기
록 창고에서 꺼내어 2014년 5월 추가 기소한 것에 대해, 서울
고등법원은 '소추재량권*을 현저히 일탈한 경우에 해당하므로,
이 부분의 공소는 공소 제기 절차가 법률의 규정에 위반하여
무효인 때에 해당한다'고 판결했습니다. 그리고 2021년 10월
대법원은 검찰의 상고를 기각하여 공소권 남용을 인정한 판
결이 확정되었습니다. 피해자인 유우성은 7년간 법정을 오가
며 지옥을 헤매었는데, 가해자들은 여전히 안녕하고 무탈합니
다. 검찰은 책임을 묻는 조직일 뿐 책임을 지는 조직이 아니니
까요.

권한에는, 결정과 행위에는 책임이 따릅니다. 책임 없는 권
한은 없지요. 그간 검찰이 책임을 지지 않은 것은 법을 집행하
는 권력기관으로 정작 자신들은 법을 지키지 않았고, 이런 검
찰에 수술용 메스를 감히 들이댈 기관이 달리 없었기 때문입니
다. 검찰을 비롯하여 검찰과 결탁한 힘 있는 자들이 법과 원칙
에 따른 책임을 질 때, 비로소 법과 원칙이 바로 서겠지요.

잠든 사람은 깨울 수 있어도 잠든 척 하는 사람은 깨울 수 없

---

* 검사는 피의자의 연령, 범행 동기, 결과 등 여러 정상을 참작하여 범죄가 인정되더라도
소추 즉, 기소하지 않을 수 있는 재량권이 형사소송법상 인정된다.

다는 말이 있습니다. 잠든 척 하는 검찰을 눈뜨게 할 방법을 궁리하다가 《삼국유사》 수로부인 이야기를 떠올렸습니다. 용에게 수로부인을 빼앗겨 발을 동동거리는 순정공에게 한 노인이 "여러 사람의 말은 무쇠도 녹인다 했습니다. 백성을 모아 물가 언덕을 치며 노래를 부르게 하세요. 용도 부인을 내놓지 않고는 못 배길 것입니다"라고 했다지요. 까마득한 신라 시대에도 백성의 함성은 용조차 그 뜻을 꺾게 했는데, 하물며 대한민국 주권자 국민의 함성은 무엇인들 움직이지 못하겠습니까?

검찰의 거짓말에 속지 않는, 깨어있는 시민의 날선 감시와 비판만이 검찰을 바꿀 수 있겠지요. 함께 꾸는 꿈의 힘을, 결국 함께 나아가는 역사의 힘찬 발걸음을 저는 굳게 믿습니다.

용서받지 못한 자들

2019. 4. 15.

2012년 9월 민주화 운동 거목이신 박형규 목사에 대한 대통령 긴급조치위반 등 과거사 재심 사건에서 제가 무죄 구형을 하며 과거사 반성을 했다가, 검찰 내부는 물론 언론에서도 크게 소란이 일었습니다. 최초의 무죄 구형으로 보도되었는데, 과거사 반성은 최초일지 몰라도 재심 사건 무죄 구형은 그전에도 있었으니 최초가 아닙니다.

김대중 정부 시절, 검찰은 더러 무죄 구형을 했습니다. 정권 보수화에 발맞추어 검찰은 황당한 옛날 구형을 반복하거나 소위 백지 구형을 한 후 무죄판결이 나면 무죄가 웬 말이냐며 기계적인 항소와 상고로 무죄 확정을 최대한 지연시키는, 악의적인 행태를 강화했습니다. 그럼에도 그때는 수뇌부에서 제 의지를 억지로 꺾으려 하지 않아 무죄 구형을 할 수 있었는데, 2012년 12월 박근혜 후보 대선 당선 후에는 실낱같던 샛길조차 완전히 끊겼습니다. 부득이 법정 공판검사 출입문을 걸어 잠그고 무죄 구형을 강행할 수밖에 없었습니다. 무죄를 무죄라고 말하는 것은 검사의 의무니까요. 중징계를 받았지만 5년에 걸친 소송 끝에 제가 옳았다는 판결을 결국 받아냈습니다.

올해 초 제주 4·3사건 수형인들에 대한 재심 사건에서 검찰이 공소기각* 구형을 한 후 공소기각 판결에 항소하지 않아 1심 판결이 신속하게 확정되었다는 뉴스를 접했습니다. 관련된 분들의 환한 웃음을 신문 너머로 보고 있으려니 얼마나 기쁘던지요. 2017년 10월 제 징계 취소소송이 법무부 상고 기각으로 확정될 때까지, 법무부는 '현재의 검사가 과거 법원의 유죄 판단을 잘못이라고 할 수 있는지, 검사가 무죄 구형을 할 수 있는지'에 대한 근원적인 의문을 제기하며, 제가 헌법과 민주주의에 대한 심각한 위험을 발생시켰다고 비난했습니다. 저를 그렇게 비난한 검사들이 그대로 있는 검찰의 변화가 상전벽해와 같습니다. 놀랍기도 씁쓸하기도 합니다만, 더 늦지 않았음에 감사하고, 불의했던 시절 제가 불의에 가담하지 않았음에 안도합니다.

제주 북촌 너븐숭이에는 4·3사건으로 학살당한 마을 주민을 위한 비석이 세워져 있습니다. 뒷면에는 현기영 작가의 시 〈새로운 빛으로 되살아나소서〉가 새겨져 있지요. '용서하지만 잊지 않기 위하여 영구불망의 돌을 세운다'는 그 시 구절 앞에 붙

---

* 소송 요건을 갖추지 못했거나 공소권이 없는 경우, 법원이 공소를 무효로 하여 소송을 종결하는 재판.

박이장처럼 한참 서 있었던 적이 있습니다. 국가 폭력으로 헤아릴 수 없는 숱한 사람들이 목숨을 잃거나 다쳤고, 권력은 피해자들과 목격자들의 입을 반세기 넘도록 틀어막는 또 다른 폭력을 자행했습니다. 정의의 대변자여야 할 검찰은 국가 폭력의 잔인한 집행자가 되어 피해자들과 진실을 말하는 목격자들에게 누명을 씌워 교도소로, 사형장으로 보냈지요. 70여 년간 고통받아 온 억울한 원혼들, 그날의 악몽에서 헤어나오지 못하는 유족과 침묵을 강요당한 목격자들이 그 시처럼 가해자들과 검찰을 용서해 줄지 저는 자신이 없습니다.

제 징계 취소소송 판결이 확정된 후, 박성진 차장검사가 저를 불러 흐뭇한 표정으로 심경을 묻더군요. "저는 무죄판결을 받았을 뿐, 저에게 위법한 지시를 한 자들이 유죄판결을 받은 것이 아닙니다. 사과와 합당한 문책을 바랍니다"라고 답하니, 제가 가당치도 않은 과욕을 부린다는 듯 "징계 취소해도 문제구먼"이라며 황당해했습니다. 그 간부와, 사과와 문책 없는 검찰이 원망스러웠습니다.

그런 아픈 기억이 있는 터라, '용서하지만'이란 구절이 '용서하려 발버둥치지만'이라는 절규로 읽혀 가슴이 먹먹했습니다. 색깔론이 아직도 횡행한 시대, 가해자에게 관대하고 피해자에게 용서와 화해를 강권하는 풍토에서, 한 맺힌 사연들을 조심스레 꺼내며 비명을 참느라 피가 나도록 입술을 깨물고 있는 게 보였거든요. 너븐숭이 애기무덤 주변에 피눈물같이 뚝뚝 떨어져 있는 동백꽃이 너무도 처연했지요. 제주 4·3의 상징이 왜 동백꽃인지 비로소 알았습니다.

4·3평화기념관에는 운주사 와불臥佛처럼 누워 있는 무서백비無書白碑가 있습니다. '4·3백비, 이름 짓지 못한 역사', '언젠가 이 비에 제주 4·3의 이름을 새기고 일으켜 세우리라'란 설명문 앞에 절로 숙연해지지요. 이름을 두고 이념과 진영 간의 논쟁이 끝이 없으니 아직 4·3은 끝나지 않았습니다. 백비이나, 사과와 화해를 통한 완전한 평화를 기다려 온 원혼들의 오랜 피눈물로 적셔진 혈비지요. 사과는 가해자의 의무이고, 용서는 피해자의 권리입니다. 국가 폭력의 피해자들 앞에 검찰을 포함한 가해자들과 악의 승리를 방관한 우리 사회의 진심 어린 반성문을 백비에 새겼으면 좋겠습니다. 백비에 얼룩진 피눈물을 가해자들의 눈물로 닦아 바로 세우는 날, 비로소 4·3이 끝날 테지요. 그날까지 가해자들은 피해자들과 역사로부터 결코 용서받을 수 없을 것입니다.

뒷이야기

2012년 9월 3일. 박형규 목사의 대통령긴급조치위반 등 과거사 재심 사건 구형 변경 결재를 받느라 분주했습니다. 검찰청법에 따른 이의 제기권 행사를 각오하고 결연한 표정으로 청사를 누볐지요. 김국일 공판부장과 이금로 차장은 난감해하며 종전 징역 15년에서 무죄로 구형을 변경하겠다는 결재 서류에 도장을 찍었고, 최교일 검사장은 뜻밖에 흔쾌히 도장을 찍었습니다. 검사게시판에 올린 글들로 불려 다니던 때였는데, 간부들이 무죄 선고가 확실한 과거사 재심 사건이라 가볍게 생각하고 저와의 논쟁을 피한 듯했습니다.

과거사 반성 논고는 무죄 구형과 달리 수뇌부가 사전에 알면 검사 교체도 불사할 일이라 조용히 준비했습니다. 사후에 알았을 때도 왜 미리 보고하지 않았냐는 질책이 예상되어, '구형 변경 결재는 받지 않았느냐? 법정에서 구형 직전 완성해서 논고문을 사전에 보고할 시간도 없었다'는 변명도 미리 준비했지요. 9월 6일, 계획대로 법정에서 구형 직전 논고문 초안을 수정하여 최종 완성하고 바로 낭독했습니다.

홍길동이 아버지를 아버지라 부르지 못한 것은 그 당시의 법과 제도 때문입니다. 현행법상 무죄를 무죄라 말하고 지난날 과오를 사과해야 할 검찰이 그렇게 하지 않는 것은 법에 우선하는 관행과 조직 이기주의 때문입니다. 조직 논리에도 불구하고 과거사 반성 논고를 결행했을 경우, 이는 되돌릴 수 없는 단독 관청인 검사의 유효한 논고입니다. 검찰 과거사 반성의 물꼬를 트기로 결단하고 결행했지요.

그때는 그게 최선이라 생각하고 마냥 뿌듯했습니다. 고달픈만큼 제가 해야 할 도리를 다했다 싶었으니까요. 그런데 징계 취소 판결을 받아낸 후 생각이 바뀌었습니다. 사법 피해자들이 저처럼 판결 당일에 천지가 개벽한 듯 기뻐하다가, 무슨 일이 있었냐는 듯 여전히 뻔뻔한 가해자들과 어제와 다를 바 없는 세상에 많이 허탈하셨겠다 싶더군요. 무죄판결과 형사 보상금 몇 푼으로 사법 피해자들의 고통과 한이 씻겨지는 게 아닌데, 제 어리석음과 검찰의 뻔뻔함이 부끄럽고 죄스러워 몸 둘 바를 모릅니다.

지휘권과 인사권을 오남용한 간부들에 대해 문책을 요구하자 용서를 강권하는 충고를 많이 들었습니다. 전혀 모르는 후배에게서 관련 간부들을 용서하라는 메일을 받고 '생매장을 당하는 듯한 공포와 싸웠다. 구덩이에 빠져 허우적거리는 내 위로 흙을 쏟는 사람들, 빠져나오지 못하게 발로 다지는 사람들, 방관하는 사람들. 많이 고통스러웠고 원망스러웠다. 우리가 사건 당사자에게는 정의와 책임을 묻지 않느냐. 용서는 피해자의 권리이고, 책임을 묻는 것은 조직의 의무'라고 답했습니다. 사법 피해자들의 고통에 비할 바 없는 사소한 제 경험으로 제주 4·3 피해자들과 유족들의 통한을 어렴풋이 헤아리며 북촌 너븐숭이 애기무덤 앞에 제문을 올리는 심정으로 칼럼을 썼습니다.

가해자에게 사과를 권하지 않으면서 피해자에게 화해를 강권하는 풍토에서, 가해자들은 더욱 뻔뻔해지고, 피해자들은 용서하지 못하는 자신의 옹졸함을 자책하게 되지요. 용서는 피해자의 의무가 아닌 권리이고, 사과는 가해자의 선택이 아닌 의무입니다. 국가와 사회, 가해자들의 진심 어린 사과만이 피해자들의 피맺힌 통한을 풀 수 있겠지요.

화순 운주사 와불이 일어서면 새로운 세상이 온다는 전설이 있습니다. 이념과 진영 논리로 비문을 정하지 못해 아직 백비로 누워 있는 4·3평화기념관의 비석이 일어서는 그날. 사과와 화해를 받침돌 삼아 우리 사회에 진정한 평화가 세워지리라고 저는 확신합니다.

2009년 2월 법무부로 발령이 났습니다. 검사장의 숨겨진 딸이 냐는 축하 인사를 받으며 출근하여, 전임자의 '전직 대통령 국립묘지 안장 결격사유 검토' 파일을 인계받았지요. 노태우 전 대통령은 안장 결격사유인 내란죄 등으로 실형 판결을 받은 전과가 있는데, 특별사면으로 결격사유가 해소되는지를 검토한 자료였습니다. 특별사면은 형 집행이 면제되는 효력이 있을 뿐 유죄판결 자체를 지울 수 없습니다. 따라서 노태우 전 대통령은 안장 결격자임이 명확하고 법무부 역시 유권해석을 이미 그렇게 한 상황이었습니다.

그러나 이명박 대통령이 집권한 후 바람이 반대 방향으로 거세게 불기 시작했고, 불행히도 제가 법무심의관실 수석이었던 이원석 검사와 함께 그 지뢰의 담당자가 되었습니다. 특별사면이 되었다고 하더라도 결격사유는 해소되지 않는다고 아무리 주장해도 공허했지요. 법무부 장관의 뜻은 확고했고, 그 뜻을 관철할 의지로 충만한 검사들과의 논쟁은 무의미했습니다. 법과 정의의 수호자여야 할 검사가 상급자의 주문에 따라 법률 해석을 뒤집을 수 있는, 영혼 없는 공무원에 불과함을 깨달았던 그때의 자괴감을 잊지 못합니다.

2009년 5월 23일, 노무현 전 대통령이 서거한 주말. "노 대통령이 서거하셨다"는 다급한 연락을 받고 황급히 출근했습니다. 노태우 전 대통령이 서거한 것으로 오해하고, 직을 걸고 문제 제기하겠다는 각오를 다지면서도, 왜 하필 내가 담당자일 때 이런 일이 생긴 것인지 하늘이 원망스러웠습니다. 사무실에 도착하고 또 다른 이유로 경악했던 그날을 생생히 기억합니다.

2009년 8월 18일 김대중 전 대통령이 서거한 후 장례 형식을 논의하는 국무회의. 법무부 장관이 노태우 전 대통령 국립묘지 안장 문제에 대해 쐐기를 박으려는 듯 "국가보안법위반 면소 판결을 받은 김대중 전 대통령도 국립묘지 안장이 가능하듯 노태우 전 대통령도 안장이 가능하다"는 발언을 굳이 했다고 하더군요. 어느 시민 단체의 정보공개 청구로 문제 발언이 발각될 위기에 처하자, 행정안전부에서 그 발언을 삭제한 국무회의 회의록을 제공했다는 말을 전해 들었습니다. 법무부 장관의 해석 타당성은 차치하고 김대중 전 대통령의 장례 논의에서 가해자인 노태우 전 대통령을 언급하는, 그 역사와 인간에 대한 무례가 참담했고, 국민을 눈속임하려는 공직자의 처신은 황당했지요. 그러나 결국 저는 방관했고 침묵했습니다.

얼마 지나지 않아 국무총리실에서 회의를 소집했습니다. 해석 논란을 원천 봉쇄하기 위해 전직 대통령은 무조건 국립묘지에 안장될 수 있도록 법률을 개정하려는 관계 부처 대책 회의였지요. 국가보훈처 소관인 국립묘지의 설치 및 운영에 관한 법률 개정안을 발의할지, 여론의 주목을 피하기 위해 행정안전부 소관인 국장·국민장에 관한 법률 개정안을 발의하며 부칙으로 국립묘지의 설치 및 운영에 관한 법률을 슬쩍 개정할지를 논의했습니다. 소관 부처 관계자들이 서로 책임을 미루는 회의 자리에 저도 법무부 담당자로 참석했습니다. 법 개정은 국회 소관인데, 해석 논란이 없어진다면 제가 직을 걸 필요가 없겠다 싶어 함께 머리를 맞댔지요. 검사를 오래 하고 싶었으니까요. 부끄럽지만 저도 바람 부는 대로 흔들리는 바람개비였습니다.

2011년 6월, 12·12 쿠데타 주역으로 전두환 전 대통령의 경호실장을 지낸 안현태 전 장군이 사망하자, 국립묘지 안장 여부를 두고 전운이 감돌았습니다. 안현태 전 장군의 과거 행적과 사면을 받았던 실형 전과 등이 노태우 전 대통령과 유사하여 사실상 노태우 전 대통령의 전초전이었습니다. 국립묘지의 영예성에 비추어 비리 전과자의 안장은 이례적임에도 안장대상심의위원회 당연직 위원들이 있는 법무부, 행정안전부 등은 긴밀하게 움직였고, 민간심의위원들은 반발하여 사퇴하는 등 일대 소동이 벌어져 언론에까지 보도되었습니다. 그땐 제 담당 업무가 아니었지만, 안장대상심의위원회 회의에 대신 출석하여 반대표를 던지고 사직할까를 심각하게 고민했었습니다. 안장 선례와 상식에 어긋날 뿐만 아니라, 대한민국 역사에 죄를 짓는 것이니까요. 결국 상상만 했습니다. 그렇게 저는 또 방관하고 침묵했습니다.

지난 연휴 기간, 광주를 지나다가 국립 5·18민주묘지를 참배하며, 제 부끄러운 과거를 고백하고 사죄를 드렸습니다. 반성이란 잘못을 인정하는 데서 시작하니까요. 그리고 민주주의를 위해 산화한 영령들께 약속드렸습니다. 이 부끄러움을 평생 간직하며 더 이상 부끄럽지 않게 살겠다고.

뒷이야기

노태우 전 대통령의 국립묘지 안장 결격사유를 검토했던 제 전임자는 《검사내전》, 고발 사주 의혹 사건으로 이름을 떨친 김웅 국회의원(전 검사)입니다. 2008년 정권 교체로 풍향이 바뀌었음에도, '내란죄 등의 전과가 특별사면 되었어도 유죄판결을 받은 사실 자체를 지울 수 없고, 따라서 국립묘지 안장 결격사유가 해소되지 않는다'며 종전 법무부 유권해석을 뒤집을 수 없다고 버티다가 인사 불이익을 받았다고 하더군요. 보기 드문 소신파 선배라 생각하여 무죄 구형으로 정직 4개월을 받아 갈 곳이 없던 2013년 봄 무렵 교육과학기술부에 파견 나가 있던 김웅 선배에게 놀러가기도 했습니다.

그런 선배였는데, 2016년 7월 검찰을 바꿔보려고 종종거리는 제게 검찰 내부망 채팅으로 "십자가에 매혹당하지 마라. 19세기 이후 문명이 후퇴하고 있다는 게 정설인데, 무슨 역사의 발전이냐?"고 타박했습니다. 모진 풍파에 많이 지쳤구나 싶어 이해하면서도 서글픈 변화가 속상했지요. 그리고 2021년 10월 〈PD수첩: 누가 고발을 사주했나〉에서 익숙한 목소리를 들었습니다. 경험과 처지에 따라 사람이 달라지는 것은 인지상정입니다. 그 변화가 발전이냐, 퇴보냐에 대한 판단 역시 각자 위치에 따라 다를 겁니다.

각자 자신의 선택에 따른 책임을 지는 것이고, 누구도 역사의 냉정한 평가를 피할 수 없습니다. 김웅 선배가 타박할 때 저는 "역사의 시간을 어떻게 바라보느냐에 따라 삶은 달라진다. 이육사 선생님은 천고의 뒤를 바라보았다. 100년, 200년, 길게 보면 결국 나아간다. 나는 포기하지 않는다"고 답했습니다.

칼럼에서 언급한 김대중, 노무현, 노태우 전 대통령이 모두 돌아가셨고, 역사의 평가가 이루어지고 있습니다. 김웅과 저를 비롯한 공직자들 역시 역사 앞에 평가받는 날이 곧 오겠지요. 삶의 기로에서 각자의 선택이 달랐고, 각자의 후회 역시 달랐으니 그 후의 삶과 평가도 달라집니다. 하여 역사의 평가는 오롯이 자신의 책임입니다.

불의에 침묵하고 방관하고 어울린 부끄러운 제 잘못과 앞으로 그렇게 살지 않겠다는 약속을 기억합니다. 갈림길에서 주저될 때마다 하늘을 우러러 더는 부끄럽지 않겠다던 다짐을 되새기고 용기 내어 한 걸음 한 걸음 내딛다 보면 이육사, 윤동주 시인, 문익환, 박형규 목사 등 참혹한 시대를 이겨낸 거인들의 뒷모습을 아주 조금은 닮아있지 않을까요. 그렇게 살아가기를, 살아내기를 소망합니다.

그물에 걸리지 않는 바람처럼 가리라. 그리 마음먹고 가지만,
기실 바람이 아니다 보니, 그물에 걸리면 생채기가 생긴다.
이렇게 부딪쳐 가다 보면 결국 그물이 찢길 터. 그리 믿고 씩
씩하게 걷자. 그리고 내 뒷사람들이 아프지 않게 이 그물을
찢어버리고 말 테다.

2012년 9월 박형규 목사의 대통령긴급조치위반 등 과거사
재심 사건에서 무죄 구형을 하며 검찰 과오를 반성했다가 간부
들에게 시달린 후 일기장에 남긴 다짐입니다. 검사로서 당연히
해야 할 일을 하고 저처럼 괴로움을 겪지 않아야, 후배 검사들
이 떳떳한 삶을 한결 쉽게 선택할 수 있습니다. 그래야 사법 정
의가 바로 설 수 있겠지요. 검사이자 선배의 의무입니다.

　그해 12월 또 다른 과거사 재심 사건에서 무죄를 무죄라고
말하기 위해, 검찰청법 조문 사이에 잠자고 있던 이의 제기권

을 흔들어 깨웠습니다. 이의 제기권은 상급자의 위법한 지시에 저항할 수 있는 합법적인 무기라, 2004년에 도입되었지만 수뇌부가 절차 규정을 만들지 않는 방법으로 사문화해 검사 대부분이 그 존재조차 알지 못했습니다. 어느 날인가 법전을 뒤지다 우연히 이의 제기권 조항을 발견하고, 누가 감히 행사할까 싶어 웃었는데, 문득 돌아보니 제가 꺼내 들고 있었습니다. 중징계를 받았지만 5년에 걸친 소송 끝에 징계는 취소되었고, 업무 특성상 절차 규정을 만들 수 없다고 우기던 검찰은 2017년 12월 검사의 이의 제기 절차 등에 관한 지침을 결국 만들었습니다.

안도하고 감사하면서도, 무언가 미진하고 허전했습니다. 뭘까? 왜지? 이내 답을 찾았습니다. 항명을 용납하지 않는 조직 문화에서 '누가 감히 행사할 수 있나?'라는 현실이 바뀌지 않는 한, 이의 제기권은 다시 잠들어 버릴 것이란 걸 우리 모두 잘 알고 있지요. 어떻게 해야 할지를 계속 저에게 묻고 또 물었습니다. 2018년 3월 저는 검사들의 직무유기와 직권남용을 징계하고 수사해 달라고 대검 감찰제보시스템을 두드리기 시작했습니다.

상급자의 위법한 지시에 복종하여 마땅히 해야 할 일을 하지 않고 결코 해서는 안 될 일에 가담하면, 검사도 처벌받는다는 명확한 선례를 만들어 보기로 마음먹었지요. 항명으로 인한 불이익도 두렵지만, 복종으로 인한 불이익이 더 크면, 검사들도 결국 이의 제기권을 행사할 수밖에 없을 테니까요. 무엇이 옳은가에 대한 고민 없이 상급자의 지시에 맹목적으로 복종하는 사람은 검사일 수 없습니다. 그런 검사들을 처벌하여 상명하복을 최우선시하는 조직 문화에 경종을 울려 기강을 바로 잡아야만, 검찰이 바로 설 수 있고, 검찰이 바로 서야만 사법 정의도 바로 섭니다. 저는 읍참마속泣斬馬謖*의 심정으로 동료의 잘못을 조사해 달라고 문을 두드리기 시작했습니다.

마침 검찰에서 노골적으로 제 식구 감싸기를 하여 범죄를 저지른 검사의 사표를 조용히 수리하고 사건을 덮었다가 외력에 떠밀려 뒤늦게 수사 중인 사건들이 있었습니다. 검사들의 범죄를 눈감아 준 검사들에 대한 징계 시효와 공소시효가 다행히 남아있어 선례를 만들 천재일우의 기회였지요. 그러나 기소독점권을 가진 검찰이 스스로에게 족쇄가 될 선례를 결코 만들려 하지 않으리란 것을 잘 알고 있었습니다. 자정능력이 있는 검찰이었다면, 지금처럼 거센 개혁 요구에 직면하지 않았을 테니까요.

예상대로 대검은 2015년 김형렬 전 부장검사와 진동균 전 검사의 성폭력 범죄를 은폐한 자들에 대한 징계와 수사 요청을 묵살했습니다. 부득이 저는 서울중앙지검에 고발장을 냈으나 고발장을 낸 지 1년이 넘도록 진척이 없습니다. 대검에서 이미

---

* 　중국 촉나라 재상 제갈공명이 울면서 마속의 목을 벤 고사. 공정한 업무 처리와 법 적용을 위해 사사로운 정을 포기함을 가리킨다.

직무유기가 아니라고 선언한 사건이라 서울중앙지검의 결론이 다르리라고 기대하지 않았습니다만, 고발인 조사를 받고 보니 더욱 기대를 접게 되었습니다. 검사동일체 원칙은 아직도 확고한 검찰의 현실이고, 기소독점권과 수사권으로 쌓아올린 검찰의 방어벽은 너무도 강고합니다. 직무유기 고발인에게도 재정신청권을 부여하는 형사소송법 개정과 재정신청을 염두에 두고 고발장을 제출한 것이라 실망할 게 없는데도, 서글픈 마음을 어쩌지 못합니다.

그래서 저는 다시 2016년 부산지검 귀족 검사의 고소장 위조 등 은폐 사건을 가지고 경찰청으로 갔습니다. 상명하복이 검사들에게 면죄부가 될 수 없고, 검찰의 조직적 일탈도 법에 따라 처벌받는다는 선례를 만들 때까지 계속 두드려 볼 각오니까요. 5월 31일 서울지방경찰청에 출석하여 포토 라인에 서서 카메라와 마이크 너머 자욱이 날아오는 돌팔매들을 보았습니다. 마음이 아리지만 어차피 가기로 작심한 길이니, 비명 대신 노래를 부르며 가려 합니다. 현재의 검찰에 대한 슬픈 노래哀歌이자 마땅히 있어야 할 그 검찰에 대한 제 사랑 노래愛歌가 지금은 너무도 미약하지만, 언젠가 동료들과 함께 어우러져 함께 부르는 합창이 되는 날, 검찰이 진정 국민에게 신뢰받는 검찰로 우뚝 서겠지요. 그날이 언젠가 오리라고 저는 굳게 믿습니다.

뒷이야기

큰 현안들이 얼마나 많은데 묵은 또는 사소한 몇몇 사건에 그리 집착하냐는 핀잔을 검사들에게서 종종 들었습니다. '묵은' 혹은 '사소한'에 대한 견해차도 견해차려니와, 디딤돌 판례 만들기의 중요성을 모르는 척하는 그들이 의아했지요. 디딤돌 판례 만들기의 중요성과 보람을 제게 가르쳐 준 이는 다름 아닌 검찰입니다.

제가 힘겹게 징계 취소 판결을 받아낸 후 무죄 구형을 극렬 반대하던 검찰이 손바닥 뒤집듯 입장을 바꾸어 〈과거사 재심 사건 대응 매뉴얼〉을 일선에 배포했지요. '법원의 재심 개시 결정에 대해 더 이상 다투지 말고 무죄 구형하라'고 지시했습니다. 검찰의 돌변은 정권 교체 때문이겠지만 제 징계 취소소송 판결 영향이 없지는 않을 거란 생각에 벅찬 희열을 느꼈습니다.

깨달았습니다. 법과 제도, 조직 문화 개선은 제 능력 밖이지만 검찰 치부를 세상에 드러내어 판결을 이끌어 내는 것 정도는 할 수 있다는 걸. 제 검사 인생을 건 새로운 목표를 세웠습니다. 그리고 위법한 징계, 검사 블랙리스트 피해 등에 대한 국가배상 소송을 제기하고, 고발장과 공익 신고서를 연이어 제출했습니다.

검사가 마땅히 해야 할 일을 하고도 상사의 위법한 지시를 거부했다는 이유로 고통받는 일이 더 이상 반복되지 않도록 검찰의 잘못임을 명확히 하고, 해야 할 일을 하지 않을 때 검사도 처벌받는다는 당연한 명제를 판결로 확인받기 위한 대^對 검찰 선전포고입니다. 디딤돌 판결을 받아낸다면 더할 나위 없는 보람이겠지만, 여의찮더라도 검찰의 썩은 부위가 햇살 아래 드러나면 결국 고쳐질 테니 이 역시 더할 나위 없는 보람이지요.

제가 아무리 대검 감찰제보시스템을 두드리고 고발장을 내도, 검찰은 사실상 수사하지 않을 겁니다. 설혹 수사하는 체 하더라도 피해자나 목격자로서 관련 진술을 해야 할 검사들이 적극적으로 사실과 다른 이야기를 하거나, 소극적으로 모른다고 거짓말할 것도 계산해야 하는 상황입니다. 불가능한 꿈을 꾸는 돈키호테가 되어 풍차를 향해 달려가며 생각했지요. 울돌목은 어디인가. 하여 검찰이 당초 덮었다가 여론에 떠밀려 뒤늦게 기소하여 관련자들의 검찰 진술이 확보되어 있고 판결문 입수가 가능한 사건 중에서, 피해자, 목격자 등에게 공소장이나 판결문에 실리지 않는 뒷이야기를 자세히 들어 제가 잘 아는 사건으로 엄선하여 고발했습니다.

처음엔 서울남부지검 성폭력 은폐 사건만 문제 삼으려 했습니다. 부산지검 윤혜령 검사의 고소장 등 위조 은폐 사건의 경우, 2016년 윤 검사의 사표에 제가 관여한 것이 있어 미안한 마음에 들추어내고 싶지 않았으니까요. 당초 부산지검은 윤 검사의 범죄를 알면서도 덮어두려고 했지요. 윤혜령은 배경이 대단

한 소위 귀족 검사입니다. "2015년에도 윤혜령이 사고 쳤는데 넘어가더니 또 봐주냐"고 울분에 찬 부산지검 검사, 수사관, 실무관 들이 윤혜령과 부산지검 수뇌부를 성토하느라 2016년 그 때 채팅창이 불이 났습니다. 당시 의정부지검에 근무하던 저에게도 속보가 이어졌고, 그냥 넘길 일은 아닌 듯해 감찰 쪽에 정보를 흘려보냈습니다. 대검에서 진상 조사가 나오는 상황에 이르자 부산지검에서 윤혜령의 사표로 마무리를 지었습니다. 제가 잘못한 건 없지만 인간적으로 윤혜령에게 미안한 마음이 없지 않아 더는 문제 삼고 싶지 않았습니다.

그런데 서울중앙지검에서 서울남부지검 성폭력 은폐 사건 고발인 조사를 받은 후 생각이 바뀌더군요. 2018년 11월 천헌주 검사는 "(친고죄 폐지로) 설혹 성폭력 피해자 의사와 관계없이 조사를 계속해야 할 의무가 있다고 하더라도, 피고발인인 장영수 감찰1과장 등이 자신에게 조사 중단의 재량이 있는 것으로 오판했을 경우 직무유기 고의를 인정할 수 있다고 보느냐?"고 물었습니다. '검사가 마음대로 해도 된다고 생각하고 마음대로 한 것이다. 직무유기가 성립하려면 고의가 있어야 하는데, 고의가 없으니 처벌할 수 없다'는 황당한 주장을 질문에 그렇게 담더군요. 순간 고발인 신분을 망각하고 선배의 입장에서 천헌주 검사를 엄히 훈계했습니다.

고발인 조사 후 제 진술 조서를 복사해 달라고 요청했는데, '고발인 진술 조서 사본을 고발인에게 주면, 사건 관계인의 명예나 사생활의 비밀과 평온 등을 침해할 우려가 있다'는 황당한 이유로 거부당했습니다. 정보공개 소송을 제기하겠다고 경고도 했습니다. 서울중앙지검은 꿈쩍도 하지 않았습니다. 서울중앙지검장을 상대로 정보공개 소송을 제기한 후 "임은정 검사, 윤석열 지검장에 소송······ '내 진술 조서 달라'" 등의 제목으로 언론 보도가 이어지자, 서울중앙지검은 비로소 제 진술 조서를 복사해 주었습니다.

수사검사의 질문은 물론 검찰의 조치도 상식 이하였습니다. 무혐의 결정이 확실시되고, 직무유기 공소시효가 얼마 남지 않았는데, 공수처가 언제 생길지 기약이 없는 상황이었습니다. 부득이 공소시효가 좀 더 남은 부산지검 고소장 등 위조 은폐 사건 고발장을 작성했습니다.

부산지검 귀족 검사의 고소장 등 위조 은폐 사건 경위는 다음과 같습니다. 윤 검사가 고소 사건 기록을 분실하자, 2015년 12월경 기록 창고에 보관된 그 고소인의 종전 고소 사건 불기소 결정 기록들을 대출받아 고소장들을 일괄 복사했습니다. 이후 그중 하나를 골라 기록을 분실한 사건의 고소장 원본인 것처럼 사건 기록을 만들어 사문서인 고소장과 공문서인 사건 기록 표지를 위조했습니다. 고소장 원본이 복사 문서인 것이 어색하여 부장에게 들통이 날까 봐 신경 쓰였는지, '고소인은 손으로 고소장을 1회 작성하여 제출했다가 불기소된 후 종전 고소장을 복사하여 반복 제출하는 방법으로 6회에 걸쳐 고소를 이어온 자'라는 취지의 수사관 명의 거짓 수사보고서도 만들어 기록에 편철했습니다. 그러나 그 고소인은 손으로 그때그때 고소장을 써서 제출해 온 민원인이었습니다. 결론적으로 윤혜령 검사는 고소 사건 기록 전체를 위조한 후 12월 31일 불기소 의견으로 결재를 올렸고, 이런 사정을 전혀 몰랐던 부장은 그대로 결재하여 불기소로 종결되었습니다.

그러나 범행에 동원된 실무관들이 여럿이라 소문이 퍼졌고, 고소인이 뒤늦게 알고 항의했다는 풍문도 돌았습니다. 그런데도 부산지검 수뇌부가 덮으려고 하니 격분한 사람들이 한둘이었겠습니까. 대검 감찰1과의 진상 조사 지시로 부산지검에서 감찰에 착수하긴 했는데, 당초 덮으려던 사안이라 사표를 수리하는 선에서 봉합됐습니다. 당시에는 그게 어디냐 싶었는데, 《조선일보》에도 제보가 들어가 보도되는 바람에 시민 단체가 고발하여 윤혜령은 결국 형사 입건되었습니다. 부산지검은 수사를 질질 끌다가 2018년 10월 마지못해 윤 검사를 기소했습니다.

그런데 부산지검은 시민 단체와 언론이 사실관계를 정확히 모르는 것을 이용하여 농간을 부렸지요. 윤혜령을 정식으로 기소하여 엄정하게 처리하는 체하면서, 윤혜령의 범죄 중 가장 죄질이 가벼운 기록 표지 위조, 행사로만 기소했습니다. 부산지법은 윤혜령의 범죄가 그게 전부인 것으로 오해하고, 2019년 6월 '검찰 내부 문서인 기록 표지가 위조된 것으로써, 기록 표지 자체가 어떠한 권리·의무 관계에 영향을 미치는 문서에 해당한다거나 형사 절차와 관련된 중요한 문서라고 볼 수 없다'는 등의 이유로 선고유예를 선고했습니다.

제가 고발을 감행하자, 윤 검사의 기록 위조 행각을 제게 말해준 사람들이 소위 빨대라는 사실이 들킬까 봐 겁에 질려 자신을 숨겨달라고 부탁했습니다. 제가 누구에게서 들었다고 특정해 봐야 예수를 부인했던 베드로처럼 '나는 모른다. 임은정이 거짓말하는 거다'라고 거짓말할 것도 알았습니다. 때문에 고발인 조사를 받으며 풍문으로 들은 것처럼, 시민 단체의 고발로 뒤늦게 처벌받은 윤혜령의 판결문을 열람하여 아는 것처럼 둘러댔습니다.

부산지검에서 윤혜령의 공문서위조 사건 기록을 제대로 복사해 주지 않아 서울지방경찰청에서 압수수색영장을 3회에 걸쳐 신청했는데, 서울중앙지검은 연이어 기각했지요. 경찰은 검찰의 방해로 사건 실체에 접근할 수 없어 서울중앙지검 형사 3부의 압수수색영장 기각 결정문 문구대로 불기소 의견으로 송치할 수밖에 없었습니다. 윤혜령의 사표 수리 당시 대검 감찰1과장이었던 조기룡 검사가 명예퇴직을 위해 형사사건이 빨리 종결되기를 원하여 검찰의 불기소 결정이 임박했을 때, 저는 수사검사인 서울중앙지검 조주연 검사에게 부산지검 내부 사정을 잘 알던 참고인으로 검사 한 명을 사실상 특정해 주었습니다. 거짓말할 거라고 예상했지만, 이제 부장으로 승진한 검사라 양심과 진실을 요구하고 싶었으니까요. 불기소장을 보니 예상대로 모른다고 부인했더군요. 그 후배가 조주연 검사에게 거짓말을 하며 날 원망했겠다 싶어 지금도 연락을 못 합니다.

조기룡 검사가 2019년 5월 31일 검사게시판에 올린 〈부산지검 윤혜령 검사의 사표 수리에 대한 당시 감찰부의 입장〉에서도 그랬지만, 서울중앙지검 조주연 검사의 불기소 결정문 역시 윤혜령이 기록 표지만 위조하고 행사한 것처럼 사실이 아닌 사실관계를 주장하더군요. 사실관계부터 바로잡아야 윤혜령의 범죄를 은폐한 검사들을 제대로 처벌할 수 있을 듯하여 아직 처벌받지 않은 고소장과 수사보고서 위조 등 나머지 혐의로 윤혜령을, 직권남용으로 대검과 부산지검 관계자들을 2021년 7월 국민권익위원회에 공익 신고했고, 현재 공수처 수사 중입니다.

저는 워낙에 찍힌 사람이라 더 이상 찍힐 자리도 남지 않았다고 생각했습니다. 그런데 웬걸, 서울중앙지검에 고발장을 낸 후가 다르고, 서울지방경찰청에 고발장을 낸 후에는 더욱 달랐습니다. 이단아에서 외국인으로, 우리 은하 밖 외계인으로 쏜살같이 튕겨나가더군요. 제가 탄 비행물체는 SF영화에서 더러 나오는, 광속보다 빠르다는 워프 항법으로 순간 이동했습니다. '정치하려고 저런다', '변호사 업계가 어려워서 나가지 못하고 조직에 재 뿌리려고 저런다', '출세하려고 저런다' 등 별별 비난을 듣고 있습니다만, 누가 대한민국과 검찰을 위하는가에 대한 역사의 평가 앞에 저는 떳떳합니다.

역사에 헛됨은 없습니다. 문이 열릴 때까지, 벽이 부서질 때까지 저는 두드릴 것이고, 결국 검찰은 바뀔 것입니다. 그 벽이 아니라 벽을 부수는 귀한 역할이 제게 주어진 것에 감사하며 계속 두드려 보겠습니다.

차기 검찰총장에게 바란다

지난 6월 25일, 검찰 과거사위원회 권고에 따라 문무일 검찰총
장은 과거 검찰권 행사가 불공정했음을 인정하고 사과했습니
다. 2012년 9월 박형규 목사의 대통령긴급조치위반 등 과거사
재심 사건에서 과거사 반성을 했다가, 간부에게서 "선배들을
권력의 주구로 몰았다"는 질책을 들은 게 불과 몇 년 전이라,
놀라운 변화에 안도하고 감사했습니다. 그러나 너무도 늦은 검
찰의 두리뭉실한 사과에 사법 피해자들과 국민이 검찰을 용서
해 줄지 자신이 없습니다.

과거사위원회 권고로 몇몇 사건은 재수사에 착수하여 수사
결과가 뒤집히기도 했습니다. 하지만 대개의 사건은 공소시효
등 한계를 넘지 못하여 책임자 처벌에 실패했고, 이제는 검찰
총장의 사과로 정리되는 수순입니다. 불공정했던 수사 책임자
들은 도대체 어떤 생각으로 검찰을 이끌었을까? 몹시 궁금하
여 이프로스를 뒤져보았습니다.

미래는 꿈꾸는 자의 것입니다. 저는 정치적 외풍에 흔들림 없이 오직 진실만을 추구하고 부정부패에 추상같이 정의로운 검찰을 꿈꿉니다. 국민의 인권을 소중히 여기고, 죄는 미워하되 죄인은 미워하지 않는, 맑고 밝고 바르고 따뜻한 검찰을 소망합니다. 저는 어떤 어려움과 어떤 희생도 마다하지 않을 것입니다. 자리에 연연해서 할 말을 못 하거나, 합리적인 소신을 굽히는 일도 결코 없을 것입니다.

2007년 11월 임채진 검찰총장은 이런 취임사로 임기를 시작했지만, 정권의 입맛에 맞춰 정연주 KBS 사장을 배임으로, 광우병 방송 관련 〈PD수첩〉 관계자들을 명예훼손으로 무리하게 기소하는 등으로 정치 검찰이라는 오명을 더욱 짙게 한 채 중도 사퇴했지요.

우리의 상대는 범죄 그 자체입니다. 죄를 저지른 사람의 지위나 신분이 높건 낮건, 힘이 있건 없건, 고려치 않아야 합니다. 부패와 비리에 대해서는 일체의 관용도 없어야 합니다. 바람이 불고 파도가 쳐도, 저는 흔들리지 않을 것입니다.

2009년 8월 김준규 검찰총장도 이런 포부를 밝히며 취임했습니다만, G20 정상 회의 홍보 포스터에 풍자 쥐 그림을 그린 사람에 대한 무리한 구속영장 청구, 사건 청탁을 대가로 차량

등을 선물받은 속칭 '그랜저 검사'에 대한 부실 수사와 과감한 불기소 결정 등으로 여론의 호된 질타를 받았습니다.

검란 사태로 2012년 12월 중도 사퇴한 한상대 검찰총장, 혼외자 논란을 초래한 채동욱 검찰총장, 제가 직무유기 등으로 수사기관에 고발한 김진태, 김수남 검찰총장을 비롯해 역대 검찰총장들의 취임사와 퇴임사를 순서대로 찾아 읽어보았지요. 비장하고 결연한 단어들이 칼날인 양 화면을 뚫고 나오는 듯하다가, 그분들의 행적을 떠올리면 장식용 칼인가 싶어 검찰 구성원으로서 마음이 무참해집니다. 검찰로서도 비극이지만, 국민과 국가에는 더할 나위 없는 참사입니다.

문무일 검찰총장은 취임사에서 "우리의 변화되어 가는 모습에 국민이 감동을 느끼게 해보자"고 했지만, 검찰의 변화 속도가 시대의 변화 속도보다 더뎌 국민의 기대와 요구에 턱없이 부족합니다. 임기가 곧 끝나는 검찰총장이 기자 간담회에서 한 사과에 진심을 담아내는 것은 차기 검찰총장과 검찰에 남은 사람들의 몫입니다.

검찰은 범죄자에게 죄에 상응하는 책임을 묻는 법집행기관입니다만, 정작 내부에서 상명하복하여 검찰권을 불공정하게 행사한 검사들은 인사로 보답받을 뿐 문책받지 않았습니다. 차기 검찰총장은 이제라도 책임을 물어주십시오. 읍참마속 없는 사과와 공직 기강 확립은 공염불에 불과합니다.

검찰에게, 검찰총장에게 집중된 권력을 옆으로, 아래로 나누어 주십시오. 절대 권력은 절대 부패합니다. 검찰이 막중한 검찰권을 감당하지 못하여 개혁 대상이 되었습니다. 감당할 수 없다면, 내려놓는 것이 공직자의 마땅한 도리입니다.

윤석열 검찰총장 내정자는 국정원 대선 개입 사건을 수사하며 원세훈 전 국정원장을 공직선거법위반으로 기소하기 위해 직을 걸어 후배들의 귀감이 된 선배입니다. 국민이 2013년 서울고검 국정감사장에서의 결기를 기억하고 환호할 때, 주범인 원세훈이라도 기소하려고 상부의 압력에 굴복하거나 타협하여, 결국 불기소해 버린 국정원 간부들 사건을 비롯한 부끄러운 일들을 기억해 주십시오. 그 부끄러움이 양심의 거울이 되어줄 테니까요.

"역사를 거울로 삼으면 흥망을 알 수 있고, 동으로 거울을 삼으면 의관을 바로잡을 수 있으며, 사람을 거울로 삼으면 잘못을 바로잡을 수 있다"고 한 중국 당 태종의 지혜는 리더의 덕목입니다. 검찰이나 정권이 아니라 나라를 앞세우고, 쓴소리에 귀를 열어주십시오. 검찰에게 고통스러운 격랑의 시간입니다만, 국민의 신뢰를 되찾을 마지막 순간이라는 절박함으로 검찰을 이끌어 줄 것을 부탁드립니다. 저 또한 그러한 절박함으로 앞으로도 건의와 비판을 멈추지 않을 것이고, 잘못을 저지른다면 직을 걸고 말려보겠습니다.

2019년 7월 12일, 윤석열 검찰총장 내정자에게 다음과 같은 메일을 보냈습니다.

징계를 받고 창원지검으로 날아가 있다가, 대구고검으로 날아온 검사장님을 찾아뵌 게 불과 몇 년 전입니다. 이제 검찰총장 내정자인 검사장님 앞으로 메일을 쓰게 되다니 상전벽해와 같은 변화에 뭉클하기도 하지만, 두렵기도 합니다. 시대의 격랑이 또 우리를 어디로 보낼지 알 수 없으니까요. (중략) 위로 계속 오르다 보면 저 아래 비명이 잘 들리지 않습니다. 사람의 그릇에 따라 정도의 차이야 있겠지만, 조직 체계상 겹겹의 인의 장막에 눈과 귀가 가려지게 되는 것은 모든 조직에서 동서고금을 막론하고 늘 일어나는 일이지요. 저는 지금까지 그러했듯, 이제는 검찰총장이 된 검사장님을 향해 목청을 높여 쓴소리할 각오입니다. 이것이 제가 검찰에서 감당해야 할 사명이라고 굳게 믿으니까요.

검찰총장 청문회에서도 말이 나왔고, 검찰 내부에서 걱정하는 것은 특수통 전성시대가 더욱 확고해지지 않을까 하는 것입니다. 우병우 라인이 대윤 라인이고, 대윤 라인이 소윤 라인인 것은 공지의 사실이지요. 몇몇 검사들이 약간 솎아지긴 했지만, 정치 검사들이 여전히 잘 나가고 있고, 앞으로도 잘 나갈 거라는 걸 검찰 내부는 모두 알고 있습니다. 조상철은 대검 차장, 김기동은 고검장 확정적, 한동훈은 검사장 확실, 신자용은 요즘 핫한 서울남부지검 2차장 등 여러 말들이 떠돌고 있지요. 잘나가는 간부들은 대개 정치 검사라 다 솎아내면 남은 사람들이 있을까 싶은 게 검찰의 현실이긴 합니다만, 도드라진 자들에게는 책임을 물어야 하지 않겠습니까?

이제는 특수통 보스가 아니라 대한민국 검찰을 이끄는 검찰총장입니다. 검사장님에게 보내는 국민의 환호와 응원이 차디찬 실망으로 돌아서는 것은 한순간이지요. 검찰이 국민에게서 신뢰를 되찾을 마지막 기회를 헛되이 날리지 않으셨으면 좋겠습니다. 간부들이 대개 그 모양이라 다 버리라고 차마 말씀드리지 않겠습니다만, 너무 도드라졌던 정치 검사들은 버려야 합니다. 검사장님이 정치 검사들의 방패막이로 소모되면, 국민이 대한민국 검찰에 더 이상 기대를 품을 수 있겠습니까?

인사를 앞두고 이런저런 소문과 우려의 말들이 떠돌기에 축하 인사를 드리면서, 첫 고언을 띄웁니다.

보스형 검찰 조직론자임을 잘 알기에, 검찰총장 후보가 되었을 때부터 걱정했습니다. 너무 위험하다 싶었으니까요. 후보군 중 고를 만한 사람이 달리 없다는 것을 잘 알면서도 조마조마했습니다. 국정원 대선 개입 사건 항명 파동으로 3년간 고검을 떠돌며 검찰의 밑바닥을 짧게나마 겪었으니 좀 바뀌었기를 기대했습니다만, 전해오는 소문은 흉흉했지요. 하여 검찰총장 취임 전 고언 메일을 띄웠습니다. 듣지 않을 거란 걸 알면서도 아랫사람으로서의 도리를 다할 생각이었으니까요. 슬프게도, 보스형 검찰 조직론자의 인식과 한계는 여전하더군요. 많이 슬펐습니다.

그리고 한참 후인 2021년 2월 27일. 제가 당시 수사하고 있던 모해위증 교사 의혹 사건에서 직무 배제된 후 다시 메일을 띄웠습니다.

> 2020년 9월, 대검 감찰정책연구관으로 부임하며 포부가 적지 않았습니다. 공수처가 생기기 전 검찰 안의 공수처로 고질적인 병폐를 조금이나마 도려내고, 검찰이 대외적으로 천명하는 법과 원칙에 따라 신상필벌을 좀 더 엄정하게 할 수 있을 것 같았습니다. 하지만 검찰 내외 많은 사람의 기대와 경계심이 무서웠지요. 저도 사람이니까요.
>
> 감찰 업무를 담당하는 다른 감찰부 검찰연구관들과 달리, 저는 압수수색·구속영장 청구권 등 강제력이 부여되는 수사권이 없었습니다. 총장님이 감찰정책연구관이니 그 명칭대로 감찰 정책을 연구하라거나, 불공정성이 우려된다며 서울중앙지검 검사 직무대리 발령을 거듭 보류했으니까요.
>
> 대검에 있는 비직제 보직인 양형정책관처럼 고참 부장급,

지청 차장급 사법연수원 30기를 대검 검찰연구관으로 발령하며 '감찰 정책'을 붙여 기수 대접을 한 것에 불과한데, 명칭이 감찰정책연구관이니 감찰은 하지 말고 정책 연구를 하라는 말이 실망스러웠습니다. 그리고 무엇보다, 직전 근무지인 울산지검에서 민생 등 각종 사건을 수사했고, 대검을 떠나 일선청에 복귀하면 당연히 수사 업무에 종사할 저에게 불공정 우려를 내세워 "대검 감찰부에서 '검사'를 상대로 하는 수사는 하지 말라"는 통보라 매우 걱정스러웠습니다. 검사를 상대로 하지 않는 수사는 불공정 우려가 없어 해도 되지만, 검사를 상대로 하는 수사는 불공정 우려가 있어 하면 안 된다? 국민과 검사에 대한 잣대를 달리 취급하는 발언이 아닌가요? 잣대가 달라도 됩니까?

지난 2월 26일, 어렵게 서울중앙지검 검사 겸직 발령을 받아 수사권을 부여받았습니다. 지난 몇 달간 직접 조사해 온 모해위증 교사 민원 사건 공소시효 완성이 임박했기에 모해위증한 사람들을 입건하겠다는 보고서를 올렸지요. 쉬이 허락될 리 없다는 걸 잘 알고 있었습니다. 과거 검찰의 무리한 특수수사를 입건하여 기소하겠다는 취지이고, 특수통 검찰총장님이 매우 아끼는 후배로 널리 알려진 검사가 직접적으로 관련되어 있는데, 쉬이 결재가 날 리 있겠습니까? 그럼에도 소망하는 마음으로 결재를 올렸습니다.

검찰총장님이 신년사에서 강조한 '공정한 검찰', '국민의 검찰', '인권 검찰'을 위해서는 읍참마속할 의무가 검찰총장님에게 있으니까요. 검찰총장실과 차장실 문턱이 높아 직접 보고드릴 수가 없어 부속실 직원 편으로 서류를 보내고, 전자 결재도 올렸습니다.

퇴근 무렵 차장님 반려 지시서를 전달받았습니다. '임은정 검사는 감찰1과, 3과 소속도 아니고, 검찰 공무원에 대한 감찰과 수사 업무를 수행하기 위해 필요한 검찰총장의 별도 지시와 사건 배당도 없었으니 감찰과 수사할 적법한 권한이 없음을 통보한다.' 너무도 궁색하여 어찌나 실망스럽던지요.

검사는 범죄 혐의가 있다고 판단되면 형사소송법과 검찰청법에 따라 수사를 해야 합니다. 수사권이라는 용어로 인해 권한인 듯 오해하기 쉽지만, 수사는 의무입니다. 따라서 검사인 저는 담당 민원 사건 조사 중 범죄 혐의를 포착하면 수사로 전환해야 합니다. 그런데 차장의 반려 지시서에 따르면, 저는 검찰총장이 지시해야 비로소 법적 의무인 수사를 할 수 있다고 합니다. 검찰총장의 지시가 형사소송법보다 앞선다는 말인데, 과연 그러합니까. (중략)

얼마 전 제가 조사했던 한 재소자에게서 편지를 받았습니다. 2010년 12월 무서워서 수사관이 불러주는 대로 허위 진술서를 쓴 걸 지금도 많이 부끄러워하는 분입니다. '당시 제가 뭘 모르고 어리고 겁먹고 했다손 치더라도, 제가 그렇게 행동한 결과 누군가에게 치명적인 피해가 갔기에 이렇듯 부끄럽고 가책을 받는 것이라, 제가 감당할 일이라고 생각하고, 다시 같은 상황이 온다면 피하지 않겠다고 마음먹고 있습니다.'

울컥했습니다. 동료들의 따갑고 차가운 시선들과 비협조에 지쳐 그만두고 싶다는 생각이 종종 들었거든요.

저도 피해서는 안 되겠지요. 대한민국 검사니까요. 형사소송법과 검찰청법에서 부여한 제 수사권을 박탈하고자 한다면, 민원 사건에서 저를 배제하는 취지임을 명확히 해주시고, 또한 직무 이전·승계권은 차장이 아니라 검찰총장 권한이니 검찰총장님이 역사에 책임지는 자세로 서면으로 직무 이전권을 행사해 주시기 바랍니다.

P.S. 검찰총장님이 2013년의 조영곤 검사장님과는 다른 선택을 해주셨으면 좋겠습니다.

메일을 띄웠다고 문자메시지도 보냈지만, 윤석열 검찰총장은 2019년 때와 달리 제 이메일을 끝내 열어보지 않은 채 2021년 3월 4일 사퇴한 후 정치권으로 갔습니다. 메일의 공동 수신인인 조남관 차장이 열어보았으니 사진 파일로 전달받아 읽기는 했을 겁니다. 갈림길에서 윤석열 검찰총장과 저의 선택은 달랐지요. 윤석열 전 검찰총장과 조남관 전 차장을 고발하고 재정신청을 했습니다만, 법의 심판과는 별개로 누가 검사인가, 누가 대한민국과 검찰을 위했는가에 대한 역사의 저울 앞에 곧 함께 설 겁니다. 담담하게 기다리고 있겠습니다.

우리를 믿지 마세요

세월호 뉴스로 신문이 도배되던 2014년 어느 날, 후배의 하소연을 들었습니다. 제법 큰 특수수사로 대기업 임원 여럿을 구속했는데, 구속 기간을 연장하려고 하자 부장이 "세월호 뉴스를 덮어야 하니 바로 기소하고 보도자료 뿌려라. 보완 수사는 기소 후 해도 된다"고 했다던가. 다행히도 후배가 항의하여 구속 기간을 연장했고 보도자료는 수사가 마무리된 뒤 배포되었습니다. 일선 지검에 보도될 만한 거리를 빨리 생산하라는 지시가 명시적으로 내려오지는 않았을 터. 보도자료 배포 시기 즉, 기소 시점을 정함에 있어 인사권자 심기를 알아서 경호하는 부장의 우국충정(?)에 황당했습니다. 그 간부의 놀라운 배려는 수사 결론을 정할 때도 일상적으로 발휘되지 않았을까요.

지난 7월 서울중앙지검 4차장으로 발령 난 한석리* 검사에 대해 "2012년 서울중앙지검 형사1부 검사로 이명박 대통령 일

가의 내곡동 사저 부지 헐값 매입 사건을 맡았다. 당시 무혐의 결정했지만 대검의 무혐의 지시에 맞서면서 강한 인상을 남겼다"는 일화가 미담으로 언론에 소개됐습니다. 내곡동 사저 사건 불기소 결정 당시, 저는 서울중앙지검에서 근무했기에 그때 이미 알고 있었지요. 무법천지 아수라장을 목도하며 얼마나 황망하고 참담했겠습니까? 검사 선서문에서 요구하는 불의의 어둠을 걷어내는 용기와 오로지 진실만을 따라가는 공정함을 가진 검사들은 현실에 없었습니다.

수사팀이 무혐의 이유가 써지지 않는다고 버틴 걸 괘씸해 한 수뇌부의 조치로 인사 불이익을 받고, 또 결국에는 무혐의로 결정했다며 정치 검사라는 욕도 배불리 먹는 수사팀을 바라보며, 검사들은 "버티려면 끝까지 버티고, 엎드리려면 잽싸게 엎드려야 한다"고 수군거렸습니다. 그해 12월 저는 과거사 재심 사건 무죄 구형 강행을 위해 공판검사 출입문을 걸어 잠갔습니다. 저는 끝까지 버티기로 결심했으니까요.

상명하복이 지고지순의 대명제인양 하는 검찰 조직 문화에서, 2013년 국감장에서 국정원 대선 개입 사건 수사 내압을 폭로했던 윤석열 검찰총장이나 내곡동 사저 사건 한석리 차장 같은 검사조차도 드문 게 사실입니다. 이들이 언론에 강직한 검

---

*   한석리는 법무부 장관이 지명한 검사 위원 자격으로 2023년 3월 2일 법무부 검사적격심사위원회에 출석해 심층 적격 심사 대상자인 임은정 검사에 대한 적격 여부를 심사·의결했다. 회의 당시 부적격 의견이 위원 6인에 달하지 못해 의결정족수 부족으로 임 검사는 적격 심사를 결국 통과했다.

사로 소개될 만큼 검찰의 현실은 초라하지요. 기소해야 할 사건을 상사의 지시에 따라 불기소 결정한 검사는 더 이상 검사일 수 없지요. 원세훈 전 국정원장을 불구속으로 기소할 때, 이종명 전 3차장, 민병주 전 심리전단장을 기소유예해 버렸던* 윤석열 검찰총장 등 위법하거나 부당한 압력에 결국 타협한 검사들, 이런 아수라장을 알고도 동조하거나, 못 본 척 외면하고 침묵하거나, 막지 못했던 저를 비롯한 모든 검사가 과연 막중한 검찰권을 감당할 자격이 있을까요. 검찰에 검찰권을 위임한 주권자들 앞에 저는 고개를 들지 못합니다.

과거사 재심 사건 무죄 구형 강행으로 중징계를 받고 징계취소소송을 진행하며 당황했습니다. 검찰이 정치 검찰임을 공연히 자백할 줄 상상하지 못했으니까요. 무죄이므로 무죄라 말하려는 제 입을 틀어막으려던 수뇌부의 위법한 지시를 변명하기 위해 "증거가 부족할 경우 무죄판결을 해야 하는 법원과 달리, 검찰은 자기반성이 초래할 파급 효과, 검찰 내부 여론 등을 고려해야 한다"고 장황하게 쓰인 준비서면을 읽으며 낯이 화

---

* 서울중앙지검 특별수사팀(윤석열 팀장)은 2013년 6월 14일 국가정보원 대선 개입 사건 수사 결과를 발표하며 보도자료를 배포했는데, '이종명 전 3차장, 민병주 전 심리전단장 및 김○○ 등 심리전단 직원 2명, 외부 조력자 이○○에 대하여는 원장의 지시에 따른 범행으로서 상명하복 관계의 조직 특성 등을 감안하여 전원 기소유예한다'고 발표했다. 이에 고발인인 민주당은 이종명 등에 대한 불기소 결정에 재정신청을 했고, 서울고법은 '이종명, 민병주를 기소하라'고 공소제기 명령을 했다. 결국 이종명, 민병주는 2013년 10월 공직선거법위반 등으로 기소되었고, 징역 2년 6월에 집행유예 3년을 선고받았다. 문재인 정부 수립 후 검찰은 국정원의 각종 불법 정치공작을 추가 수사하여 이종명, 민병주를 재기소했고, 각 징역 2년 실형이 선고되었다.

끈거렸습니다. "준사법기관인 검사는 법관과 동일하게 오로지 법의 실현을 우선해야 한다"는 반박 서면을 바로 제출했지만, 밀려드는 절망까지 밀어내지 못했습니다. 검사는 오로지 법과 원칙만을 고려해야 함에도, 검찰이 오랜 세월 정치적 고려를 하다 보니 급기야 당연시하는 지경에 이르렀음을 서면으로 확인했으니까요. 암담했고 여전히 암담합니다.

검찰은 검찰개혁을 강력하게 추진했던 노무현 정부 시절에는 정치권으로부터의 독립을 주장하다가, 검찰을 권력 수단으로 이용하려는 이명박, 박근혜 정부 시절에는 호위 무사를 자처했습니다. 검찰의 변신은 검찰 공화국을 사수하는 카멜레온의 보호색과 같습니다.

검사 선서문에서 천명하는 바와 같이 검사는 불의의 어둠을 걷어내는 용기, 힘없고 소외된 사람들을 돌보는 따뜻함, 오로지 진실만을 따라가는 공평함을 갖추어야 하고, 스스로에게 더 엄격해야 합니다. 그런 검사임을 전제로 주권자는 검찰권을 검찰에 부여했지요. 만약 현실의 검사가 선서와 다르다면, 이런 검사들이 검찰권을 감당할 자격이 있을까요.

검찰은 정권 교체 때마다 변신하며 권력의 총애를 받거나 여론의 환호를 받아 검찰권 사수에 성공하곤 했습니다. 문재인 정부가 출범한 지 2년이 넘도록 개혁이 지지부진한 이유 역시 다르지 않은 듯합니다. 언제까지 속으시겠습니까. 이제라도 검찰의 화려한 분장술 너머의 진실을 직시하고 검찰권을 나누고 견제하는 개혁이 조속히 추진되기를 간절히 소망합니다.

뒷이야기

여기는 범죄단체인가, 더러운 모의에 머리를 맞대고 있는 나는 누구인가. 혼란스럽고 고통스러웠던 제 과오 하나를 고백합니다. 이명박 정부 시절, 제가 근무하던 법무부 법무심의관실은 인건비 항목을 유용하여 실비로 돌려쓰고 있었는데, 감사차 온 감사원 감사관이 통장을 가지고 오라고 하여 발각될 뻔한 적이 있었습니다. 법무부 명의로 개설한 계좌에 법무심의관실 실비를 보관하고 있었는데, 다들 아차 했지요.

법무심의관은 포효했습니다. "그걸 왜 법무부 계좌에 넣었어? 당장 갈아버려!" 문서 세단기에서 통장이 갈리는 소리를 들으며 검사들은 황급히 회의실에 모여 머리를 맞댔습니다. 뭐라고 거짓말할 것인가. 한 검사가 반짝이는 아이디어를 냈습니다. "법무심의관님은 법무실장님을 제외하고 법무실 좌장입니다. 법무실 검사들의 곗돈 통장이라고 합시다." 법무심의관은 그 검사를 천재라고 격찬하며 수사관을 불러 "감사관에게 '검사들의 곗돈 통장이라 사적인 것이니 제출할 수 없다'고 답하라"고 지시했습니다.

저도 곧 감사장으로 불려갔는데 머리가 복잡했지요. 곗돈 통장에 대해 물어보면 어쩌지? 곗돈이 월 얼마냐고 추궁하면 그건 말을 안 맞췄는데 뭐라고 하지? 거짓말할 것인가? 실토할 것인가? 입장을 정리하지 못한 채 갔는데 다행히 다른 용건이어서 제 양심은 시험대를 피했습니다. 제가 대놓고 거짓말하지는 않았지만, 저와 대부분의 검사는 침묵의 공범이지요.

검사들은 증거 인멸, 공범 간의 말 맞추기 같은 수사 방해를 결코 용서하지 않습니다. 구속영장을 청구할 때 '구속을 필요로 하는 사유'란에 이를 상세히 적어 법원으로부터 기어이 구속영장을 받아내고 맙니다. 그래왔던 검사들이 감사를 피하기 위해 증거를 인멸하고 말을 맞췄습니다. 저는 이러면 안 된다는 말을 하지 않았고, 감사관 앞에서 흔들리는 눈빛으로 딴청을 피웠습니다. 제가 작성했던 구속영장 문구들이 떠올라 제 자신에 대한 환멸감과 자괴감을 감당하기 어렵더군요. 검찰과 검사들에 대한, 저에 대한 막연한 환상과 자부심이 산산이 부서졌습니다.

2022년 5월, 고발 사주 의혹을 고발한 시민 단체를 통해 공수처의 2021년 공제 13호, 18호, 22호 사건 불기소장이 공개되었습니다. '최초 고발 사주 의혹이 언론 보도된 2021년 9월 2일부터 관련자들의 휴대폰 교체, 텔레그램·카카오톡 대화 내역 삭제 등은 물론 관련 수사정보담당관실 임홍석 검사의 컴퓨터 하드디스크 교체 작업이 이어졌고, 공수처에서 2021년 11월

15일 대검 수사정보정책관실의 컴퓨터 기억장치인 HDD, SDD 등을 수색하니, 모두 포맷 및 초기화 등 기록 삭제 작업이 이미 진행되어 있었다'는 불기소 이유를 보고 있으려니, 2021년 9월 대검 수사정보담당관실의 분주한 풍경이 이명박 정부 시절 제가 있던 법무부 법무심의관실의 다급했던 풍경과 겹쳐 보였습니다.

생각해 보면, 국정원 파견 검사로 국정원 대선 개입 사건 수사를 방해했다가 2019년 징역 1년, 1년 6월의 실형 판결이 확정된 장호중 전 검사장, 이제영 전 부장검사 등이 국정원에서 한 일도 다를 바 없습니다. 어떤 일이든 주어진 과제를 달성하기 위해 최선을 다하는 유능한 검사들과 침묵의 카르텔, 그 카르텔에서 빠져나오고 보니 저는 이제 이상한 나라의 앨리스가 되었습니다.

권력은 상하기 쉬운 음식과 같습니다. 계속 끓여주고 갈아주지 않으면 부패하기 마련입니다. 그때 그 검사들이 여전히 건재한 검찰을, 검사들의 잘못이 드러나도 조직의 결정을 따랐을 뿐이라는 이유로 면책특권을 스스로 부여하는 권력기관인 검찰을 믿지 마세요.

먼 훗날 검찰이 국민에게 신뢰받는 그날이 오더라도, 검찰을 맹목적으로 믿지 마세요. 견제와 균형이 흐트러지고 감시와 비판이 멈출 때, 검찰은 다시 상하기 시작할 테니까요.

높은 가지를 흔드는 매미소리에 묻혀

내 울음 아직은 노래 아니다

차가운 바닥 위에 토하는 울음,

풀잎 없고 이슬 한 방울 내리지 않는

지하도 콘크리트벽 좁은 틈에서

숨막힐 듯, 그러나 나 여기 살아 있다.

제 통화 연결음은 안치환의 〈귀뚜라미〉입니다. 나희덕 시인의 시에 곡을 붙인 노래인데, 귀뚜라미가 저인 듯싶어 들을 때마다 울컥하지요. 불가촉천민인 저에게 용기 내어 전화한 동료들이 저처럼 위로받기를 바라는 마음도 있었지만, 솔직히는 제처지를 하소연하고 싶었습니다.

제가 속칭 검사 블랙리스트인 '집중 관리 대상 검사'에 이름을 올려 불가촉천민이 된 계기는, 2012년 12월 과거사 재심 사건 무죄 구형으로 인한 징계 때문이라고 들었는데, 수뇌부에 찍히기 시작한 건 그해 6월부터였습니다. 제가 당시 한상대 검찰총장의 주요 정책을 비판하는 글을 검사게시판에 올렸다가 대검에 한바탕 소란이 일었거든요. 그때 간부에게 불려가 들은 충고는 "자네가 이러면 검사장이 못 돼"였습니다. 망가진 검찰의 검사장이 되느니 검찰을 깨우는 죽비소리가 되기로 작심하고, 도끼를 목에 걸고 상소하는 선비의 심정으로 검사게시판에 매달 글을 썼습니다.

제 글에 응원 댓글을 달았던 후배들이 간부들에게 불려갔고, 동조 글을 올리던 선배는 검사 적격 심사로 잘려 나갔습니다. 임은정 부역자 색출 소동이 공연히 벌어졌고, 법무부, 대검, 고검에서 저와 같이 근무하는 동료들에게 수시로 전화하여 저에 대한 이런저런 정보를 캐물었습니다. 어느 직원이 전화를 자꾸 받으니 무섭다는 하소연까지 하더군요. 많이 두려웠습니다. 언제까지 버틸 수 있을지, 자꾸 자신이 없어졌거든요.

그때는 블랙리스트가 불법이라고 생각할 여유도 없었습니다. 언제 어디서나 날 지켜보는 차가운 시선이 있었고, 동료들 역시 감시자일 수 있다는 생각이 들었습니다. 때문에 늘 산소 농도가 낮은 고산지대에 있는 듯해 숨이 찼습니다. 영화 〈트루먼 쇼〉(1998)는 주인공이 자신만 몰랐던 세트장 현실을 뒤늦게 깨닫고 첫사랑을 찾아 밖으로 나가는 해피 엔딩이지요. 그러나 제가 감시를 피해 검찰 밖으로 나가는 건 새드 앤딩인지라 제 선택지일 수 없었습니다. 현실을 깨닫지 못한 숱한 트루먼들을 두고 갈 수도 없고, 검찰이 이 지경이면 대한민국에 희망이 없다는 말이라 달리 피할 곳도 없습니다.

검찰이 국정 농단, 사법 농단 수사로 블랙리스트 관련자들을 직권남용으로 구속하는 것을 보고 뒤늦게 깨달았습니다. '그렇지. 불법이지!' 검사 블랙리스트를 관리한 검찰이 자신은 결백하다는 듯 다른 기관 공무원들을 구속시키는 게 어이없었지만, 결국 검찰에게 부메랑으로 되돌아올 것을 알기에 박수갈채를 보냈지요. 유죄판결이 속속 선고되는 것을 확인하고 블랙리스트 피해 등 직장 내 괴롭힘에 대한 국가배상 소송을 제기하고, 대검 감찰제보시스템을 통해 수사와 감찰을 요구했습니다.

국가배상 소송에서 법무부와 대검은 2019년 국감에서 공개된 '집중 관리 대상 검사 선정 및 관리 지침'을 비롯한 자료 제출을 일체 거부했고, 집중 관리 대상 검사 제도는 블랙리스트가 아니라, 검사 개인과 조직의 청렴성을 보다 엄격하게 관리하여 공정한 검찰권 행사에 대한 국민적 기대에 부응하고자 만든 것이라고 우겨 얼마나 허탈하던지요. 무죄 구형 강행으로 블랙리스트에 오른 후, 검사게시판에 비판적인 글을 게시했기 때문에 제가 계속 리스트에 머물렀던 것입니다. 무죄를 무죄라고 하고 검찰개혁을 촉구한 것이 성희롱, 향응 수수 등에 필적하는 문제 행동이라고 할 수 있을까요?

검찰은 양승태 전 대법원장 등이 정부와 대법원의 정책에 비판적인 판사들을 따로 관리하며 인사 불이익을 준 것을 블랙리스트로 정의하여 직권남용으로 기소했지요. 그 시절 법원에도 있던 블랙리스트가 검찰에 없었을까요? 2016년 검사 부적격자로 몰려 제가 퇴출될 뻔한 주된 이유가 글 게시로 인한 분란 야기라고 들었는데, 이것이 대내적 비판 세력 탄압이 아니고 무엇일까요?

블랙리스트는 영혼의 살생부입니다. 생매장당하는 듯한 공포에 짓눌렸던 피해자로서 가해자 일부라도 처벌받은 문체부나 법원 블랙리스트 피해자들이 부럽다는 생각이 더러 들곤 합니다. 이러한 현실은 저와 검찰에게 비극이지만, 대한민국에게도 비극이지요. 저울을 속이는 상인은 상인이 아니라 사기꾼이듯, 이중 잣대로 죄의 무게를 그때그때 달리 저울질한다면 검찰의 자격이 없습니다. 이제라도 법과 원칙에 따라 처리했다는 검찰의 억지 주장이 아니라, 법과 원칙에 따른 검찰권 행사를 볼 수 있기를 간절히 바랍니다.

뒷이야기

2012년 12월 과거사 재심 사건 무죄 구형 강행으로 정직 4개월 중징계를 받은 것이 블랙리스트에 오른 주된 이유이기는 하나, 유일한 이유는 결코 아닙니다. 만약 그것이 블랙리스트에 오른 주된 이유라면, 서울시 공무원 간첩 증거 조작 사건 비위로 2014년 8월 정직 1개월 중징계를 받은 이시원, 이문성 검사도 블랙리스트에 올랐겠지요. 2012년 상반기부터 검사게시판에 간부들이 싫어하는 글을 계속 써서 이미 요주의 인물이 되었는데, '2013년 6월 4개월 정직 기간이 끝나고 창원지검으로 업무 복귀할 때 블랙리스트에 처음 등재되었고, 이후 집중 관리 대상 검사 제도가 폐지될 때까지 붙박이장으로 고정되어 있었다'고 들었습니다. 2012년 상반기부터 대검이 지켜보고 있다는 말이 계속 날아들어 출퇴근과 점심 시간 엄수에 신경을 곤두세웠지요. 징계에도 주눅 들지 않고 징계 취소소송을 제기하는 등 목소리를 더욱 키우니 2013년 무렵 검사 블랙리스트에 결국 올랐다고 하더군요.

검찰에 위기를 초래하는 원인 중 내부 분열이 가장 해롭고 심각하다는 견해에 동의하는가요? 모든 사람을 떨게 할 만큼 검찰권이 막강하기에 검찰권을 더욱 신중하고 안전하게, 시스템에 의하여 매끄럽게 운용되어야 하는데, 그 반대로 큰소리로 덜컹거리며 불협화음을 노출하는 것은 결코 바람직하지 못한 것이지요? 내부에서의 의견 차이를 공개할 경우, 결국 검찰의 위상 내지 존재 가치 등의 문제로 이어질 수 있고, 그로 인한 피해는 결국 국민에게 돌아가는 것이지요?

2013년 12월 9일, 법무부가 제 징계 취소소송 재판부에 제출한 저에 대한 신문 사항입니다. 질문에서 확인되는 것처럼 검찰은 수뇌부의 결정에 대동단결하고 일치단결하기를 원할 뿐 결이 다른 목소리를 참지 못합니다. 검찰의 위상과 권한 사수를 최우선시하다 보니, 수사권 조정 등 정부 방침과 대립할 때도 국가공무원 신분을 망각한 채 집단행동을 불사하며 이탈자를 용납하지 못하지요.

검사게시판을 통해 제가 건의하거나 질문한 것에는 답하지 않은 채, 간부들은 수시로 저를 불렀습니다. 표현을 트집 잡아 꾸짖고, 조직의 분열을 조장하는 글을 계속 쓰면 징계하겠다고 협박하고, 제 글에 언급된 익명의 간부에 대한 명예훼손을 지적하기도 했습니다.

검찰에서 가장 분주한 월말에 글을 올리면 '일 안 하고 글이나 쓴다'고 트집을 잡았습니다. 이를 피해 월초 주말에 정기적으로 글을 올렸더니 이번 연휴에 뭘 쓸 거냐는 선제적인 호출이 이어졌고, 어느 월말엔 부장실 3곳과 차장실, 검사장실을 순례하느라 일을 못 할 지경에 이르러 글 게시 시기를 월초와 월중으로 분산해야 했습니다.

2012년 6월 제정된 법무부 비공개 예규인 '집중 관리 대상 검사 선정 및 관리 지침'에 따르면, 검찰국장이 소속 검찰청 장의 의견 등을 고려하여 평소 성품과 행실 등에 비추어 비위 발생 가능성이 농후한 자라고 판단하면, 또는 동료 검사나 직원과 자주 마찰을 일으켜 근무 분위기를 저해하는 자라고 판단하면 집중 관리 대상이 됩니다. 별장 성 접대 등을 받고 다니던 김학의 전 법무부 차관, 넥슨 공짜 주식 사건의 진경준 검사장, 故 김홍영 검사를 자살로 몰고 간 갑질 김대현 부장 등이 집중 관리되지 않고, 검찰개혁을 촉구하는 글을 쓰던 제가 집중 관리 대상이 된 것은 참으로 어이없는 검찰의 비극입니다.

그 시절엔 어떠한 것도 저에게 허락되지 않았습니다. 2013년 황교안 법무부 장관 시절, 공인 전문 검사 인증 제도가 시행되었는데, 성폭력 전문으로 블루벨트 인증을 받으면 검사 적격 심사 때 안전벨트가 되겠다 싶어 공지 사항을 보자마자 신속하게 신청서를 보냈습니다. 도가니 사건 등 8년 1개월의 성폭력 업무 경력과 실적을 정성껏 적어냈습니다. 경력과 실적이 부족할 리 없겠지만 만약 저를 자를 계획이라면 인증이 안 될 거라고 걱정했지요. 역시나 안 되더군요. 2014년 공인 전문 검사 신청을 하라는 공지 글이 이프로스에 다시 뜨자, 김영대 차장검사가 전화를 걸어 "작년에 왜 신청 안 했느냐. 빨리 신청하라"고 채근했습니다. "작년에 신청했는데, 떨어졌습니다. 저라서 안 되나 봐요"라고 답했더니 차장검사는 할 말이 없어 우물쭈물 전화를 끊었습니다.

2015년 상반기 의정부지검 근무 시절, 해외 연수 계획을 세우고 한국외대 영어 시험을 신청했습니다. 1년간 떠나있겠다고 하면 혹시 안 자를까 싶었으니까요. 결국 영어 시험 응시를 포기했습니다. 해외 연수는 근무 평정과 영어 시험 성적을 합쳐 선발하는데 근무 평정은 바닥일 테고, 검사게시판에서 1년 간 조용한 걸로는 간부들 성에 찰 리 없지요. 법무부 검찰과에서 영어 시험을 안 치냐고 확인차 연락을 했습니다. "적격 심사를 앞두고 있는데, 잘릴 것 같다. 시험 쳐봐야 소용없을 것 같다"고 답하니, 할 말을 찾지 못한 수사관이 한참을 침묵하더군요. 그 수사관도 제가 가여웠나봅니다.

검사장 등 간부들도 무서웠지만, 동료들도 이해하기 어려웠습니다. 병가 기간 의정부지검에 잠시 나와 후배 컴퓨터를 빌려 이프로스에 접속하여 검사게시판에 글을 올린 적이 있습니다. 곧 조력자 색출 지시가 떨어졌고, 각 부 기획검사들은 검사실을 돌아다니며 누가 컴퓨터를 빌려주었는지 확인하고 다녔습니다. 순순히 자백한 후배는 부장실로 끌려가 다시는 빌려주지 말라는 경고를 들었습니다. 업무 시간에 업무적으로 이루어진 조력자 색출 작업입니다. 지시하는 간부들과 따르는 검사들은 극히 비정상적인 일들을 업무로 포장하여 성실하게 이행했습니다.

누가 임은정에게 컴퓨터를 빌려주었느냐? 누가 임은정에게 연락했느냐? 공공연한 색출 작업이 의정부지검, 수원지검 등지에서 이루어졌습니다. 발각 위기에 처한 또다른 후배가 저에게 급히 전화를 걸었는데, 제가 받지 않자 문자메시지를 다급히 보냈지요. '저도 큰일 나는 거예요?'

착하고 성실한 사람들이 지시에 따라 선량한 표정으로 한 사람을 생매장하는 광경은 너무도 기괴합니다. 지목당하면 닭이 울기 전 예수를 부인하는 베드로처럼 임은정을 부인하기에 급급했고, 급기야 생존을 위해 색출 작업에 적극적으로 가담하는 모습을 쏟아지는 흙더미 사이로 보았습니다. 착하고 성실한 표정들이 섬뜩했지요. 숨이 막혀 닭이 어서 울었으면…… 내가 감히 예수가 될 리 없을 테니, 베드로들을 깨우는 닭 울음이라도 되었으면…… 간절히 빌었습니다.

집중 관리 대상 검사 선정 및 관리 지침은 비공개 법무부 예규라 내용을 짐작할 뿐 확인할 수 없었습니다. 제 국가배상 소송 재판부가 예규를 제출하라고 법무부에 명령했는데, 법무부는 2019년 5월 '공개될 경우 업무의 공정한 수행에 현저한 지장을 초래할 우려'를 이유로 거부했습니다. 법무부가 2019년 2월 28일 이미 폐지한 예규인데, 법원에 제출한다고 업무의 공정한 수행에 지장을 초래할 리 있나요. 어이가 없습니다. 그해 10월 법무부 국정감사장에서 이철희 의원이 예규를 공개하여 실체가 드러났는데, 예상대로 극히 추상적이고 모호하여 소위 궁예의 관심법이었습니다. 법무부도 문제가 심각한 걸 알고 비공개 예규로 꽁꽁 숨기고, 법원 제출도 거부한 모양입니다.

법무부에서 저에 대한 집중 감찰 결과, 검사 적격 심사 보고 자료, 세평 수집 자료 등의 제출을 거부하여 국가배상 소송 1심 재판조차 3년째 거의 진행되지 못하고 있지만, 이제 1심 재판부의 문서 제출명령에 대한 2022년 4월 대법원 결정으로 자료를 제출하지 않을 수 없게 됐습니다. 제가 어떻게 집중 관리되었는지를 다소나마 확인할 수 있겠지요. 법무부가 자료 제출을 거부하는 동안 관련자들의 직권남용 공소시효가 거의 다 지나버려 고발하기조차 어렵게 되었지만, 기록으로라도 남기기 위해 법무부와 대검이 비공개 예규를 만들어 집중 관리 대상 검사 제도를 운용하던 기간, 해당 업무를 담당한 법무부 검찰국장, 검찰과장과 인사 담당 실무자, 대검 기획조정부장과 정책기획과장의 이름을 여기에 남깁니다.

    법무부 검찰국장: 국민수, 김주현, 안태근, 박균택, 윤대진.

    검찰과장: 조상철, 권정훈, 정수봉, 심우정, 이선욱, 권순정, 신자용.

    검찰과 인사 담당 검사: 김태훈, 고필형, 박주성, 신동원, 임세진, 나하나, 나희석, 김수홍.

    대검 기획조정부장: 정인창, 오세인, 이창재, 김진모, 이금로, 윤웅걸, 차경환, 문찬석.

    대검 정책기획과장: 강남일, 권순범, 한동훈, 신자용, 손준성, 김태훈.

아이 캔 스피크 2

2020. 1. 6.

2018년 2월 서울북부지검 근무 시절, 서울중앙지검 간부의 호출로 인사동에서 저녁을 함께 한 적이 있습니다. 전년도 인사 때 부장 승진에서 탈락한 사법연수원 31기 검사들이 2018년 상반기 인사에서 추가로 승진했는데, 여전히 30기 부부장으로 남아있는 제가 신경 쓰였나 봅니다. 검찰총장 특사를 자처한 그는 서지현 검사의 미투 사건 참고인이라 부득이 승진을 못 시켰다고 양해를 구하고, 느닷없이 해외 연수를 권했습니다. 검찰개혁은 이제 다른 사람들에게 맡기고, 개인의 행복을 찾으라던가. 웃음을 참느라 혼났지요. 서 검사는 인사 발표 후 미투를 한 건데, 준비한 변명이 너무 성의 없었으니까요.

하반기 인사에 부산지검 여성아동범죄조사부장을 시켜줄 테니 승진은 걱정말고 영어 공부에 매진하여 12월에 해외로 나가라고 한참을 설득했습니다. 진지하게 듣는 체 했습니다만, 영어 시험을 치지 않았습니다. 쉬고 싶은 마음도 없지 않았지만, 개혁 시늉만 하려는 검찰을 감시하고 비판할 내부자가 필요한 때잖아요.

7월 하반기 인사 발표 날 아침, 이제 검찰국장이 된 그 간부가 전화를 했습니다. 해외 연수 약속을 지키지 않아 자신도 약속을 지키지 않은 거라고. 많은 간부의 반대를 무릅쓰고 검찰총장이 저를 충주지청 부장으로 승진시키기로 했다는 공치사까지 하더군요. 31기 후배 후임으로 보내면서 하는 궁색한 변명과 생색이 어이없었지만, 해외 발령을 강제할 수 없는 인사 시스템에 감사하며 충주로 전입했습니다. 이후 검사게시판과 SNS, 정동칼럼까지 내부 고발자의 활동 반경을 더욱 넓혔습니다.

2019년 9월 조국 법무부 장관이 취임하던 날 오전, 법무부 간부에게서 다급한 연락이 왔습니다. 감찰담당관실 인사 발령을 검토 중인데 반대가 극렬하다며, 검찰의 요구 조건을 수락해야 인사 발령을 낼 수 있다더군요. 그들이 내건 조건은 3가지였습니다. SNS 중단, 정동칼럼 연재 중단, 서울중앙지검과 서울지방경찰청에 고발장을 제출한 전직 검찰총장 등 전현직 검찰 간부들에 대한 직무유기 등 사건 고발 취소.

법무부 고위 검찰 간부들의 요구였던 모양인데, 참담했습니다. 내부 고발자를 인사로 유혹하여 침묵의 밀실에 가두고 이름만 빌리려는 의도가 명백히 보였으니까요. 그런 사람들이 법무부 장관을 보좌하여 시대적 요구인 검찰개혁을 추진할 주체라는 현실은, 자유민주주의의 핵심인 표현의 자유와 내부 비판의 가치를 전혀 모르는 사람들이 검사라는 현실은, 검찰권을 검찰에 위임한 주권자이자 검찰권 행사 객체인 국민에게 참혹한 비극입니다. 저는 검찰의 피해자이기도 하지만, 검찰 구성원이기도 하지요. 역사의 심판에서 피고인석에 앉을 검찰은 검사동일체의 원칙에 따라 모든 검사가 될 테고, 저도 검사이니 심판을 피할 길이 없네요. 부끄러워 하늘을 우러를 염치가 없습니다.

개혁 시늉만 하려는 검찰을 감시하고 비판하는 내부자가 더욱 필요할 때라, 제안을 수락할 수 없었습니다. 거래 조건을 조율하려는 시도가 없지 않았지만 모두 거절한 그날 오후, 조국 법무부 장관은 취임 일성으로 감찰관실에 "임은정 검사를 비롯하여 자정과 개혁을 요구하는 검사들의 의견을 청취하여 감찰제도 개선 방안을 마련하라"고 지시했습니다.

그때 제가 유혹을 뿌리쳐 독 사과를 먹지 않은 덕에 서울중앙지검 형사1부는 검찰 수뇌부의 서울남부지검 성폭력 은폐 사건을 처리하지 못하고 전전긍긍하며 장기 미제 사건으로 1년 8개월째 들고 있습니다. 서울중앙지검 형사3부 역시, 검찰 수뇌부의 부산지검 고소장 등 위조 은폐 사건을 수사 중인 서울지방경찰청의 압수수색영장을 3차례 기각하는 등 검찰 제국의 민낯이 폭로되고 있지요. 그리고 저는 공수처 법안 등 검찰개혁 법안 통과를 위해 미력하나마 힘을 보태고 있습니다. 제

목소리가 지금은 제 동료들에게, 적지 않은 분들에게 눈살을 찌푸리게 하는 불협화음으로 들리겠지만, 훗날 역사에서 검찰을 깨우는 죽비소리로 평가되리란 확신은 변함이 없습니다. 주어진 소명에 감사합니다.

작년 1월 〈아이 캔 스피크 1〉로 첫인사를 드렸는데, 어느새 1년이 지났습니다. 신발끈 고쳐 매고 할 말 하는 검사가 되겠다는 옛 다짐을 떠올리며 굳은 각오로 다시 시작합니다. 부족한 글이나마 진심과 간절함을 담아 시대의 화두인 검찰개혁을 위해 더욱 목소리를 높여 보겠습니다. 다시 한번 아이 캔 스피크!

뒷이야기

2018년 2월 21일 저녁 인사동 한식당에서 윤대진 서울중앙지검 1차장, 사법연수원 동기인 정유미 부장을 만났습니다. 윤대진 차장과는 일면식도 없었지만 검사 인사를 좌지우지하는 문재인 정부 최고 검찰 실세라고 알려진 검사라, 그 명성을 모르는 검사가 없지요. 정유미 부장이 중간에서 연락하고 날짜와 식당을 통보했는데, 보안을 신신당부했습니다.

윤 차장은 같은 청에서 근무한 적이 있는 줄 알았는데 없더라며 초면의 어색한 대화에 민망해하면서도, 간곡하게 해외 연수를 권했습니다. '개인의 행복을 찾아라. 해외 연수 갔다 왔는데, 개혁이 안 되어 있으면 그때 또 하면 되는 거 아니냐? 외대에서 치는 어학 시험 어렵지 않다. 외대 플렉스 책 한 권 사서 조금만 공부하면 된다⋯⋯.' 술잔 사이로 많은 말이 오갔습니다.

2015년 12월 의정부지검 검사장실에서 '조직과 안 맞는 거 알지? 언제까지 근무할 거냐?'고 닦달당한 일이 떠오르더군요. 미운 오리 새끼라는 점에서는 한결같지만, 검찰을 떠나라는 게 아니라 해외로 나가라는 거면 좀 나아진 거라고 욱하는 마음을 다스리며, 고민해 보는 체했습니다.

2018년 5월 1일 윤 차장이 직접 연락하여 영어 시험을 신청했는지를 확인했습니다. 신청하지 않았다고 답하니 어찌나 실망하던지. 그리고 하반기 인사 발표일인 7월 13일 이른 아침, 이제 검찰국장이 된 그는 해외 연수 약속을 지키지 않았으니 자신도 약속을 지키지 못한다며 제가 충주지청 부장으로 간다고 전화로 알려주었습니다. 2월 인사동에서의 해외 연수 권유가 부산지검 부장 발령을 위한 전제 조건임을 뒤늦게 깨달았습니다. 인사 흥정이 처음이어서 그땐 거래 제안인 줄 몰랐지요.

2019년 9월 11일 오전 이용구 법무실장에게서 연락이 왔습니다. "조국 장관이 감찰담당관실로 부르고 싶어 하는데, 검찰이 너무 반대한다. 검찰이 3가지 조건을 걸었는데, 장관이 같이 일하고 싶어 하니 도와 달라. 조건은 첫째 SNS 중단, 둘째 《경향신문》 칼럼 중단, 셋째 고발 취소." 2018년의 그 일이 없었다면 당황하여 아무 말을 못 했을 겁니다. 그때는 저와 친분 있는 사법연수원 동기 정유미를 연락책으로 쓰더니, 이제는 제 징계 취소소송 변호인이었던 사람을 연락책으로 쓰나 싶어 인간관계를 이용하는 검찰 간부들이 증오스럽더군요.

제 입장을 바로 밝혔습니다. "감찰 업무를 담당한다면 업무 관련하여 SNS를 할 수 없으니 SNS 중단 요청은 받아들일 수 있다. 칼럼 중단은 《경향신문》과 1년 약정한 상황으로 아직 몇 번 남았다. 《경향신문》과 협의할 사안으로 확답할 수 없다. 고발 취소의 경우, 솔직히 문재인 정부의 검찰개혁 의지를 그리 믿지 않는다. 디딤돌 판례 만들기가 더 중요하다고 생각한다. 받아들일 수 없다." 고발 취소 요구 대목에서 검찰이 제 식구 감싸기를 근절할 의지가 여전히 없고, 저를 감찰담당관실에 가둔 채 제 이름만 빌리려는 속셈을 눈치챘지요.

전화가 몇 번 더 왔습니다. SNS와 칼럼이라도 중단시키면 웬 떡이냐 싶은 검찰 간부들이 당근을 바꾸어 새로 흥정을 시도했습니다. 법무부 장관이 감찰제도 개선 방안을 강구하라고 지시하는 정도면 SNS와 칼럼을 중단할 의향이 있는지를 타진했습니다. 감찰제도 개선 방안을 연구하기 위한 감찰 자료 접근도 막을 거고, 개선 방안을 채택하지도 않을 거면서, 일단 몇 달간 제 입을 막고 보자는 속셈이 노골적입니다. 전화가 쌓일수록 모욕감에 치를 떨었습니다.

제안을 모두 거절한 그날 오후, 조국 법무부 장관은 "임은정 검사를 비롯하여 검찰 내부 자정 목소리를 다양하게 수렴하라"고 발표했고, 보수 언론은 조국의 공개적인 총애를 운운하며 친정부 성향 검사로 절 매도하기 시작했습니다. 언제는 반골 검사라더니 같은 문재인 정부에서 저에 대한 수식어가 이렇게 뒤바뀔 수 있나 싶어 황당했습니다. 법무부 간부의 제안을 모두 거절한 건데 사정을 모르는 이들에게서 '장관의 총애를 받는다'는 야유를 들으니 어이없었습니다. 검찰을 한결같이 비판했을 뿐인데, 보수 언론이 검찰의 눈으로 세상을 바라보고 있음을 다시 한번 확인합니다.

2019년 9월의 인사 거래 제안을 누가 주동했는지 전언으로 듣기는 했으나 정확히는 모릅니다. 이용구 법무실장은 당시에 '검찰이 내건 조건'이라고 했을 뿐더러, 그는 검사가 아니므로 이해관계도 없어 그런 제안을 할 이유가 없습니다. 2018년 2월의 정유미 부장처럼 저와의 친분 때문에 연락책으로 선정된 사람에 불과하다는 것을 전화 통화 때부터 알았습니다.

칼럼 출고 직후 인터넷 언론사인 《위키리크스한국》에서 '인사 거래 제안자는 김후곤 기조실장'이라고 보도했을 뿐, 다른 언론사들은 관심을 보이지 않았습니다. 〈나는 고발한다〉 칼럼 못지않게 떨면서 쓴 칼럼인데 허탈했지요. 저로서는 '세상에 이런 일이!' 싶은 황당한 사안인데, 언론이 보기에는 평범하고 일상적인 에피소드인가 싶었습니다.

윤대진 검사장, 김후곤 검사장 등은 침묵하는데 반해, 윤 검사장과의 저녁 자리에 동석했던 정유미 부장은 2020년 1월 14일 검사게시판을 통해 '인사동 자리는 오로지 밥 한 끼 하면서 그동안의 마음고생을 위로하려고 만든 자리였고, 부산지검 여성아동조사부장 자리가 언급되었는지는 기억나지 않지만, 언급되었다고 하더라도 나라면 덕담 또는 허풍 섞인 농담으로 들었을 것 같다'는 입장을 밝혔습니다. 많은 검사가 '언행에 신중하라'는 댓글 릴레이 소동을 벌였고, 대다수 언론은 이 문제를 '임은정 vs 정유미 등 다수의 검사'라는 갈등 구도로만 생중계했습니다. 예수를 부인한 베드로들을 늘 보아온 처지라 정유미 부장의 글과 댓글들이 고통스럽기는 해도 놀랍지는 않았으나, 언론 보도의 방향과 깊이는 너무도 아쉬웠습니다.

그랬던 주류 언론이 2020년 12월 이용구 변호사가 법무부 차관으로 재기용되어 윤석열 검찰총장 징계가 급물살을 타자 갑자기 관심을 보이며 '인사 거래 제안자는 이용구'라는 기사를 쓰려고 취재를 시도했습니다. 기자들의 전화를 계속 받지 않자 모 매체 기자가 '전화한 사람이 이용구 차관이 맞느냐?'고 문자메시지로 단도직입 물었습니다. 의도가 빤히 보이는 질문이라 '칼럼에 쓴 것 이상으로 말할 게 없다. 김후곤 검사장에게 물어봐 달라'고 답신을 보냈습니다. 검찰과 주류 언론이 일심동체가 된 지 오래인 걸 알았지만, 겪을 때마다 놀라고 걱정스러워 한숨이 나오네요. 검찰이 이 지경인 데에는 언론이 언론다움을 잃어버린 탓도 크지요. 언론이 언론다웠다면, 제가 좀 덜 고생했을 테지요.

정유미 부장과 윤대진 검사장, 이용구 법무실장이 당시 보안을 당부했지만, 그 또한 세상에 드러나 고쳐져야 할 검찰의 현실이라고 판단하고, 칼럼으로 공개했습니다. 여러 이유로 고민하고 주저하다 한참 걸렸습니다. 인사 거래 풍문을 오래전부터 듣긴 했습니다. 누가 충성 각서를 썼다는 둥, 특정 사건을 기소하겠다고 다짐하고 어느 자리로 갔다는 둥 이명박 정부 시절 제가 법무부에 근무할 때부터 소문을 듣긴 했는데, 제가 그런 요구를 받을 줄 상상도 못 했지요. 제가 그런 요구를 받고 보니 그 풍문이 근거 없는 낭설은 아니겠다 싶어 분하면서도 서글펐습니다. 이제 더는 저에게 인사 거래를 제안할 사람은 없습니다. 제가 더러운 비밀을 공무상 기밀로 인정해 주지 않는 걸 모두가 보았으니까요. 자리나 사건을 두고 흥정하는 일이 더는 없었으면 좋겠습니다. 검사는 상인이 아니고, 검찰은 시장이 아니니까요.

같은 것을 보고 들어도 입장과 처지에 따라 기억과 말이 다른 게 세상입니다. 잃을 게 많은 사람은 두려움도 많지요. 불이익을 감수해야 할 정직에는 용기가 필요합니다. 하여 동료들의 뒷모습을 지켜보아야 하는 내부 고발자에게 외로움은 숙명입니다. 살얼음판 딛듯 조심하고 또 조심하여 10년째 버텨오고 있고, 버텨갈 각오입니다. 제가 직접 겪은 일을 말하는 것인데도 거짓말이나 착각인양 일방적으로 매도되곤 합니다. 댓글 릴레이 소동을 겪으며, 어떤 것을 어느 정도 알아야 비로소 말할지 더욱 신중하게 결정하자고 결심했지요. '확실하다고 판단한 것만 말하고, 전선은 능력의 한계를 넘어서지 않는다'는 생존 원칙을 세워 지켜오고 있기에 지금껏 살아남았습니다. 징계나 적격 심사를 대비하여 매일매일을 기록한 지 오래입니다. 내부 고발자의 삶은 그렇게 고단하고 팍팍합니다.

내부 고발자의 역할은 세례요한처럼 '외치는 자의 소리'가 되어 잠든 동료들을 깨우고, 세상에 알려 잠든 척하는 사람들마저 억지로 눈을 뜨게 만드는 것입니다. 외부에서 검찰 내부를 들여다보려 해도, 검찰은 수사 기밀 등 각종 핑계를 대며 자료를 숨기며 '법과 원칙에 따라 수사했다'고 주장합니다. 그러나 검찰이 보여주는 자료만으로는 법과 원칙을 실제로 지켰는지를 확인하기 어렵지요. 제 능력이 부족하여 이런 검찰을 바꾸지는 못합니다. 하지만 검찰의 곪은 부위를 세상에 드러내는, 검찰을 비추는 CCTV가 될 각오로 공익 신고와 고발을 하고 있습니다. 법과 제도를 바꾸고 고치는 것은 검찰권을 검찰에 위임한 시민과 사회, 국회와 정부의 몫입니다. 어떻게 고치시겠습니까?

지난 수요일. 《조선일보》 100년 특집으로 〈오보를 정정하고, 사과합니다〉라는 기사가 있었습니다. 이제 '나'에게도 사과할까 싶어 급하게 기사를 클릭했다가 허탈하게 창을 닫은 사람이 저 혼자만은 아닐 테지요. 오보가 워낙 많아 저에게까지 사과할 여력이 없으리라 예상했습니다만, 그럼에도 실망스럽더군요. 법과 원칙에 따라 업무를 처리했던 저를 얼치기 운동권 검사로 매도했던 2013년 첫 사설과 기사들이 아직 제 심장에 비수처럼 박혀 있으니까요.

부모님이 운영하시던 슈퍼에서 신문을 팔았기에, 초등학생 때부터 신문을 즐겨 읽었습니다. 신문별로 색깔이 다르고, 정치권 풍향에 따라 날씨 바뀌듯 변모하는 논조들이 재미있기까지 하더군요. 지식인들의 곡학아세가 정교하지 못했던지, 부조리가 너무 심하여 다 가릴 수 없을 지경이었던지, 어린 저에게까지 유치함을 들키곤 했지만, 신문을 통해 세상과 현실을 배운 저에게는 신문이 교과서이자 오늘의 역사서였습니다.

2012년 12월 제가 과거사 재심 사건 무죄 구형을 강행한 후 관련 보도가 제법 있었습니다. 보기 드문 항명 사태라 검찰 수뇌부의 분노가 하늘을 찔렀는데 언론은 그대로 기사화하더군요. 고통스러웠지만 그럼에도 한동안 신문을 꾸역꾸역 읽었습니다. 오래된 습관이니까요. 이해가 되지 않았습니다. 공개된 법령을 조금만 찾아보면 수뇌부 주장이 얼마나 위법한지를 금방 확인할 수 있는데, 검증 없는 받아쓰기 기사를 이렇게 쓸 수 있나 황당했습니다. 기자들을 한심해하다가, 검찰 간부들도 법을 모르는데 기자들이 어찌 알겠나 싶어 세상을 원망했습니다. 마음이 널뛰던 그때 언론에 대한 막연한 신뢰를 접었습니다.

보수 언론은 검찰 수뇌부의 말을 속기사인양 그대로 받아쓰며 저를 매도하기에 급급했고, 진보 언론 역시 법령을 뒤져보는 수고를 게을리하기는 마찬가지였습니다. 당시 기자들이 형사소송법, 검찰청법 등을 확인하고 제대로 취재했다면, "검사는 법에 따라 무죄 구형을 해야 하는 것이니, 백지 구형을 지시하고 검사의 이의 제기를 묵살했던 간부들을 중징계해야 한다"고 검찰을 비판했겠지요. 그러나 보수 언론은 황당했고, 진보 언론은 태만했습니다.

가시 돋친 기사들에 고통받는 부모님을 보며 정정보도를 청구할까도 궁리했지만, 휘몰아치는 중징계 광풍에 살아남는 것조차 버거웠고, 무엇보다 부끄러운 기사들 역시 오욕에 찬 역사이기에 이대로 남겨야 한다는 생각에 인내했습니다. 징계 취소소송에 승소하면 자연히 정정보도 되리라는 기대도 있었습니다. 그러나 매도에 앞장섰던 매체들이 정작 제가 승소한 소식은 제대로 보도하지 않더군요. 이 또한 오늘의 역사란 생각이 듭니다만, 사회 구성원으로서 우리 사회에 끼치는 언론의 해악이 걱정되고, 피해자로서 서글프네요.

공정이나 불편부당不偏不黨, 정론직필正論直筆을 내세우지 않는 언론사가 없지요. 그 말대로 했다면, 언론 신뢰도가 이리 낮겠습니까. 언론에 대한 막연한 신뢰를 이미 거두었지만, 언론이 오늘의 역사서란 생각은 변함없습니다. 공자가 역사서인《춘추》를 집필하자 난신적자亂臣賊子들이 두려워했다고 하는데, 오늘의 언론에 과연 난신적자들이 두려워할지 고개를 갸웃거리게 됩니다. 곡필曲筆을 직필인양 포장하고 목적과 의도를 가진 취재원들과 결탁하여 여론을 호도하려는 의도가 엿보이는 기사들이 현실적으로 적지 않으니까요. 곡필은 하늘이 응징한다는 말이 있습니다. 하늘의 그물은 성긴 듯하나 빠져나갈 데가 없고, 하늘에 죄를 지으면 기댈 곳이 없지요. 굽은 붓들이 이제라도 곧게 펴지기를 간절히 바랍니다.

신문 윤리 강령과 윤리 실천 요강이 있더군요. 이번 코로나 사태와 같은 급성 감염병 등 질병 재난 등에 대한 취재와 보도 기준을 정한 재난 보도 준칙도 있습니다. 곡필 언론으로 고통스러울 때 혹시나 싶어 규정들을 찾아보다가 슬펐습니다. 검찰이 법을 지키지 않는 것처럼 언론도 마찬가지라는 걸 알았으니까요. 공익의 대표자여야 할 검찰이나 사회의 공기公器인 언론이 부조리의 데칼코마니 같다는 건 비극입니다.

권력자에 대한 질문은 언론의 권리이자 의무지요. 또한, 언론은 시민인 독자에게 답하고 오보 피해자에게 사과할 의무 역시 있습니다. 이에 묻습니다. 왜곡하거나 부풀리는 등 편파적이거나 불공정하게 취재하고 있지 않습니까. 권력의 감시자인 양하다가 권력화하지 않았습니까.

언론에게 언론다움을 요구합니다.

뒷이야기

2012년 12월 무죄 구형 강행을 결심하고 어머니에게 사전 통보했습니다. "이번 금요일 무슨 일을 저지를 건데 신분 변화가 예상된다. 검사라서 하는 거니까 어쩔 수 없으니 마음 단단히 먹고 계시라." 그러자 어머니가 매달리셨습니다. 마침 공교롭게도 아버지가 전립선암 판정을 받고 수술 일정을 잡으려는 중이었습니다. "아버지가 지금 저러신데, 너까지 그러면 어떻게 하느냐. 한 번만 더 생각해 달라."

부모님의 피눈물이 뿌려진 외길을 달려 절벽에서 뛰어내렸습니다. 검사인 제게 달리 선택지가 없었으니까요. 《조선일보》

는 2013년 새해 첫 사설로 '얼치기 운동권형 검사'라고 저를 비난했고, 《동아일보》는 '막무가내 검사'로, 《중앙일보》는 '부끄러운 검사'로 매도했습니다. 아버지가 2개월 넘도록 한숨도 못 주무신 채 암 수술을 받으시는 바람에 회복이 늦어져, 애초 예상 입원 기간이었던 8일을 한참 넘겨 한 달 뒤 퇴원하셨지요.

사설 논조가 미안했나 봅니다. 《조선일보》 기자가 서울중앙지검 공판부 사무실로 찾아왔습니다. "내용이 마음에 걸리겠지만, 1등 신문의 새해 첫 사설에 이름이 나온 거다. 그걸 바라는 사람들도 많다. 그리 좋게 생각해 달라." 욱하는 마음을 누르며 말했습니다. "아버지가 암 판정을 받고 수술을 기다리고 계시다. 부모님이 너무 괴로워하신다."

1등 신문이 궤변과 오보를 늘어놓으면, 펜이 칼이 되어 1등 살인 신문이 됩니다. 그 기자들에게 '지금 피 흘리는 사람들이 보이지 않느냐?'고 따져 묻고 싶었지만 참았습니다. 그 기자가 법조 출입 말진이기도 했고, 미안해했으니까요.

징계 취소소송을 제기하여 승소했는데, 오보를 대량 생산했던 언론들이 후속 보도를 제대로 해주지 않았습니다. 대학 선배로 안면이 있던 《동아일보》 조수진 기자에게 2014년 11월 7일 메일을 띄웠습니다.

"저는 지금도 조사하다가 당사자들이 '그 X이 막무가내로 어쩌고 ~' 하면 막무가내 그 말이 귀에 딱 걸려 괴롭습니다. 저에겐 트라우마거든요. 막무가내 이름을 붙여준 곳은 《동아일보》입니다. 제 아버지가 신문을 끊게 만들었던 그때의 보도와 같은 정도로 보도해 달라고 부탁드리지 않겠습니다. 아버지의 친구분들이 보시는 신문에서 제 명예를 다소간 회복했으면 좋 겠어요. 그래야 아버지가 친구분들에게 낯이 서지 않겠습니 까?《동아일보》에 아는 분이 선배님과 장 기자님이라 두 분께 메일 띄웁니다."

《조선일보》소속으로 상가에서 명함을 주고받은 적이 있던 최원규 기자에게도 메일을 띄웠습니다.

"어제 저에게, 또한 법조계에 아주 의미 있는 징계 취소소송 항소심 판결이 있었어요. 백지 구형은 위법한 구형이고 위법한 지시에 따를 필요가 없다는 취지라, 형사소송법 교과서에 실릴 만한 사례거든요. 뉴스 검색을 해보니《조선일보》는 어제 오후 2시 간단한 항소 기각 뉴스 말고는 별다른 보도가 없습니다. 2013년 1월 2일《조선일보》새해 첫 사설을 기억합니다. 독단 적 무죄 구형, 운동권형 검사 등 많은 지면을 할애하여 수뇌부 의 말을 보도했었습니다. 제 아버지가 그날 이후 신문을 끊으 셨어요. 아버지가 그 직전인 2012년 12월 26일 전립선암 판정 을 받으신 상태라 3월 8일 수술을 앞두고 계셨거든요. 두 달여 간 한숨도 못 주무시고 칠순 노인이 수술받으시는 바람에 회복 이 늦어져 한 달을 입원하셨고, 초창기에는 산소호흡기를 쓰시 기까지 하셔서 정직 기간 병원에서 간병하며 제가 얼마나 울었 는지 모릅니다. 그때 그 엄청난 지면과 동일한 정도의 보도를 부탁드리는 게 아닙니다. 정정보도를 정식으로 요구하는 것도 아니고요. 제 아버지의 친구분들이 보는 신문을 통해 명예를 회복하고 싶습니다. 그래서 아버지가 친구분들에게 내 딸이 '좌빨'이나 '미친 X'이 아니라 자랑스러운 검사라고 구구절절하게 설명하지 않으셨으면 합니다. 이런 제 바람이 무리한 것일까요?"

진영이 확고한 매체들이어서 그런지 검찰에 치우친 시각과 논조는 변함없습니다. 2021년 1월 18일 '임은정 검사가 열린민주당 공천에 관여했다'는 허위 사실을 전제한 후 제 편향성을 걱정하고 충고하는 황당한 《중앙일보》의 오보를 비롯하여, 언론 보도에서 활약하는 임은정은 제가 아닐 때가 많습니다. 제가 검찰 문제에 천착하고 있어 언론을 돌아볼 여유가 없기도 하고, 언론의 자유를 중요시하는 만큼 웬만하면 인내해야 한다고 생각하여, 인내하고 또 인내했습니다.

심각한 오보들을 접할 때마다 언론중재위원회 제소나 손해배상 소송 제기를 고민하곤 했지만, 울화통을 꿀떡 삼키고 SNS를 통해 더러 해명하며, 기자들에게 공정하고 신중한 보도를 거듭 요청드렸습니다. 하지만 막무가내입니다. 결국 2021년 8월 《조선일보》, TV조선을 상대로 손해배상 소송을 제기했습니다. 국민의 알권리와 직결되는 언론의 자유의 중요성을 잘 알기에 마음이 무겁습니다만, 2012년 12월 무죄 구형 강행 때부터 9년을 인내해 온 것입니다. 또한 해당 오보가 대검에서 벌어진 모해위증 교사 의혹 사건 수사 방해와 관련한 공익 신고, 고발 사건과 직접적으로 관련된 것이기도 하여 바로잡기로 결심하고 부득이 소송을 제기했습니다.

제가 검찰 문제만으로도 능력에 벅차 언론 문제까지 돌아볼 수 없기도 하고, 보도 관련 손해배상 소송이나 명예훼손 고소는 공인으로서 자제해야 한다는 생각이어서 웬만하면 하지 않을 생각입니다. 다만 오보의 피해자이자 독자로서, 국민의 한 사람으로서 언론 종사자에게 고언을 드립니다. 확인과 검증을 소홀히 한 채 보도자료를 베끼고 특정 취재원이 불러주는 대로 쓰면 기자라 하겠습니까. 언론의 사명과 책임을 늘 기억해 주십시오.

공정한 저울을 꿈꾸며

몇 년 전, "십 원짜리 사건에 십 원어치의, 천 원짜리 사건에 천 원어치의 공력을 기울이라"고 훈시하던 검사장이 있었습니다. 가격을 매기는 기준이 뭐냐고 묻고 싶었지만, 회의만 길어질 듯해 말을 삼켰지요. 반부패부(구 특수부)는 한정 수량 명품 생산 부서, 형사부는 염가 제품을 대량으로 찍어내는 부서로 비유한 간부도 있었습니다. 한정 생산 명품에 불량률은 왜 그리 높은 거냐고, 형사부에 배당된 사건 당사자가 그 말에 수긍하겠느냐고 반박하고 싶었지만, 역시 삼켰습니다. 현실 앞에선 덧없는 이상론에 불과하니까요.

의정부지검 근무 시절, 전처에게 집착하는 한 남자의 협박 사건을 배당받은 적이 있습니다. 그날 배당받은 42건의 사건 기록 중 비교적 얇은 사건이라 반갑게 펼쳤는데, 행간에서 느껴지는 증오가 얼마나 깊던지 바닥이 보이지 않았습니다. 험악한 말이 곧 행동으로 이어질 것 같다는 불길한 예감에 피해자와 피의자에게 다급히 전화했는데, 전화를 받지 않았습니다. 제가 전화하던 그때 두 사람이 이미 사망했다는 걸 며칠 뒤 변사 기록에서 확인했지요. 피의자 사망으로 인해 '공소권 없음'으로 종결했습니다. 그 협박 사건이, 두 분의 생명이 십 원짜리일까요.

지속적인 직무 배제로 내부 고발자의 자존감을 무너뜨려 결국 제 발로 나가게 하는 방식으로 괴롭힌 사례들을 기사로 종종 접했는데, 검찰에서는 오히려 일을 더 주더군요. 짬이 나면 검사게시판에 비판 글을 더 쓸 수 있으니 바쁘게 만들고, 일이 많아 실수가 잦아지면 벌점이 쌓일 테니 쫓아낼 명분으로 삼기에도 좋습니다. 검사 적격 심사가 얼마 남지 않았을 무렵에는 수레로 실려 오는 사건 기록들이 벌점으로 보여 어찌나 숨이 막히던지요. 이틀간 배당받은 사건 기록으로 캐비닛 5개가 꽉 차는, 속칭 '벌 배당'도 받아보았고, 수사 지휘 전담을 하며 매달 500건이 넘는 사건을 배당받기도 했습니다. 간부들의 감정 실린 보복 배당에 고생스러웠지요.

고달팠습니다. 기록에서 엿보이는 당사자들의 감정은 날이 시퍼렇게 서 있고, 사건 배경이 안개 너머 어슴푸레 보이는 정도라 수사해야 할 사항들이 적지 않았습니다. 주말을 반납하고 매일 야근해도 사건당 투입할 수 있는 시간이 현실적으로 많지 않으니 숨이 턱턱 막혔습니다. 간부들은 선택과 집중, 효율 등 미사여구로 신속한 처리를 독촉하곤 합니다만, 선택받지 못해 버려도 괜찮은 사건이란 없기에 검사들은 기록 더미에서 늘 방황하게 됩니다. 십 원짜리 사건으로 잘못 분류된, 목숨 여럿 달린 사건에 검사의 헌신으로 백 원어치의 진실을 캤다 한들, 그 검사에게는 최선일지 몰라도 사건에 있어 최선의 수사라 할 수 없지요. 사건 당사자들에게 결코 만족스럽지 못한 수사 결과는 검사의 역량 부족 탓이기도 하지만, 대개 잘못된 검찰 내부 구조에 더 큰 원인이 있습니다.

무죄 구형으로 중징계를 받고 쉬던 2013년 2월, 동료의 전화를 받았습니다. "검사인사위원회에서, 징계 전력자는 근속기간에 예외를 두어 기간이 차지 않았더라도 전출시킬 수 있도록 했으니 유배지 창원지검으로 발령 나지 않겠느냐?"는 위로였지요. 서울중앙지검에서 1년 만에 쫓겨나 정신없기도 했지만, 창원 시민에게 어찌나 미안하던지. 주권자로 양질의 사법 서비스를 동등하게 받을 권리가 있는데, 서울 시민과 달리 유배지 시민은 문제 검사에게 수사받아도 된다는 말이라, 주권자의 등급을 나누어 차별하는 어이없는 인사입니다.

"경찰 송치 사건이나 처리하는 형사부 검사로 남을 것인지, 변호사들에게 뒷돈받고 소소한 사건들은 좀 봐주더라도 수사비로 거악을 척결하는 특수부 검사가 될 것인지, 잘 선택하라"고 초임 검사에게 조언하던 황당한 선배도 있었습니다. 그 선배가 큰 거악으로 보여 무서웠지요. 덮고 싶으면 소소한 악으로 단정하여 눈감고, 죽이고 싶으면 거악으로 규정하여 파헤치는 막무가내 검찰의 전횡을 봐버린 듯 아찔했습니다. 십 원짜리 사건과 천 원짜리 사건, 멋지게 수사할 거악과 덮어도 되는 소소한 악, 양질의 사법 서비스를 받을 시민과 문제 검사에게 수사받아도 되는 시민. 그런 구별이 정당하고, 검찰의 잣대는 과연 공정할까요.

정의의 여신은 눈을 가린 채 저울을 들고 있습니다. 권력과 재력의 많고 적음에 관계없이 죄의 무게에 합당한 처벌을 하는 것이 정의니까요. 검찰의 저울이 고장나 손가락질 대상이 된 지 오래지요. 눈금을 속여 온 검찰 등 권력자들이 수리공이 되어서야 고쳐질 리 있겠습니까. 검찰개혁의 동력은 오로지 주권자의 관심과 비판뿐입니다. 개혁 논의가 수면 위로 떠오른 이때, 이번에야말로 제대로 고쳐 공정한 저울로 거듭날 수 있도록 주권자의 관심과 비판을 간곡히 부탁드립니다.

뒷이야기

2010년 김준규 검찰총장은 "검찰만큼 깨끗한 데를 찾기 어렵다"는 발언으로 물의를 일으켰습니다. 검찰이 검찰을 빼고 수사하는 수사 구조와 현실에서 발생한 착시 현상입니다. 2009년 천성관 검찰총장 후보자가 사업가 친구에게 10억 대의 거액을 빌리고 함께 해외 골프 여행를 다녀온 사실이 청문회에서 드러나 스폰서 의혹으로 낙마하는 바람에, 어부지리로 검찰총장이 된 분이 할 말은 아니지요. 만약 천성관이 경찰청장 후보자나 야당 국회의원이었다면, 국민적 의혹을 해소하기 위해 대검 중수부나 서울중앙지검 특수부가 신속하게 뇌물 수사에 착수하지 않았을까요? 천성관이 고위 검사라, 검찰이 실체를 궁금해하지도 않았고 궁금해서도 안 되어 의혹을 의혹으로 남겼다고 생각하는 사람들이 많았습니다.

검사 상당수가 김준규 총장처럼 생각하는 게 현실입니다. 검사들이 유능하고 성실하게, 영혼을 갈아 넣는 헌신으로 엄청난 업무량을 감당하고 있는 것도 사실입니다. 예전의 제가 그랬듯이, 많은 검찰 구성원은 국민의 불신이 대개 오해라고 생각하고 억울해합니다. 왜 이렇게 괴리가 클까요?

제가 초임 검사였던 시절, 지독하게도 실적 관리에 열심인 동기가 있었습니다. 인지 수사 실적을 비롯하여 처리하지 못하고 남긴 미제 사건 수 등 통계 관리도 탁월했습니다. 이런저런 자랑 끝에 옛 여자 친구가 여권을 위조하여 공항으로 들어오다가 걸렸는데 부탁해서 사건을 없앴다고 하더군요. 여성 편력을 자랑하는 것인지, 사건 무마 능력을 자랑하는 것인지 잘 구별되지 않았는데, 초임 같지 않은 노회함과 무개념에 놀랐습니다. 그런데 10여 년이 지나 후배들 앞에서 "지금까지 나라와 검찰을 위해 몸을 상해 가며 일했는데, 이제 건강을 돌보겠다"고 말하는 걸 우연히 들었지요. 그 검사는 좋은 인사 평가를 위해 열심히 일한 것을 정의에 대한 희생과 헌신으로 정신 승리한 사례입니다.

워낙 찍힌 검사이기도 하고, 시간이 많으면 검사게시판에 글 쓸 것을 우려한 간부들의 특별한 배려로 속칭 벌 배당을 받곤 했습니다. 매일매일 수레에 실려 밀려드는 사건 기록에 치여 살았습니다. 민원인들의 독촉 전화가 빗발치니, 화장실 다녀오는 발걸음도 급해지지요. 연말 미제 사건 수는 소속 청 실적이기도 하니 벌 배당을 하면서도 통계 관리가 신경 쓰였던 간부는 "경찰이 수사를 잘했겠어? 적당히 무혐의로 털어버려"라고 사건을 신속하게 처리하라고 독려하기도 했습니다. 매일 야근은 기본이고, 공휴일도 없었습니다. 하지만 십 원짜리로 취급되는 사건을 몰 배당받아, 밤잠과 휴식 시간을 줄여 백 원 이상의 정성을 기울였다 한들 사건 당사자가 열심히 했다고 할까요? 대부분의 검사가 이 경우에 해당하는데, 검사들의 계산서와 사건 당사자의 계산서가 전혀 다른 이유입니다.

검사들에게 사건 처리를 독려하는 모 간부에게 "검찰이 '이가 없으면 잇몸으로' 정신으로 버틴 지 수십 년인데, 도대체 형사부 검사들에게 언제까지 희생과 헌신을 요구할 거냐? 인력이 부족하니 더는 검사들 업무를 수사관, 실무관에게 전가할 생각 말고, 이제 차장과 부장 들도 사건을 배당받아 직접 처리하라"고 건의하기도 했지요. 검사들 입장에서야 희생과 헌신이지만, 사건 당사자 입장에서는 사법 서비스 질 저하라, 알고 보면 심각한 문제입니다.

수뇌부가 수사 성과를 기대하는 사건은 반부패부에 배당하여 특정 사건에 수사 인력을 집중시키고, 수뇌부 시선을 빗겨난 사건은 형사부에서 처리하는 숱한 사건 중 하나로 '땡처리'하고서야 죄에 상응하는 처벌이 제대로 이루어질까요? 반부패부 검사들 역시 수뇌부가 기대하는 수사 성과를 내야 하는 압박감에 시달리면, 표적 수사 내지는 몰아가기 수사로 치닫는 게 인지상정입니다. 그런 수사의 과정과 결과가 과연 공정할까요?

사건을 배당하고 지휘·감독하는 간부의 저울이, 사건을 수사하고 처리하는 검사의 저울이 공명심에 오염되면, 죄의 무게가 달라집니다. 전관예우, 하명 수사 등도 저울의 눈금을 속이는 여러 원인이지요. 조국 전 법무부 장관의 배우자인 정경심 교수 사건이 제가 고발한 서울남부지검 성폭력 은폐 사건이나 부산지검 고소장 등 위조 은폐 사건보다 중할까요? 제 고발 사건들은 서울중앙지검 형사1부와 3부에서 매일 수레에 실려 배당되는 숱한 사건 기록 중 하나에 불과했고, 압수수색 한번 없이 결국 불기소 기록으로 수레에 실려 기록 창고로 갔습니다. 정경심 교수 사건 수사에는 반부패부 여러 검사실이 동원되어 광범위한 압수수색 등 강제수사와 참고인 조사가 이루어졌지요. 파야 할 사건과 파면 안 될 사건. 그 저울을 든 손이, 눈금을 보는 눈이 과연 공정할까요?

문재인 정부에서 공수처 도입 등 가시적인 성과가 없지는 않았지만, 사건 배당 제도 개선 등 법무검찰개혁위원회에서의 여러 권고가 검찰의 반대를 넘어서지 못했습니다. 검찰이 반대하는 부분이 검찰의 급소입니다. 검찰이 찬성하는 것만 바꾸고서야 개혁이라 하겠습니까? 검찰의 저울이 고장 나 있다는 것을 기억해 주십시오. 저울을 고치라고 계속 외쳐주십시오. 검찰이 고치는 시늉이라도 하고 있으면, 더는 고장 나지 않을 테고, 편향적이고 불공정한 검찰권 행사를 다소나마 주저하지 않겠습니까?

2012년 12월 20일 서울중앙지검에서 공판부장의 백지 구형 지시에 반발한 저의 이의 제기로 부 회의가 열렸습니다. 제 의견인 무죄 구형과 공안부의 백지 구형 중 무엇이 옳은지를 논의했지요. 허허벌판에 서 있는 듯 외로웠습니다. "백지 구형을 하라면 하라는 대로 하겠지만, 검사로서 사건 관계자들 보기 부끄럽다"고 사족을 단 한 명을 제외한 나머지 검사들은 백지 구형에 적극 동조했으니까요. 상급자 지시 앞에 검사들의 판단력이 마비되는 현실이 참담했습니다.

검찰을 바꾸기 위해, 최소한 유의미한 선례라도 만들기 위해 국가배상 소송도 제기하고, 대검 감찰제보시스템을 통한 감찰 요청, 국민권익위원회 등에의 민원 제기, 형사 고발 등 모든 수단을 동원했습니다. 적지 않은 분들이 물었습니다. 검사인 네가 직접 수사하면 되잖아? 국정원 대선 개입 사건 수사 때 윤석열 팀장이 직무 배제되고, 故 윤길중의 과거사 재심 사건 때

제 사건이 다른 검사에게로 이전된 게 그리 오래전 일이 아닌데, 모르는 척 시치미 떼는 동료들이 야속했습니다. 형사 입건에서부터 기소까지 상급자 결재를 단계별로 다 받아야 하는데, 전·현직 검찰 고위직을 향한 수사가 쉬이 허락될 리 있겠습니까?

물정 모르는 분들은 "이의 제기권을 행사하면 되잖아?"라고 반문하겠지만, 2017년 12월 제정된 검사의 이의 제기 절차 등에 관한 지침은 복종 의무 족쇄를 더 조인 악법이라, 유명무실하다 못해 유해하기까지 합니다. 복종 의무 강화에 더하여, 10년간 비공개임을 명시하여 검사게시판을 통한 비판도 사실상 봉쇄하고, 수사를 막은 상급자의 직권남용 공소시효 7년을 무사히 넘길 수 있도록 세심한 주의를 아끼지 않은 지침이니까요. 그런 악법이 없던 때에도 이의 제기권을 행사했다가 쫓겨날 뻔한 제가 다시 선택할 수 없는 수단이지요. 난관을 돌파할 방법이 이제 마땅치 않습니다.

지휘권과 직무 이전·승계권으로 중무장한 상급자의 뜻을 거스르는 수사는 사실상 불가능하고, 검사는 공무상 기밀 등 여러 이유로 비밀 유지 의무가 있어 침묵할 수밖에 없지요. 직권남용으로 상급자에 대한 감찰을 요구하고 고발해봐야, 검찰이 감찰과 수사를 제대로 할 리 없습니다. 선택별로 예상되는 결과를 꼼꼼히 따져본 후 수사검사가 아닌 고발인, 민원인이 되기로 결심하고 공개적으로 문제를 제기하고 있습니다. 그래야 검찰 내부 문제를 공론화하여 제도와 관행을 바꿀 수 있고, 재정신청 등을 통해 다투어 볼 기회라도 생기니까요. 칼럼도 그런 문제 제기의 일환이지요.

감찰직을 지망했었습니다. 읍참마속을 해야 하는 고단한 자리지만, 누군가는 해야 할 일이고, 다른 어떤 누구보다 제대로 할 의지가 있다고 자부하니까요. 그런 저이기에 결코 쓰일 리 없다고 체념하고 있던 차, 뜻밖의 인사 발령으로 향후 감찰 정책 연구, 감찰부장이 지시하는 사안에 관한 업무를 담당하게 되었습니다. 이제 고발인이 아니라 감찰정책연구관으로서 업무를 수행하는 것이라, 법규에 따른 각종 제약과 한계가 예상됩니다. 그럼에도 해야 할 일을 감당해 볼 각오입니다.

작년 11월 저는 〈감찰 유감〉 칼럼을 통해 검찰의 제 식구 감싸기 관행을 비판하며 감찰의무 이행을 검찰에 요구한 바 있습니다. 이제 의무 이행을 요구하던 민원인에서 의무 이행을 관철해야 하는 담당자가 되어, 상급자들과 지난한 씨름을 해야 하고 난관들을 마주할 텐데요. "걷다 보니 길모퉁이에 이르렀어요. 모퉁이를 돌면 뭐가 있을지 모르지만, 전 가장 좋은 게 있다고 믿을래요." 제가 좋아하는 《빨강 머리 앤》의 한 구절입니다. 모퉁이를 돌면 바위와 비탈도 있겠지만, 여전히 꽃들이 피어있고, 늘 그러했듯 지저귀는 새소리는 청아할 겁니다. 씩씩하게 가보겠습니다.

뒷 이 야 기

　　다른 글들과는 달리 뒷이야기가 제가 대검에서 겪은 일에 대한 수기인데 분량이 상당합니다. 하여 독자의 이해를 돕기 위해 언론에 배포했던 보도자료와 제목을 단 뒷이야기를 작성했습니다.

보도자료(2022년 4월 12일)

1. 전 검찰총장 윤석열, 전 대검찰청 차장 조남관의 직권남용권리행사방해행위에 대한 공익 신고자*이면서 고발인 임은정 검사의 소송 대리인은 2022년 3월 22일 공수처가 한 불기소 결정을 통보받았습니다.

2. 소송 대리인이 고발인을 대리하여 재정신청서로 접수하는 이 사건은 상급자인 피의자 윤석열, 조남관이 적법하고 정당한 이유와 절차에 근거하여 고발인에 대해 지휘·감독권과 직무 이전권을 행사했는지, 직권남용권리행사방해죄가 성립하는지에 대한 판단을 구하는 사건입니다.

3. 고발인은 "지탄받는 악인을 응징할 때에도 절차적 정당성을 지키는지가 그 사회가 문명인지 아닌지를 가르는 기준이

＊　정확한 법률 용어는 부패 신고인으로 법상 공익 신고자와 구분되나, 이는 법령상의 구분에 불과하고, 일상에서는 부패 신고를 공익 신고와 구별하지 아니하므로 공익 신고로 일괄 기재한다.

라 생각한다"라는 한동훈 검사장의 의견(《조선일보》 2021년 2월 15일 자 인터뷰)에 적극 공감합니다. 다만, 문명의 기준이 사람이나 사건에 따라 달라지지 않고 일관되기를 바랄 뿐입니다.

4. 고발인은 '검사 등의 모해위증 혐의를 조사해 달라'는 관련 재소자들의 민원 사건을 담당하며 좌고우면하지 않고 법과 원칙에 따라 처리하려 했을 뿐으로, 특정 세력이나 특정인의 이익을 위해 혹은 공명심의 발로에서 조사·검토하고 문제 제기한 것이 결코 아닙니다. 따라서 "한명숙 구하기 아니냐?"는 색안경을 벗어주시기를 부탁드립니다.

5. 감사합니다.(끝)

-첨부 1. 사건 개요

-첨부 2. 피의자들의 직권남용권리행사방해죄가 성립하는 이유

첨부 1 | 사건 개요

■ 관련 사건: 2022년 공제 23호, 24호 직권남용권리행사방해 등

◦ 공제 23호는 임은정 검사가 국민권익위원회에 공익 신고를 한 사건에 대해 국민권익위원회가 공수처에 수사 의뢰한 사건.

◦ 공제 24호는 임은정 검사가 직접 공수처에 고발한 사건.

■ 피신청인: 1. 윤석열(전 검찰총장), 2. 조남관(전 대검 차장검사)

■ 신청인(사건 개요에서 신청인으로 통일함): 임은정(공익 신

고인 겸 고발인)

■ 재정신청서 접수까지 주요 경과

◦ 2020. 4. 7. 한명숙의 정치자금법위반 사건 검찰 측 증인이
었던 재소자 최○○, 검찰이 사건 조작했다는 민원을 법무부
제출.

◦ 2020. 5. 22. 대검 감찰부장, 법무부에서 이첩된 최○○의 민
원을 감찰1과에서 감찰3과로 재배당.

◦ 2020. 6. 22. 한명숙의 정치자금법위반 사건 검찰 측 증인 예
정자였던 재소자 한○○, 검찰이 증언 조작했다는 민원을 대
검 제출.

◦ 대검 감찰부에 접수된 한명숙 모해위증 교사 의혹 민원은 '한
명숙의 정치자금법위반 사건을 재수사해 달라'는 민원이 아
니라, '2011년 한명숙의 정치자금법위반 사건 재판 과정에서
일어난 검사 등의 모해위증 혐의를 조사해 달라'는 민원이고,
모해위증이란 피고인이 유죄 선고를 받게 할 목적으로 거짓
증언을 한 경우를 말하며, 판례상 모해할 목적은 피고인을 불
리하게 할 목적을 말하고, 허위 진술의 대상이 되는 사실에는
공소사실을 직간접적으로 뒷받침하는 사실은 물론 이와 밀
접한 관련이 있는 모든 사실을 포함함.

◦ 2020. 9. 14. 대검 감찰부장, 신청인을 주무 연구관으로 지정
하여 재배당.

◦ 그 후로 신청인은 2021. 3. 2.까지 한명숙의 정치자금법위반

사건 기록, 한만호의 위증 사건 기록, 엄희준 검사실 관계자
들의 공문 수·발신 내역과 통합사건시스템 사건 검색 내역 등
을 분석하고, 민원인들은 물론 증언자 김○○, 엄희준 검사실
에서 조사한 최○○·고○○·임○○·윤○○ 등 재소자, 민원인
한○○이 한만호의 말을 전달한 검사로 지목한 홍○○ 변호
사, 김○○를 수사한 경찰관 등 관련자들을 조사함.

◦ 대법원(2002. 10. 8. 선고 2001도3931 판결)은 "구속된 증인
에 대한 편의 제공 역시 그것이 일방 당사자인 검사에게만 허
용된다면 그 증인과 검사와의 부당한 인간관계의 형성이나
회유의 수단 등으로 오용될 우려가 있고, 또 거꾸로 그러한
편의의 박탈 가능성이 증인에게 심리적 압박 수단으로 작용
할 수도 있으므로 접근 차단의 경우와 마찬가지로 공정한 재
판을 해하는 역할을 할 수 있다"고 밝혔는데, 재소자로 증언
한 김○○, 최○○이 모해위증을 했을 뿐만 아니라, 수사팀이
개입했음이 드러나는 명백한 정황도 있었음. 이는 헌법, 검찰
청법 등에 따라 공익의 대표자이자 인권 옹호 기관인 검사가
객관 의무를 위반하고, 재소자들의 인권을 침해한 것일 뿐만
아니라, 검찰이 사법 정의를 농락한 심각한 사안임.

◦ 대검 감찰부는 신청인의 대검 발령 직후부터 서울중앙지
검 검사 직무대리 발령을 지속적으로 구두 요청한데, 이어
2020. 11. 중순 2차례 서면 요청했으나 피의자 윤석열은 거부
함. 이것은 여타 감찰 담당 대검 검찰연구관들에 대한 직무대

리 발령 전례에 비추어 형평성에 어긋난 것이었음.

◦ 2021. 2. 26. 자로 신청인은 서울중앙지방검찰청 검사로 겸직 발령을 받아 수사 권한과 기소 권한을 부여받음.

◦ 2021. 2. 26. 자로 신청인은 대검 감찰부장의 결재를 받아 수사 전환 계획이 담긴 조사 결과 보고서, 모해위증한 검찰 측 재소자 증인 김○○, 최○○에 대한 범죄 인지서를 작성하고 공소장 초안을 첨부하여 법무부에 보고함. 아울러 피의자 윤석열과 조남관에게 전자 공문과 서면 결재 상신했으나, 피의자 조남관이 전자 공문과 서면 보고서를 모두 반려한데, 이어 피의자 윤석열 역시 서면 보고서를 신청인에게 돌려보내어 반려함.

◦ 2021. 3. 2. 신청인이 같은 취지의 전자 공문과 서면 결재를 재상신하자, 피의자 조남관은 전자 공문과 서면 결재를 반려하며 권한이 없음에도 검찰청법 제7조의2에 근거하여 '주임검사로 감찰3과장으로 지정한다'라는 지휘서를 첨부하여 신청인을 직무에서 배제하려 했고, 이에 신청인이 검찰청법 제7조의2에 근거한 직무 이전·승계권의 주체는 검찰총장이므로 직무 이전하려면 검찰총장 명의로 해야 한다고 명시하여 전자 공문과 서면 결재 다시 상신하자, 피의자 윤석열은 서면 보고서를 신청인에게 돌려보내어 또다시 반려하며 검찰청법 제7조의2(검사 직무의 위임·이전 및 승계)를 근거 조항으로 명시하여 '주임검사를 감찰3과장으로 지정한다'라는 취지의

정책기획과 작성 공문을 결재함.

◦ 2021. 3. 2. 감찰3과장, 윤석열 결재 공문을 신청인에게 제시하고, 신청인과 감찰부장에게 기록 인계 요구.

◦ 2021. 3. 5. 감찰3과장, 검찰 측 재소자 증인으로 모해위증한 김○○, 최○○에 대해 무혐의 처분.

◦ 2022. 3. 22. 피의자들에 대한 직권남용권리행사방해행위와 관련한 국민권익위원회 수사 의뢰 사건 및 신청인이 고발한 사건에 관해, 공수처가 혐의없음 결정함.

◦ 이에, 신청인은 공수처가 한 혐의없음 결정이 위법·부당하다는 취지로 서울고등법원에 심판을 구하기 위해 공수처에 재정신청서 접수함.

■ 재정신청 사건의 핵심 쟁점

◦ 피의자들, 특히 피의자 윤석열은 '한 전 총리 모해위증 사건'과 관련하여 자신의 이해와 관련될 뿐만 아니라, 자신과 지속적인 친분 관계 있어 일반인의 관점에서 공정한 직무 수행이 어렵다고 판단되는 최측근들과 관련된 사건이므로 수사 및 감찰 절차에 개입하지 않거나 개입을 최대한 자제함으로써 검찰 사무의 공정성을 보장해야 하는 직무상 의무 있음. (서울행정법원 2020구합88541, 판결문 84쪽 참조)

◦ 검찰의 제 식구 감싸기에 대한 반성적 고려로 발족한 대검 감찰부는 관련 법령에 따라 직무상의 독립을 보장받으므로, 감찰부장의 지휘에 따라 신청인이 수행한 업무가 현저히 부당

하거나 직무 범위를 벗어난 것이 아니라면 검찰총장도 개입
할 수 없었음.

◦ 따라서 최○○의 민원서류가 대검에 접수된 후 10개월간 감
찰부장의 사건 배당, 재배당 및 감찰부장의 지휘하에서의 감
찰부 조사와 사건 처리가 현저히 부당하거나 직무의 범위를
벗어난 것이 아니라면, 신청인이 담당한 해당 사건의 주임검
사를 감찰3과장으로 새로 지정한 피의자 윤석열, 조남관의
권한 행사는 직권남용에 해당할 수 있음.

◦ 결국 감찰부장의 지휘하에 감찰정책연구관으로서 한 신청인
의 조사와 업무 처리가 헌법과 형사소송법, 검찰청법에 따라
공익의 대표자로서 적법한 업무 수행에 해당하는지, 신청인
이 현저히 부당하거나 직무의 범위를 벗어난 행위를 하지 않
았음에도 피의자들이 위법·부당하게 신청인의 직무를 배제
한 것인지가 직권남용권리행사방해죄 성립 여부의 핵심 쟁
점임.

첨부 2 | 피의자들의 직권남용권리행사방해죄가 성립하는 이유

◦ 윤석열은 2012년 서울중앙지검 특수1부장으로 재직 시 한
명숙의 정치자금법위반 사건 2심 공소 유지에 관여했을 뿐
만 아니라, 2018년 7월 서울중앙지검장 재직 중 모해위증 관
련 재소자 한○○의 1차 민원을 공람 종결 처리하는 등 해당
사건과의 관련성이 넉넉히 인정됩니다. 또한 모해위증 교사

의혹이 제기된 2010년~2011년 당시 서울중앙지검 특수1부 수사팀은 언론 보도로도 널리 알려진 윤석열의 최측근들입니다.

◦ 결국 본건 모해위증 교사 의혹 사건은 자신의 이해와 관련될 뿐만 아니라, 최측근들이 관련된 사건이므로, 개입하지 않거나 개입을 최대한 자제해야 할 직무상 의무가 있었습니다. 윤석열에 대해 면직 이상의 징계가 가능하다는 결정을 내린 서울행정법원 2020구합88541 판결에 따르면 윤석열은 "적법하게 개시된 채널A 사건에 대한 감찰을 중단시키고 대검 인권부로 하여금 사건을 조사하게 했고, 최측근으로 인식되고 있던 한동훈이 채널A 사건에 관련돼 있었으므로 사건 수사에 개입해서는 안 되거나 개입을 최대한 자제할 직무상 의무를 부담하고 있었지만, 소집 요건을 갖추지 못한 전문수사자문단의 소집을 직접 지시하는 등" △ 감찰 업무의 독립성을 보장할 의무 △ 국가공무원법 제59조 및 검찰청 공무원 행동 강령 제5조에 의해 인정되는 공정한 직무 수행 의무 △ 국가공무원법 제46조에서 정한 법령준수의무 위반 등 검사징계법 제2조 제2호에서 정한 징계 사유가 인정되었습니다.

◦ 법무부 감찰담당관실은 2020년 4월 17일 "한만호 사건은 검찰의 공작으로 날조된 것이고, 상상할 수 없는 추악한 검찰의 비위와 만행이 저질러졌다"는 취지의 검찰 측 재소자 증인 최○○의 민원서류를 대검 감찰1과로 이첩했습니다. 대검

감찰부장은 5월 22일 피민원인들이 검찰 간부들이고 사안 중 대할 뿐만 아니라 혐의 인정될 경우 사회적 파장이 막대한 점 등을 종합하여 감찰1과에서 담당하던 최○○의 민원을 감찰 3과로 재배당 결정함에 따라, 감찰1과는 민원서류를 감찰3과 로 송부했고, 6월 22일 증언 예정자였던 재소자 한○○이 대 검에 제출한 같은 취지의 민원과 병합하여 감찰3과에서 조사 진행했습니다.

○ 윤석열은 5월 28일 감찰3과장에게서 민원 내용을 보고 받고 서울중앙지검으로 송부할 것을 지시한 후 감찰부장에게 "다 음 날까지 인권부로 재배당하여 서울중앙지검으로 보내라" 는 지시를 거듭했습니다. 감찰부장이 "징계 시효가 도과되어 도 주의, 경고 등 신분 조치 가능하고, 모해위증 교사 공소시 효 남은 중대 사안으로 감찰부에서 직접 해야 할 사건"이라 며 반대하자, 당시 차장검사인 구본선은 같은 날 오후 "인권 부에 사본이라도 전달해 줄 것"을 요청한 후 기획조정부장 을 통해 "재배당이 아니라 관련 부서인 인권부에 참고 자료 로 보내겠다는 취지일 뿐"이라며 재차 요구했고, 이에 감찰 부에서 민원서류를 사본해 주자, 인권부 인권감독과장은 같 은 날 저녁 공문을 첨부하여 사본을 서울중앙지검으로 이첩 시켰습니다. 서울중앙지검은 같은 날 서울중앙지검 2020진 정1801호로 접수한 후, 속칭 특수통이자 윤석열과 대검 중수 부 근무연이 있는 이용일 인권감독관에게 배당했는데, 민원

인들은 서울중앙지검 인권부의 조사를 거부했습니다. 이러한 행위가 윤석열 징계 사유로 인정된 위 채널A 감찰 방해 사건과 무엇이 다른지 묻고 싶습니다.

*해당 사건은 대검 감찰부장의 감찰 개시 보고만으로 적법하게 개시됩니다. 검찰총장의 감찰 개시에 대한 승인을 필요로 하지 않습니다.

대검찰청 감찰부 설치 및 운영 규정 제4조(직무의 독립) ①감찰부장은 다음 각 호의 감찰 사건에 관하여 감찰 개시 사실과 그 결과만을 검찰총장에게 보고한다.

◦ 감찰부장은 본 사건 주무 연구관으로 감찰3과 신○○ 검사를 지정했다가, 2020년 9월 3일 자 인사이동으로 신○○ 검사가 전출되자, 9월 14일 자로 과장급 감찰정책연구관으로 전입한 신청인으로 주무 연구관을 변경했습니다.

◦ 이에 신청인은 2021년 3월 2일까지 한명숙의 정치자금법위반 사건 기록, 한만호의 위증 사건 기록, 엄희준 검사실 관계자들의 공문 수·발신 내역과 통합사건시스템 사건 검색 내역 등을 분석하고, 민원인들은 물론 엄희준 검사실에서 조사한 최○○·고○○·임○○·윤○○ 등 재소자, 검찰측 재소자 증언자인 김○○, 재소자 이○○, 전직 검사 홍○○, 경찰관 김○○ 등 관련자들을 조사하여 6,828면에 이르는 사건 기록을 작성했습니다.

◦ 신청인은 위 기간 중 해당 사건을 면밀히 조사하여 김○○, 최

○○의 모해위증 혐의를 인지하여 수사 전환하고자 했으나, 감찰 업무를 담당하는 감찰부 여타 검찰연구관들과는 달리 윤석열과 조남관은 신청인에 대해서만 서울중앙지검 검사 직무대리 발령을 계속 보류했고, 이로 인해 신청인은 감찰 업무를 담당하는 대검 검찰연구관 중 유일하게 수사권, 기소권이 없는 상황이었습니다.

◦ 2021년 2월 22일 법무부가 상반기 고검검사급 인사를 발표하면서 신청인을 같은 달 26일 자 서울중앙지검 검사로 겸직 발령하여 수사권과 기소권을 부여했고, 이에 신청인은 26일 감찰부장의 결재를 득한 후 수사팀에 대한 수사 전환 계획이 담긴 조사 경과 보고서, 김○○, 최○○의 공소장 초안을 법무부에 송부하여 진상 조사 중간 경과를 보고하는 한편, 모해위증 혐의를 입건하겠다는 취지의 김○○, 최○○의 범죄 인지서, 경과 보고서를 윤석열, 조남관에게 보고했는데, 조남관은 같은 날 19시 02분에 "신청인은 감찰1·3과 소속이 아니고 검찰총장의 별도 지시가 없으므로, 겸임 발령에도 불구하고 적법한 권한 없음을 통보하고 감찰3과장이 기록 검토하여 보고 및 결재 절차를 지켜줄 것을 지시한다"는 서면 지휘서와 함께 전자 공문, 범죄 인지서 등을 반려했고, 윤석열 역시 부속실 실무관 편으로 관련 서류 반려했습니다.

*대검 검찰연구관은 △검찰청법 제15조 제1항에 따라 법무부장관에게서 지방검찰청 검사로 겸임 발령을 받는 경우, △검

찰총장에게서 지방검찰청 검사 직무대리로 발령받는 경우에 수사권을 가지게 되는데, 신청인은 전자에 해당하며, 검찰총장만이 수사권을 허락할 수 있다는 주장은 관련 법령, 검찰 실무에 전혀 맞지 않는 궤변에 가깝습니다.

◦ 신청인이 3월 2일 김○○, 최○○ 입건·기소 및 당시 수사팀에 대한 수사와 감찰 착수 계획을 보고하는 전자 공문과 범죄 인지서 등 서면 보고서를 재상신하자, 조남관은 같은 날 14시 07분 검찰청법 제7조의2(검사 직무의 위임·이전 및 승계) 등을 근거로 '주임검사를 감찰3과장으로 지정한다'는 지시를 명기한 전자 공문과 신청인이 작성한 인지서 등 관련 서류를 부속실 실무관 편으로 반려했고, 윤석열 역시 부속실 실무관 편으로 관련 서류 반려했습니다.

◦ 이어 신청인은 14시 45분 윤석열을 결재자, 조남관을 열람자로 하여 "직무 이전권의 주체는 검찰총장이므로 신청인의 수사권을 해당 사건에서 배제하는 취지라면 검찰총장의 구체적 직무 이전 지시서, 최소한 검찰총장의 구체적인 위임이 있음을 증명할 자료를 첨부한 차장검사의 직무 이전 지시서가 기록 편철되도록 조치해 줄 것"을 요청하는 전자 공문과 범죄 인지서 등 서면 보고서를 또다시 상신했습니다.

◦ 이날 오후 윤석열이 검찰청법 제7조의2 등을 근거 조항으로 명시한 '사건 주임검사를 감찰3과장으로 지정한다'는 취지의 정책기획과장 기안 전자 공문을 최종 결재하고, 부속실 실무

관 편으로 관련 서류 또다시 반려하여 신청인은 해당 사건에서 결국 배제되었습니다.

◦ 이날 저녁 대검 대변인실은 법조 기자단 간사를 통해 기자들에게 "검찰총장이 임은정 감찰정책연구관에게 배당한 적이 없고, 금일 처음으로 대검 감찰3과장을 주임검사로 지정했음"이라는 문자메시지를 발송했습니다. 기자들이 민원 접수 후 10개월 간 주임검사가 지정되지 않았다는 대변인실 해명을 납득하지 못하자, 대변인실은 물론 정책기획과장 등은 "배당권은 감찰부장이 아니라 검찰총장의 권한이다", "감찰쪽 일이 원래 그런가 보다" 등의 발언으로 해명 시도한 바 있습니다.

◦ 이후 사건은 일사천리로 진행되었습니다. 감찰3과장은 감찰부장에게 감찰부장실에서 일부 보관 중이던 원본 기록 인계를 요청했으나 거부당하자, 6,828면에 이르는 사건 기록 전체를 확보하지도 못한 채 사건을 처리했습니다. 공소시효 완성 직전일인 3월 5일, 감찰부장의 중간 결재 없이 조남관의 결재를 받아 '김○○, 최○○의 모해위증 혐의를 인정할 증거가 부족하고 수사팀의 모해위증 교사 혐의 역시 인정하기 어렵다'며 사건을 종결했습니다.

◦ 정책기획과장은 조남관의 지시로 감찰부장과의 사전 협의나 조율 없이 정책기획과, 수사정보담당관 소속 등 35기 대검연구관들을 임의로 선정하여 같은 날 감찰3과장과 회의 후 대

변인실을 통해 합리적 의사 결정 과정을 거쳤다고 일방적으로 발표했습니다.

◦ 결국 윤석열과 조남관은 소속 검사의 수사 및 감찰 업무를 지휘·감독할 직권을 남용하여 김○○, 최○○의 모해위증 혐의 입건·기소를 막았고, 엄희준 검사 등 당시 수사팀에 대한 수사 착수도 막아서며 신청인의 범죄 수사에 관한 권리행사를 방해했습니다.

◦ 법원은 "직무의 위임·이전 및 승계 조항에 관한 검찰청법 제7조의2에서는 검사의 이의 제기권을 두고 있는데, 이는 상급자의 직무 이전·승계권의 행사는 적법하고 정당한 절차 및 이유에 의하여 이루어져야 함을 말해주는 것이고, 직무 이전은 검사의 해당 사건 처리를 원칙적으로 차단하는 것으로서 악용될 경우 그 폐해가 크므로, 해당 검사의 전출, 보직 변경 등으로 직무를 수행할 수 없는 불가피한 경우에 한하여 제한적으로 행사하여야 한다"고 판시한 바 있습니다(서울행정법원 2013구합12454, 서울고등법원 2014. 11. 6. 선고 2014누45361 판결).

◦ 공수처는 피의자 윤석열, 조남관의 변소인 '감찰3과장이 주임검사라고 재확인하거나 지정하는 행위'의 위법성 또는 부당성과 관련하여 △ 사건은 검찰청 소속 검사들의 비위에 대한 민원으로 검찰청 사무기구에 관한 규정에 따라 감찰부 소관에 해당하는 점 △ 법무부 장관의 지휘권 발동으로 감찰부

에서 담당하는 것이 명확히 결정된 점 △ 공공감사에 관한 법률 제7조 1항, 대검찰청 감찰부 설치 및 운영 규정 제4조 등에 따라 독립성이 보장되는 감찰부장이 종래와 같이 민원 사건 배당권을 행사하여 신청인을 주무 연구관으로 지정한 점 △ 감찰부장의 명에 따라 신청인이 6개월간 관련자들을 직접 면담·조사하여 왔을 뿐만 아니라, 감찰부장 주재 감찰3과장과의 현안 회의에서 신청인이 주임검사로서 범죄 인지서 등 관련 서류 작성하여 결재 상신하는 것으로 합의·결정된 점 등을 전혀 판단하지 않았습니다.

◦ 또한, 검사가 자발적인 활동으로 범죄 혐의를 알게 되어 입건하는 경우를 인지라 하는데, 이는 형사소송법 제196조 등에 따른 검사의 권한이자 의무입니다. 인지는 검사가 스스로 수사 개시한 경우여서 배당을 필요로 하는 고소·고발, 경찰 송치 사건과 성격이 전혀 다릅니다. 최기문 전 경찰청장, 장모 전 남대문경찰서장의 직권남용권리행사방해(대법원 2008도7312, 2008도7314), 신승남 전 검찰총장의 직권남용권리행사방해(대법원 2004도5561) 등에서 사법경찰관리와 검사의 범죄 수사권은 직권남용권리행사방해에서 말하는 '권리'에 해당한다는 것이 확고한 판례입니다. 신청인은 당해 사건을 면밀히 조사하여 김○○, 최○○의 모해위증 혐의를 인지하여 입건하고 수사 전환하고 했으나 피의자들의 노골적 방해로 착수하지 못했습니다.

◦ 이에 대해 공수처는 "대검 검찰연구관인 신청인이 서울중앙지검 검사로 겸임 발령을 받음으로써 바로 수사권을 부여받는지 여부, 인지 사건의 경우 검찰총장의 배당이나 승인이 없더라도 검사가 모해위증죄를 인지하겠다는 의사와 행위를 외부에 표명할 경우 그 사건의 주임검사로 볼 수 있는지 여부에 관하여는 별론으로 한다"며 판단조차 하지 않았습니다. 이에 재차 유감을 표합니다.

◦ 결국, 직권남용권리행사방해죄 성립 여부를 판단하는 과정에서 위와 같은 내용에 대한 논증과 검토 없이 피의자들의 일방적인 변소만을 반영한 결론을 내린 공수처의 무혐의 처분은 판단 유탈에 해당된다 할 것입니다. 끝.

〈나는 고발한다(J'Accuse!)〉
검찰의 사건 조작 의혹, 그 진실을 찾아서

선수 교체의 속사정 — 누가 저울의 눈금을 속이는가

2011년 가을 무렵 어느 후배가 울분을 토했습니다. "검사장 출신 변호사의 청탁으로 지 모 지청장이 뺑소니 사건을 수사 중인 검사에게 뺑소니를 빼라고 지시했다. 그 검사가 버티자, 부장검사가 사건을 빼앗아 뺑소니를 빼버리고 교통사고처리특례법위반으로 벌금 약식기소했다. 이럴 수 있느냐!" 뭘 이 정도 일에 그러나 싶어 후배의 순진함에 순간 놀랐습니다만, 공공연하게 벌어진 옳지 못한 일이니 별명이 '청탁 대마왕'이라는 그 지청장에게 응분의 조치가 필요하다고 생각했고, 사건을 빼앗긴 후배에게 위로가 필요할 듯해 법무부 감찰담당관실 선배에게 제보했습니다.

대검 감찰부에서 진상 조사를 나갔는데, 다행히 법원에서 약식명령*을 발령하기 전이라 검찰은 정식재판을 청구하여 특정범죄가중처벌등에관한법률위반(도주치상)으로 공소장을 변경했고, 그 부장검사는 징계를 받았다는 풍문이 돌았습니다. 한참 뒤 그 전관 변호사가 지청장에게 부탁했는데 애꿎은 부장검사가 징계받아 미안해한다는 풍문이 추가로 돌았지요. 부장검

---

* 법원이 변론 없이 서류만 보고 약식절차에 의하여 행하는 명령. 약식명령이 확정되면 판결과 동일한 효력이 있다.

사의 징계가 관보에 실리지 않았으니 주의·경고에 그친 모양입니다.

2012년 12월 제가 故 윤길중의 과거사 재심 사건에서 무죄 구형 의견을 굽히지 않자, 서울중앙지검 공판부장은 이정렬 검사에게 대신 들어가 백지 구형하라고 지시했지요. 이처럼 지휘·감독권과 직무 이전권은 검찰 수뇌부에게 최강의 절대반지입니다. 상급자의 지시를 기꺼이 따르는 성실함과 책임감으로 충만한 검사들이 즐비한 상황에서 양심 있는 검사가 난관을 돌파할 방법은 현실적으로 거의 없습니다.

허허벌판에 서서

2020년 9월 대검 감찰정책연구관으로 발령이 났습니다. 검찰 제국 본거지인 대검에 불청객으로 혼자 던져진 형국이라 어떻게 헤쳐나갈지 답답한데, 물정 모르는 분들의 기대와 성원, 문재인 정부에 영합하여 영전한 게 아니냐는 질시와 멸시가 쏟아져 더욱 답답했습니다.

감찰정책연구관은 감찰 1~3과장처럼 검찰 직제 규정에 명시된 자리가 아닙니다. 정식 직제가 아닌 자리여서 담당 업무와 처우가 명확하지 않습니다. 법무부는 인사 발령을 내며 '감찰 정책 연구 및 감찰부장이 지시하는 사안을 담당한다'고 밝혔지만, 검찰총장은 그 이름대로 감찰 정책 연구만 하기를 원해 검찰 공무원들의 비위·진정 사건을 조사하는 여타 대검 감찰부 과장들, 검찰연구관들과는 달리 저에게 서울중앙지검 검사 직무대리 발령을 내주지 않았습니다. 대검은 대법원에 대응하는 기관으로 정책 부서일뿐 수사 부서가 아닙니다. 서울중앙지검 검사만이 서울중앙지법에 구속영장을 청구하고 공소장을 제출할 수 있지요. 과거 대검 중수부에서 대형 특수수사를 할 때도 중수부 소속 검찰연구관들은 서울중앙지검 검사 직무대리나 겸직 발령을 받아 서울중앙지검 검사로서 서울중앙지법에 구속영장을 청구하고 기소를 했습니다.

감찰 담당인 감찰부 소속 과장들과 검찰연구관들에게 척척 나오는 서울중앙지검 검사 직무대리 발령이 저에게는 그림의 떡이었지요. 수사권이 없었고, 수사관과 실무관도 배치되지 않았습니다. 대검은 2020년 3월까지 비직제였던 특별감찰단장과 특별감찰팀장에게 수사권을 부여하고 과 단위 인력을 배치하여 감찰 업무를 맡겼었는데, 제가 대검 감찰부로 발령이 나니 갑자기 직제, 비직제를 따지면서 감찰정책연구관이니 감찰정책을 연구하라고 주문했습니다. 감찰부 소속 검찰연구관은 수사해도 되지만 감찰정책연구관은 연구만 해야 한다니, 같은 연구관으로 황당할 노릇입니다.

상황이 이렇다 보니 감찰부장은 저에게 많은 사건을 배당할 수가 없었고, 덕분에 한명숙 전 총리 모해위증 교사 의혹 사건 등 몇몇 사건에 집중할 수 있었습니다. 수사권이 없어 압수수색 등 강제수사는 할 수 없지만, 검찰청법에 따른 조사 권한은 있어 상대방의 협조를 전제로 한 임의 조사는 가능합니다. 사무실에 전화기라도 있는 것에 감사하며 새로이 찾아낸 참고인들에게 부지런히 전화를 돌렸습니다.

감찰 업무에 전념하기 위해 인사 발령 직후 《경향신문》에 칼럼을 중단하겠다고 양해를 구하고, 마지막 칼럼 〈길모퉁이에서〉를 통해 직무 이전 등 앞으로 겪을 일들을 독자에게 예언했습니다.

검찰총장 등 검찰 수뇌부는 각오를 다지며 울산에서 상경하는 제가 몹시 부담스러웠을 겁니다. 보수 언론에서 "검찰 조직을 개혁 대상으로 비판해 온 부장검사가 공평한 감찰 업무를 볼 수 있겠느냐?"는 내부 우려를 보도했는데, 이는 검찰총장을 비롯한 검찰 주류의 시선이었습니다. 서울중앙지검 검사 직무대리 발령 보류 이유가 '불공정 우려'였으니까요. 서울남부지검 김형렬 부장과 진동균 검사의 성폭력이나, 부산지검 윤혜령 검사의 고소장 등 사건 기록 위조 정도는 별 게 아니라서 징계와 형사처벌을 하지 않았던 장영수, 조기룡 검사 등이 맡았던 감찰 업무를 제가 담당하게 되니 불안하고 불편했겠지요. 검찰 수뇌부가 말하는 공정과 공평의 진짜 의미는 제 식구 감싸기가 아닐까요? 이런 현실에서 2012년 서울중앙지검에서 그러했듯 수뇌부와의 충돌과 저의 전사戰死는 시기의 문제일 뿐 확정된 미래입니다. 앞으로 벌어질 일들과 각오를 마지막 칼럼에 녹여 담았습니다.

제 식구에 대한 검찰의 수사 방법

한명숙 전 총리 모해위증 교사 의혹 사건을 대검 부임 직후 재배당받았습니다. 친정부 성향을 운운하는 공격을 받는 상황에서 '한명숙' 그 이름이 부담스럽지 않았다면 거짓말입니다. 말이 많이 나올 텐데 왜 굳이…… 야속했지만, 인계받은 기록을 검토하며 어쩔 수 없었다는 걸 깨달았습니다.

《뉴스타파》등을 통해 보도된 바와 같이, 민원인인 재소자 H는 한만호가 한명숙의 정치자금법위반 사건 검찰 측 증인으로 출석하여 '사실은 한명숙에게 돈을 주지 않았다'고 증언하자 한만호의 증언을 반박하기 위해, 검찰이 검찰 측 증인으로 내세우려 한 재소자입니다. H는 '검찰의 협조 요청을 거부하자, 아들과 조카가 특수부 검사실에 불려갔다. 가족들을 별건 수사할 듯이 압박하여 견디지 못하고 협조하는 체 했다. 검찰 측 재소자 증인이었던 사기범 김 모와 마약 사범 최 모와 함께 검사실에서 위증을 연습했다'고 주장하며, 관련 검사들을 처벌해 달라는 민원을 제기했습니다. 서울구치소에 수감 중인 H와 최 모가 검찰에 소환되어 서울중앙지검에 출석한 날짜와 소환한 검사실이 기록된 출정 기록, H의 아들과 조카, 김 모의 서울중앙지검 출입 기록, H의 당시 서울구치소 접견 녹취록 등이 H의 진술과 일치하는 상황이었습니다.

그러나 감찰3과 신 모 검찰연구관은 민원인 H의 진술 진위를 의심하며 '2011년 2월 당시 H가 아들과 조카 명의의 계좌로 비공개 정보를 이용한 주식거래를 한 사실을 특수1부가 어떻게 알고 아들과 조카를 소환했겠느냐'며 민원인만 닦달했더군요. H가 '주식회사를 인수하려고 구치소에 접견을 온 조카에게 심부름을 많이 시켰는데 접견 녹음 파일을 들어본 것 같다'고 추측했습니다만, 신 모 검찰연구관은 확인해 보지도 않은 채 H의 주장을 믿기 어렵다고 했습니다.

검사 3명이 투입된 서울중앙지검 인권감독관실 기록을 보니 조사 의지가 없기는 매한가지였습니다. 피민원인들인 엄희준 검사 등 2010년~2011년 서울중앙지검 특수1부 검사들을 서면 조사했는데,《뉴스타파》에서 의문을 제기한 '(H의 조카가 사온) 그 많은 초밥을 누가 먹었느냐'에 관심이 참 많더군요. 검찰 측 재소자 증인으로 활약한 김 모를 여러 차례 소환 조사하긴 했는데, 그 진술 조서에서 사건 실체에 접근하려는 수사 의지를 찾아보기 어려웠습니다. 검사가 2011년 2월 김 모의 증인신문 조서를 보여주며 특정 증언 중 사실이 아닌 부분이 있는지를 거두절미 질문하고 김 모가 없다고 답하면, 다른 내용의 증언으로 넘어가 다시 거두절미 질문하는, 추궁이 없어 속도감 넘치는 조사였습니다.

대검 감찰3과는 확인도 해보지 않고 H를 덮어놓고 의심하고, 서울중앙지검 인권감독관실은 검찰 측 증인이었던 김 모의 진술을 받아쓰며, 그 김 모가 지목하는 김 모의 재소자 친구도 불러 그 진술도 받아썼습니다. 김 모와 그 재소자 친구가 서울중앙지검에서 한 진술이 사기범 김 모의 과거 법정 증언과 충돌하기도 하고, 객관적인 상황과 모순됨에도, 불면 날아갈까 만지면 깨어질까 어찌나 조심하던지⋯⋯. 논란을 감수하고 저에게 재배당한 감찰부장의 고뇌를 이해하게 되었습니다. 이렇게 조사해야 눈치 있어 유능하고 검찰에 치우쳐 공정하다 칭송받을 텐데⋯⋯. 잘 알면서도 보고도 못 본 체 할 수 없어 골고다 언덕으로 다시 향합니다.

미로 찾기

한명숙 전 총리의 정치자금법위반 사건 기록을 꼼꼼히 읽어보며 기록 사이사이 바닥 모를 심연들이 보이기 시작했습니다. 엄희준 검사실에서 조사했으나 기록상 흔적이 전혀 없던 재소자 참고인들이 《연합뉴스》 보도와 김 모의 지목으로 새롭게 드러났습니다. 검찰이 2011년 1월 증거로 법원에 제출한 김 모의 진술서와 증언으로 엄희준 검사가 2010년 12월 김 모를 영상 녹화 조사한 사실이 당시 법정에서 드러났는데 그럼에도 검찰은 변호인들에게 영상 녹화 조사 사실을 상당 기간 확인해 주지 않는 등 재판 당시 이미 논란이 되었던 그 영상 녹화 CD도 사라진 상황이었습니다. 누군가가 더 있고, 무언가가 숨겨져 있다는 확신이 들었습니다. 이제 어떻게 찾아낼 것인가?

검찰이 적법하게 수사하고 정직하게 사건 기록을 만들었으리라는 신뢰를 접고 원점에서 재검토했습니다. 사라진 영상 녹화 CD가 실수로 기록에서 누락된 것이 아니라 검찰이 일부러 편철하지 않았을 가능성을 인정하고, 사건 기록에서의 어색한 수사 흐름은 자료 누락의 흔적일 수 있음도 인정하며, 사건 기록 밖으로 나갔습니다.

한명숙의 변호인이 2011년 4월 재판부의 증거 개시 명령으로 엄희준 검사실에서 어렵게 복사해 간 김 모의 영상 녹화 CD를 역으로 변호인에게 요청하여 제출받고, 엄희준 검사실에서 그 무렵에 발송한 전자 공문과 형사사건 검색 내역을 확보하자, 안개가 걷히기 시작했습니다. 한만호가 2010년 12월 20일 법정에서 '사실은 한명숙에게 돈 준 적이 없다'고 증언하자, 엄희준 검사 등 특수1부는 그 증언 당일 한만호에 대한 위증 수사에 바로 착수했고, 엄희준 검사실은 12월 21일 오전부터 재소자 H의 형사사건을 검색하는 등 한만호 주변 재소자들을 광범위하게 훑었습니다. H의 추측대로 검찰은 재소자들을 조사하기 전 재소자들의 접견 녹취 파일, 접견 내역 등을 서울구치소 등지로부터 제공받아 재소자들의 관심이나 애로 사항이 무엇인지 사전 파악했으며, 아들과 조카를 검사실로 불렀던 H의 경우 그 가족관계까지 꼼꼼하게 사전 확인했습니다.

엄희준 검사실에서 조사한 재소자들이 한두 명이 아니더군요. 수사관들이 서울구치소는 물론 성동구치소, 인천구치소, 영월교도소까지 찾아가는 등 한만호 증언 직후 검찰의 움직임은 급박하고 맹렬했습니다. 그때의 기억이 고통스러워 떠올리기 싫다는 단 한 명을 제외하고는 모두 연락이 닿아 당시의 이야기를 들을 수 있었습니다.

엄희준 검사실에서 숱한 재소자들을 접촉하여 포섭을 시도하다가 결국 2명만 검찰 측 증인으로 법정에 세울 수 있었습니다. 서울구치소 수감 중 강력부 정보원으로 활동하다가 출소 후 음주 운전 차량과의 추돌 사고를 일부러 일으킨 혐의로 경찰에서 수사받고 있던 사기범 김 모, 강력부 박동인 검사실 정보원으로 활동하며 빠른 출소를 위해 야당인 민주당 거물 정치인의 수뢰 등 검찰이 좋아할 만한 사회적 파장 큰 정보를 사서 검찰에 제보하여 수사 공적을 쌓으려던 마약 사범 최 모까지.

김 모는 2011년 2월 21일 검찰 측 증인으로 증언하며 검찰과의 유착 관계를 부인하고 피의자로 수사받고 있는 사건이 없다고 증언했지만, 그때 김 모를 수사하던 경찰관은 '김 모는 진술할 때마다 진술을 번복하고, 특수부 검사를 잘 안다며 조사를 거부하는가 하면, CCTV 영상 자료 증거가 있음에도 거짓 진술을 하며 범죄를 부인하는 등 죄질 극히 불량하여 구속영장 신청을 건의코자 한다'는 보고서를 작성하고 있었습니다.

그러나 그 사건은 검찰의 연이은 보완 수사 지휘 끝에 경찰이 불구속 기소 의견으로 송치했습니다. 부천지청은 2011년 6월 김 모를 소환하여 조사했는데, 김 모가 경찰 조사 때 서울중앙지검 특수부 검사와의 친분을 과시한 경위를 해명하는데 치중했고, 수십억대 자산가인양 하는 김 모의 변명을 피의자

신문조서에 쓸어 담은 후 '김 모가 고의로 교통사고를 일으켰다고 보기 어렵다'고 불기소 결정했습니다. 그런데 그 자산가인 김 모는 두 달 뒤인 8월부터 저지른 보험 사기 범행으로 2016년 결국 구속되었지요.

최 모 역시 2011년 3월 7일 검찰 측 증인으로 증언대에 섰습니다. 한만호가 "최 모가 징역형을 많이 받고 추가도 받고 애들도 어려서 이러는 것을 이해한다"고 하자, "추가 건은 없다. 잦은 서울중앙지검 출정 기록은 자신과 상관없는 마약 관련 참고인 조사"라고 증언했습니다. 그런데 최 모는 일주일 뒤 고소인으로서 같은 법정, 같은 재판부 앞에서 "마약 사건으로 장기간 수형 생활을 하게 될 것 같아서 수사 공적을 쌓아 가석방이나 형 집행 면제를 받으려고, 검찰에 제보할 민주당 거물 정치인의 수뢰 등 사회적 파장 큰 정보를 3,000만 원에 사려다가 피해를 봤다"고 증언하는 촌극을 벌였습니다. 김 모 역시 그 사건에서 최 모를 위해 같은 재판부 앞에서 증언 품앗이를 했습니다.

한만호는 김 모의 증언을 듣고 격분하여 "지나치다. 정말 지나치다. 너의 뇌를 진짜 쪼개서 보고 싶다"고 외쳤고, 최 모의 증언에 "검사님도 마약 사범들 말 믿지 말라고, 박연차 회장도 당할 뻔했다고 말씀한 적 있지 않습니까? 이런 마약 사범들에게 제가 무슨 이야기를 합니까?"라고 흥분했습니다. 서울구치소로 되돌아가 "수감인은 편의 제공이나 추가적 범죄 기소 건에 절대적 영향을 받거나 절박한, 그래서 강제당할 수밖에 없다", "특수부 검찰만 들어갔다 나오면 모두 마법에 걸려 딴사람이 되어 나오니 정말 안타깝고, 두렵다. 슬프다. 하지만 증인도 그런 시절이 있었기에 충분히 이해는 가지만 그 내용을 조금도 동의하거나 인정할 수 없다"고 비감에 찬 비망록을 작성했지요. 한명숙 사건 1심 재판부는 무죄를 선고하며 판결문에서 김 모와 최 모의 증언을 믿을 수 없다고 가볍게 배척했는데, 판결 이유 행간에서 그 재판부에서 재판 중인 최 모의 수사 공적 쌓기용 범죄 정보 구매 시도 사건의 흔적을 읽었습니다. 1심 재판부는 검찰 측 증인 김 모와 최 모가 한명숙의 정치자금법 위반 사건에서의 증언과는 달리 검찰 측 정보원인 걸 잘 알고 있었습니다.

특수수사 기법 — 마법의 요술 주문

영화 〈검사외전〉(2015), 〈쇼생크 탈출〉(1994) 등은 재소자에 대한 편의 제공과 관련된 영화입니다. 〈검사외전〉에서 교도소 수감 중인 변재욱 전 검사(황정민)는 교도관들에게 법적 조언을 해준 후 짜장면을 얻어먹는 등 협력 관계를 구축하고 다채로운 편의를 제공받아 교도소 최고 실세가 되었지요. "엄희준 검사실에서 재소자들을 포섭하려는 과정에서 재소자들에게는 그림의 떡인 짜장면 등 외부 음식이나 담배 제공, 가족·지인과 자유로운 면회, 전화 사용 등 다양한 편의 제공은 물론 재소자의 형사사건을 언급하며 도와주겠다고 하거나 영향력을 행사할 듯한 암시를 주었다"는 말이 민원인 H는 물론 복수의 재소자들 입에서 나왔습니다. 서울구치소에 수감 중이던 최 모의 동생은 지방 교도소로 이감될 예정이었는데, 최 모 형제가 희망하는 대로 시설 좋은 서울구치소에서 만기 출소할 수 있도록 엄희준 검사실에서 그 동생의 이감을 보류시켰고, 최 모의 증언 후에도 최 모를 소환하여 만기 출소한 동생과 검사실에서 상봉할 수 있도록 하는 등 지속적으로 관리했음도 확인했습니다. 한만호 비망록에서 말한 '특수부 마법'의 요술 주문입니다.

2010년 12월 22일부터 2011년 3월까지 엄희준 검사실에서 조사받은 재소자들을 2020년 되짚어 조사하고, 엄희준 검사실의 전자 공문 발송 내역, 김 모가 구속될 뻔했던 부천지청 사건 기록, 김 모의 2010년 12월 영상 녹화 CD 등을 분석하며, 제 눈을 의심했습니다. 한만호가 법정에서 검찰이 자신을 회유·협박하고 편의를 제공했다고 증언하던 그때, 검찰은 한만호의 증언을 탄핵하기 위해 한만호의 주변 재소자들에게 같은 마법을 걸고 있었다니…… 김 모, 최 모가 검찰 정보원임을 숨기고 검찰이 우연히 찾은 증인인 척 연습하고 증인석에 세운 불법도 불법이지만, 검찰의 거침없는 오리발, 재판부와 피고인 측에 들킬 염려를 전혀 하지 않는 자신감, 그 자신감의 원천인 재소자들의 침묵은 무섭기까지 했습니다. 검찰이 재소자들에게 도대체 무슨 짓을 했던 걸까요?

사건 기록에 편철되었어야 할, 검찰에 불리한 공용 서류들이 사라졌습니다. 덕분에 한명숙의 변호인들은 김 모와 최 모의 법정 증언과 많이 달랐던 엄희준 검사실에서의 초기 진술을 알 수 없었고, 한명숙에게 유리한 재소자들의 진술 내용은 물론 그 존재조차 알 수 없었습니다. 짙은 안개를 걷어내고 2011년 진실을 감추었던 검찰을 헤쳐나왔더니, 2018년 7월 민원인 H의 1차 진정을 묵살했던, 2020년 민원인 H의 2차 진정마저 묵살하려는 검찰이 기세등등하게 앞을 막아섭니다. 물러설 수 없으니 가서 부딪칠 수밖에.

천 번의 헛된 시도에 천한 번의 용기로 맞서리니*

2020년 9월 대검 부임 직후부터 수사권 부여를 거듭 요청했습니다만, 검찰의 칼이 되기를 거부하고 검찰에 칼을 겨눌 제게 칼을 줄 리 만무합니다. 감찰3과에서 인계한 사건 기록을 통해 감찰3과에 수사 의지가 전혀 없다는 것을 이미 확인했고, 감찰 담당인 임승철 감찰1과 과장 역시 2016년 5월 고소장 등을 위조한 부산지검 윤혜령 검사를 직접 조사하고도 사표 수리로 갈음케 한 당시 부산지검 감찰 실무자였던 검사라 기대할 것 없기는 마찬가지. 기록 분석과 조사는 오롯이 제 몫입니다.

과거 엄희준 검사실에서 조사받았던 재소자들은 조사와 면담 요청에 응했으나, 정작 엄희준 검사는 '수사권도 없으면서

* 구본형 작가의 《미치지 못해 미칠 것 같은 젊음》 서문에 있는 시 구절 '천 번의 헛된 시도를 하게 되더라도 천한 번의 용기로 맞서리니'에서 소제목을 따왔다.

사실상 수사한다'고 항의하며 서면 조사조차 불응했습니다. 감찰부장은 수사권이 있는 허정수 감찰3과장에게 서면 문답서 발송을 여러 차례 지시했으나, 허정수 감찰3과장이 요지부동이라 검사들에 대한 조사는 진척이 없었습니다. 조남관 차장은 수사권 보류 사유를 따져 묻는 제게 '조직의 신망을 얻으라'고 충고하고, 불공정 우려를 표시하며 장관과 검찰총장이 조율할 문제라고 답했습니다. 검찰총장이 감찰3과장 등에게 서울중앙지검 검사 직무대리 발령을 내면서도 저만 외면하니, 결국 법무부가 2021년 2월 22일 검찰 간부 인사안을 발표하며 2월 26일 자로 서울중앙지검 검사 겸직 발령을 냈지요. 드디어 수사권과 기소권을 부여받았습니다.

그 주는 정말 바빴습니다. 모해위증 공소시효가 10년으로 얼마 남지 않은 상황이라 결론을 더 미룰 수 없기도 했고, 기소를 막으려고 총장과 차장이 사건을 언제 빼앗아갈지 몰라 서둘러야 했습니다. 그간의 조사 결과를 정리한 보고서, 모해위증 인지서, 공소장 초안을 작성하느라 분주했던 그때, 알고 보니 대검도 급했습니다. 대검 검찰연구관들에 대한 서울중앙지검 검사 겸직 발령은 검찰청법에 근거 규정이 있고 실제 더러 있던 일인데, 총장이 격노했다는 보도가 쏟아졌고, 대검 기획조정부는 법무부 검찰국에 인사 발령 근거를 따져 묻는 공문까지 발송했습니다.

대검의 각 부 부장은 검사장급이라 각 부는 일선 지검처럼 각각 따로 움직입니다. 하여 각 부 부장이 소관 업무 관련 진정, 민원 사건을 배당하고, 법령에 따라 감찰의 독립이 보장되는 감찰부의 경우 더욱 그러합니다. 법무부에서 저를 감찰정책연구관으로 발령내고 '감찰부장이 지시하는 사안을 담당한다'고 언론에 밝히며 배당권자를 감찰부장으로 특정한 것은 그 때문입니다. 한명숙 모해위증 교사 의혹 민원 역시 감찰부장이 배당권을 행사하여 2020년 4월 감찰1과에 접수된 사건을 5월 감찰3과로 재배당하여 주무 연구관을 새로 지정했습니다. 검찰총장을 비롯한 대검 수뇌부는 2020년 9월 인사이동으로 신모 검찰연구관이 전출한 후, 감찰부장의 재배당으로 제가 담당하게 되어 관련 조사 중임을 여러 차례 보고받았지만, 내버려두었습니다.

그런데 2021년 2월 26일 제가 '검찰 측 재소자 증인들을 모해위증으로 입건하여 기소하고, 관련 검사 등에 대한 수사와 감찰에 착수하겠다'고 보고하자, '구체적인 사건에 대한 수사권은 검찰총장 등 기관장 지시로 부여되는 것일 뿐 겸임 발령으로 부여되는 것은 아니다. 검찰 공무원에 대한 감찰 및 수사 업무를 수행하기 위해서는 검찰총장의 별도 지시 및 배당이 있어야 한다'고 주장했습니다.

또한 기록을 제대로 읽지도 않은 채 모해위증이 되지 않는다는 의견을 제시해 온 감찰3과장에게 향후 사건을 보고하라고 지시했습니다. 대검은 '10개월간 주임검사가 없었고 검찰총장이 처음으로 감찰3과장에게 사건을 배당했다'는 황당한 해명도 했지요. 제가 만약 허정수 감찰3과장처럼 모해위증이 성립되지 않는다는 의견이었다면, 저에게 언론 브리핑까지 맡겼을텐데, 자신들의 생각과 다르니 제가 그간 조사해 온 사건을 담당 검사가 없었던 사건이라고 우기더군요. 구차하고 궁색한 해명입니다.

대검 수뇌부는 수사 중인 사건을 빼앗아가면 직권남용이 문제가 된다는 것을 알고, 서울중앙지검 검사 직무대리 발령 거부로 수사권을 원천 봉쇄한 방어선을 구축했다가, 겸직 발령으로 허를 찔리자 대응 논리를 급조했습니다. 대학과 사법연수원에서 가르치는 검사의 수사권은 형사소송법에 따른 검사의 권한이자 의무입니다. 위에서 물라고 해야 물고, 물지 말라고 하면 물지 않는 건 길들여진 개일 뿐 검사가 아닙니다. 기어이 제가 죽을 전쟁이 다시 발발합니다.

사선死線에서, 전선을 밀어붙이고 있음을 보고합니다
2012년 12월 서울중앙지검에서 벌어졌던 일이 장소와 사람을 달리하여 반복됐습니다. 그땐 공판부 회의를 열었고 차장 주재 부장회의를 거쳤는데, 2021년 3월 대검에선 대검 검찰연구관 회의와 차장 주재 부장회의가 열렸습니다. 2012년 서울중앙지검에서는 저 빼놓고 만장일치 백지 구형이었고, 단 한 명의 검사만이 '백지 구형하라고 하면 시키는 대로 하겠지만, 검

사로서 부끄럽다'고 조심스럽게 사족을 달았었지요. 2021년에
는 '검사들이 대검 의사 결정 과정을 볼 수 있도록 생중계해 줄
것'을 요구하는 글이 검사게시판에 올라오고, 대검 부장회의
표결이 기명투표로 이루어지는 등 조직의 배신자가 누구인지
를 도끼눈을 뜨고 지켜보는 검사들이 즐비한 가운데, 모해위증
기소 의견이 2표나 나오고 기권도 있었습니다.

서울남부지검 성폭력 사건을 은폐한 장영수 고검장 등이 앉
아 있는 대검 회의장에서 저녁 늦도록 앉아 쏟아지는 공격을 견
뎌내고, 뻔한 결과 통보를 접하며 고통스러웠지요. 정해진 결
론을 향한 요식행위였지만, 그 자리에서 故 한만호, 민원인 H
등을 대신해 말할 사람은 나밖에 없었는데 중간에 포기하지 말
고 좀 더 말해볼 걸…… 밀려드는 자책감과 후회를 견디기 어
려웠습니다.

며칠 끙끙 앓다가 문득 깨달았습니다. 서울중앙지검과 대검
은 서초동 횡단보도를 마주 보고 서 있습니다. 횡단보도를 건
너 대검으로 오는데 9년이 걸렸네요. 전투에서 매번 지고 있는
듯하지만, 그럼에도 전선을 밀어붙이고 있습니다. 2013년 행정
소송을 통해 검찰 공안을 법정에 세웠고, 2022년 공익신고와
고발, 재정신청과 즉시항고를 통해 검찰 특수를 법정에 세웁니
다. 2016년 1월 검사게시판에 올린 〈복귀 인사〉에서 다짐했던
대로 저에게 십자가가 허락되었음을 감사하며 꽃처럼 피어나
는 피를 이 어두워지는 검찰 하늘 아래에서 조용히 흘려야겠

지요.

저는 모해위증 교사 의혹 사건을 조사했을 뿐, 한명숙 전 총리의 정치자금법위반 사건을 재조사한 것은 아니어서, 정치자금을 실제 받았는지는 확인하지 않았습니다. 2010년~2011년 검찰이 故 한만호를 비롯해 재소자들을 어떻게 다루었는지, 검찰 수사가 얼마나 반인권적이며 위법한지를 확인했습니다. 그리고 2018년 윤석열 검사장의 중앙지검과 2021년 윤석열 검찰총장의 대검이 사건을 어떻게 처리했는지를 똑똑히 보았습니다.

이제 그 검찰총장은 사퇴 후 정치권으로 바로 투신하여 대권을 거머쥐어 그동안 그가 지휘해 온 검찰 수사의 공정성에 대한 불신을 자초했습니다. 검찰 수사를 통한 철권 통치 시도가 우려되는 현실이 참으로 참담하네요.* 공익 신고자인 검찰 구성원으로서 주권자 시민에게 검찰의 과거와 현재를 고발합니다. 이런 검찰이 과연 검찰권을 감당할 자격이 있는지를 판단해 주십시오.

---

* 엄희준 검사는 2022년 5월 윤석열 정부 수립 직후의 검찰 인사에서 서울중앙지검 반부패수사 1부장으로 발령이 나 이재명 민주당 대표 연루 의혹이 제기된 대장동 사건 수사를 주도하고 있다.

에필로그

나의 길은 아직 끝나지 않았습니다

〈검사 선서〉

나는 이 순간 국가와 국민의 부름을 받고 영광스러운 대한민국 검사의 직에 나섭니다. 공익의 대표자로서 정의와 인권을 바로 세우고 범죄로부터 내 이웃과 공동체를 지키라는 막중한 사명을 부여받은 것입니다.

나는 불의의 어둠을 걷어내는 용기 있는 검사, 힘없고 소외된 사람들을 돌보는 따뜻한 검사, 오로지 진실만을 따라가는 공평한 검사, 스스로에게 더 엄격한 바른 검사로서, 처음부터 끝까지 혼신의 힘을 다해 국민을 섬기고 국가에 봉사할 것을 나의 명예를 걸고 굳게 다짐합니다.

이명박 정부 시절인 2008년 10월 만들어진 〈검사 선서〉입니다. 2008년 10월 검찰은 그해 4월 29일 방송된 〈PD수첩: 긴급 취재, 미국산 쇠고기, 과연 광우병에서 안전한가?〉 문제로 수뇌부와 수사팀이 한창 대치 중이었습니다. 미국산 쇠고기 광우병 파동으로 이명박 정부가 궁지에 몰리자, 농림수산식품부는 명예훼손 혐의로 〈PD수첩〉 관계자들에 대한 수사를 검찰에 의뢰했습니다. 강제수사와 기소를 요구하는 검찰 수뇌부와 무혐의 의견인 임수빈 서울중앙지검 형사2부장이 대치하는 상황. 결국 수사팀 교체 후인 2009년 6월 〈PD수첩〉 작가와 PD는 기소되었지만, 무죄가 확정되었습니다. 2008년 "무죄판결이 나도 좋으니 〈PD수첩〉 제작진을 기소하라"고 지시하던 검찰 수뇌부가 〈검사 선서〉 문구를 확정했지요. 그 검찰 수뇌부에게 〈검사 선서〉의 다짐은 어떤 의미였을까요.

1986년 부천경찰서 문귀동 경장이 대학생 권인숙을 성고문한 사건을 수사한 인천지검 특수부 팀원이었던 분이 제 초임 검사 시절, 직속 부장이었습니다. 당시 인천지검 특수부는 문귀동을 구속해야 한다는 의견이었으나, 대검 지시로 결국 기소유예 결정을 했다고 하더군요. 부장은 울분에 차 1986년의 비사秘史를 종종 이야기해주었습니다. 부장의 회고에는 대검의 압력을 막아주지 못한 김경회 인천지검장에 대한 울분이 생생히 묻어났지요. 15년이란 세월에도 삭혀지지 않는 울분이었습니다. 무죄 구형 강행으로 정직 4개월을 받고 쉬고 있을 때, 우연히 김경회 전 검사장의 회고록 《나 이제 자유인 되어》를 구해 읽게 되었습니다. 김경회 전 검사장은 스스로를 '그러면 안 된다'고 검찰총장에게 직언한 강직한 검사라고 자평하며, 기소유예 책임을 장관과 검찰총장 탓으로 돌렸더군요. 문귀동의 성고문 사건을 수사한 인천지검 특수부 검사는 수사팀을 피해자로 회고하고, 인천지검장은 피해자의 범주를 인천지검장까지로 넓혀 비분강개했습니다. 성고문 경찰관을 불기소해 버린 검사들이 '나도 피해자', '나까지 피해자'라고 주장하는 상황. 피해자 권인숙을 비롯해 많은 국민이 과연 '그 시절, 강직하고 양심적인 검사들이 있었다'고 회고할까요.

김대중 정부 시절, 신승남 전 검찰총장은 울산지검 특수부의 울산시장 관련 뇌물 수사를 무마시켰다가, 직권남용권리행사방해로 유죄판결을 받았습니다. 2021년 윤석열 전 검찰총장과 조남관 전 대검 차장검사를 국민권익위원회에 공익 신고하기 위해, 신고서에 인용할 판결문이어서 꼼꼼하게 다시 읽어보았지요. 워낙 유명한 판례라 잘 안다고 생각했는데, 내부 고발자가 되어 읽어보니 새삼 보이는 게 다릅니다. 2004년 8월 서울고등법원은 신승남의 범행 부인에도 불구하고 직권남용권리행사방해에 대해 유죄를 선고했습니다. 판결문의 일부 내용은 다음과 같습니다.

> 1심인 서울중앙지법은 증인 김원윤(전 울산지검 특수부장)의 일부 법정 증언 및 검찰 진술 조서의 일부 진술을 신빙성이 없다는 이유로 배척했는데 이는 아래와 같은 이유로 수긍하기 어렵다.
>
> 먼저, 김원윤의 진술은 자신이 몸담았던 검찰 조직의 수장

으로 재직했던 피고인 신승남에게 형사책임을 물을 수 있는 결정적으로 불리한 진술로서, 검찰 조직 전체는 물론 자신과 함께 근무했고 지금도 검사로 재직하고 있는 정진규(전 울산지검 검사장), 김태현(전 울산지검 차장검사), 최운식(울산지검 검사)에게도 치명적으로 불명예스러운 사실을 폭로하는 것이며, 심지어 위 내사 사건 처리에 관여했던 자신도 위 진술에 의하여 밝혀진 사실관계로 인하여 책임에서 자유로울 수 없다는 점에서, 사실과 달리 진술할 이유가 없는 것으로 보인다. 오히려, 정 모, 김 모, 최 모로서는 검찰 조직의 현직 선후배 사이의 도리 등을 이유로 자유로운 진술을 할 수 없는 상황임을 충분히 짐작할 수 있고…… 김원윤의 진술은 충분히 신빙성이 있는 것이다. 더군다나, 김원윤의 진술은 당시 상황을 구체적으로 묘사하고 있을 뿐만 아니라, 위 내사 사건이 부적절하게 종결된 당시의 상황과 자연스럽게 일치한다.…… 이러한 사정도 김원윤의 진술 신빙성을 충분히 뒷받침하고 있으므로 이 사건 사실인정의 유력한 증거가 되는 것으로 보아야 할 것이고, 오히려 위 진술에 배치되는 정진규, 김태현, 최운식의 진술 부분이 모두 믿기 어려운 것으로 보아야 한다.

저는 울산지검장이었던 정 모, 울산지검 차장검사였던 김 모, 내사 종결한 주임검사 최 모를 모두 알고 있습니다. 검찰 조직 내 신망이 드높아 승승장구했던 검사들이지요. 판결문을 들여다보며 검찰 조직 내 신망이라는 게 도대체 무엇일까 싶어 참담했고, 판결문 행간에서 보이는 김원윤의 외로움에 감전되어 고통스러웠습니다. 내부 고발자가 거짓말쟁이나 일 못하는 무능력자로 몰려 조직에서 배척되는 게 현실이긴 하지만, 가장 정의로워야 할 검찰 조직 역시 그 아수라장과 다를 바 없다는 사실은 너무도 참혹한 비극입니다.

2014년 8월 〈비정상의 정상화를 위한 제언 – 단성소를 그리며〉를 검사게시판에 올렸다가 대검 정책기획과에서 사실이 아니라고 해명하는 소동을 비롯해, 제가 보고 듣고 겪은 일임에도 관련 검사들의 진술이 저와 달라 공식적으로 부인되는 일이 종종 있었습니다. 관련 검사들이 '그런 일 없다'고 목놓아 외치는 상황에서 일기와 비망록을 남기는 것만으로는 증명이 여의치 않습니다. 조직 문화에 대한 안이한 현실 인식과 저와 동료들에 대한 낙관으로 검사게시판에 글을 올리면 언로가 활성화되고 결국 검찰이 바뀔 것이라고 기대하다가, 실망스럽고 맥이 풀려 주저앉고 싶은 때가 더러 있었습니다.

디딤돌 판례 만들기로 목표를 바꾸어, 검사들이 거짓말을 하더라도 증명 가능한 사건으로 엄선하여 고발장을 내고, 고발인 조사를 받고, 재정신청서도 내고 있는데, 이 역시 여간 고단한 일이 아닙니다. 우여곡절 끝에 공수처가 발족했지만, 공수처의 수사 역량이 너무 아쉽고, 직무유기 고발인에 대해서도 재정신청권을 부여하는 형사소송법 개정 역시 여의치 않지요.

구하라 그리하면 너희에게 주실 것이요 찾으라 그리하면 찾아낼 것이요 문을 두드리라 그리하면 너희에게 열릴 것이니 구하는 이마다 받을 것이요 찾는 이는 찾아낼 것이요 두드리는 이에게는 열릴 것이니라. (마태복음 7:7~8)

지칠 때마다 성경 말씀을 읊조리지만, 손발이 부르트도록 종종거리고 두드리다 지쳐 이 정도면 할 만큼 했으니 이제 바통을 다른 사람에게 넘겨주자는 생각이 불쑥불쑥 치밀곤 했습니다. 그런데 몇 년 전 우연히 읽은 필립 짐바르도의《루시퍼 이펙트: 무엇이 선량한 사람을 악하게 만드는가》에서 미로 속을 잘 헤쳐나오고 있다는 위로와 격려를, 나아갈 방향을 찾을 지혜를 찾았습니다.

영웅주의의 평범함을 주장하고자 한다. 도움을 요청하는 소리가 들릴 때, 그들은 그것이 자신을 부르는 신호임을 알아차린다. 그 소리는 상황과 시스템의 강력한 압력을 뚫고 올라와 인간 본성의 최상위 부분을 떠받치는 악에 대항하여 인간의 존엄성을 드높인다.*

악이 행해지는 상황에는 가해자와 희생자와 생존자가 있다.

* 필립 짐바르도 지음, 이충호·임지원 옮김,《루시퍼 이펙트: 무엇이 선량한 사람을 악하게 만드는가》, 웅진지식하우스, 2007, 20쪽.

그런데, 그 일을 목격하거나, 무슨 일이 일어나는지 알면서도
돕기 위해 개입하거나 악에 도전하지 않는 사람들도 있는데,
바로 이들의 무대응이 악을 지속시킨다.[*]

사람들이 권위의 압력에 저항하길 원하는가? 저항을 한 동료
들의 사회적 모델을 제공하라.[**]

대검에는 대한제국 시절 최초의 검사인 이준 열사 흉상이 있
고, 대법원에는 초대 대법원장인 가인 김병로 선생의 흉상이
있습니다. 마땅히 본을 삼을 만한 사회적 모델을 사법부와 검
찰은 그렇게 기리는 것이겠지요. 〈검사 선서〉는 제가 검사 임
관한 이후인 2008년 제정된 것이라 저는 선서하지 않고 임관
했지만, 힘겨울 때마다 읊조리며 각오를 다지곤 했습니다. 〈검
사 선서〉는 그 문구를 확정했던 수뇌부를 비롯한 어두운 검찰
사를 밤하늘로 삼아 반짝반짝 빛나지요. 부끄러운 선배들과 검
찰사를 성찰하고 〈검사 선서〉대로 살기 위해 종종거리다 보면,
비록 보잘것없지만 어둠을 조금이나마 내모는 반딧불이가 될
수 있지 않을까, 양심을 지키기 위해 저항한 사회적 모델 하나
가 될 수 있지 않을까 싶네요. 〈검사 선서〉를 읊조리며 씩씩하
게 계속 가보겠습니다.

[*]   앞의 책, 479~480쪽.
[**] 앞의 책, 423쪽.

이 사람을 보라
―반딧불이가 피우는 횃불 전야의 기록

김중배(뉴스타파함께재단 이사장)

"이 사람을 보라."

《계속 가보겠습니다》를 다 읽고 덮자, 가슴속 함성이 솟구쳐 올랐습니다. 임은정 검사의 책은 이 땅의 검찰이, 이름 그대로 검찰다운 길을 걸을 수 있도록 하는 투쟁 기록입니다.

이를테면 박형규 목사나 윤길중 선생 같은 무고한 '죄인'들의 재심 공판에서 '백지 구형'을 윽박지르는 검찰의 수직적 횡포를 뿌리치고, '무죄 구형'을 결행한 내력이 '공문서'의 기록을 통해 우리 앞에 펼쳐집니다. 이로 말미암아 내리꽂힌 정직 4개월의 징계처분에 맞서 마침내 징계처분 취소 판결을 이끌어 내기까지의 경위 역시 소장疏章과 판결문 등 '공적 기록'의 민낯으로 우리 앞에 다가옵니다.

흔히 공문서나 공적 기록이라면, 조금은 싸늘하고 더러는 경직된 상투적 글귀들이 떠오르기 마련입니다. 그러나 임은정의 기록과 문서에선, 사람의 사람다운 체온과 시인의 감성마저 느껴지곤 합니다. 번잡할지도 모르나 징계처분 취소 청구 소송에서 그가 남긴 최후진술 한 대목을 여기 되새기고 싶습니다.

사법司法은 소리입니다. 법정에서 당사자의 잘못을 충고하고, 아픔을 어루만지는 따뜻한 소리입니다. 그리하여 사법은 개개인의 양심을 일깨우고, 이 시대와 우리 사회에 따뜻한 정의를 일깨워 사회적 약자들의 의지처가 되고, 희망이 되어야 합니다. 그러한 막중한 사명을 법원과 나눠가진 검사에게 법률과 국민이 어떠한 자세를 요구하는지, 법원이 아름다운 합창을 위하여 검사에게 어떠한 하모니를 원하는지에 대한 현명한 판단을 바랍니다.

흔히들 추상같아야 한다는 사법 판결도 따뜻한 소리이기를, 칼날 같아야 한다는 정의도 따뜻한 것이기를 바라는 사람, "이 사람을 보라".

법원과 검사도 합창의 하모니로 어우러져야 한다고 믿는 사람, 아무리 고단한 가시밭길이라도 함께 가야 멀리 간다고 믿는 사람, "이 사람을 보라".

임은정은 짊어진 하늘을 버거워했던 아틀라스처럼, 모든 검사가 그 권한과 책임을 버거워하기를 바랍니다. 그렇습니다. 비단 검사들뿐이겠습니까. 그러나 나 같은 사람이 보기에 그가 짊어진 버거움의 무게는, 그 혼자 떠받치기엔 너무나 벅차 보입니다.

불현듯 '대전환'의 경제학자 칼 폴라니의 '만유인력론'이 떠오릅니다. 만유인력은, 그것을 도리어 박차고 넘어서라는 인간 의지를 촉발한다는 발상 말입니다. 이 땅의 검찰을 이대로 둘 수 없다는 그의 의지는, 이제 그와 동시대를 살아가는 우리의 과제가 된 지 오래입니다. 거듭 '함께'를 다짐해야 할 오늘입니다.

《계속 가보겠습니다》는 〈1부 난중일기〉와 〈2부 나는 고발한다〉로 짜여 있습니다. 1부는 제목이 알려주듯 '검란檢亂'의 소용돌이 속을 살아가는 그의 일상을 거의 '공문서'들로 채운 기록입니다. 살펴보면 왜 그가 굳이 '난중'이라는 표현을 골라 써야 했는지 넉넉히 헤아려집니다. 그러나 나는 그의 〈난중일기〉를 〈반정反正 일기〉로 고쳐 읽고도 싶었습니다.

구태여 비약하지 않더라도 '반정'은, 사전의 낱말 풀이만으로도 그 뜻이 분명합니다. '바른 상태로 돌아가게 함', '난을 바로잡음' 또는 '나쁜 임금을 피하고 새 임금이 대신 서는 일' 따위로 풀이됩니다. 요약하건대 임은정의 끈질긴 고투는 바로 그 '반정'의 장정이 아니고 무엇이겠습니까?

2부의 '고발'은 이른바 사법 당국에 보내는 고발장이 아닙니다. 그의 말대로 검찰에 권한을 위임한 주권자인 국민에게 보내는 고발장입니다. 임은정 검사에겐 별칭이 많은 것 같습니다. 앞서 '도가니 검사'라는 별칭과는 대조적으로, 그의 이름 앞에는 적대와 혐오와 모멸의 별칭들이 얼룩져 있습니다. '막무가내 검사', '빨갱이 검사'에서 '부끄러운 검사', 심지어는 '꽃뱀 여검사'에 이르기까지…….

그러나 나는 이 책에서 그를 바라보며, 흔들림 없는 믿음으로 명명하고자 합니다. 국민 앞에 검찰의 전횡과 타락을 고발하고, 그 '반정'을 국민과 함께 이루어 내자고 호소하는 검사 임은정은 단연코 '국민 검사'입니다. 또한 민주 사회의 '시민 검사'입니다.

"사람은 책을 만들고, 책은 사람을 만든다"지만, 임은정의 책은 사람다운 삶을 열어가는 한 사람을 보여줍니다. 책을 털고 나서도 울려오는 함성은 역시 이 한마디입니다.

"이 사람을 보라."